KB154342

감각과 사물

감각과 사물 Senses and Things

지은이   김은성
펴낸이   조정환
주간   신은주
편집   김정연
디자인   조문영
홍보   김하은
프리뷰   김보섭·박대인·장은미
초판 인쇄   2022년 1월 17일
초판 발행   2022년 1월 20일
종이   타라유통
인쇄   예원프린팅
라미네이팅   금성산업
제본   바다제책
ISBN   978-89-6195-290-3 93300
도서분류   1. 사회학 2. 과학사회학 3. 과학기술학
           4. 과학기술사회학 5. 감각학 6. 물질문화연구
값   20,000원
펴낸곳   도서출판 갈무리
등록일   1994. 3. 3.
등록번호   제17-0161호
주소   서울 마포구 동교로18길 9-13 2층
전화   02-325-1485
팩스   070-4275-0674
웹사이트   www.galmuri.co.kr
이메일   galmuri94@gmail.com

이 도서는 한국출판문화산업진흥원의 '2021년 출판콘텐츠 창작 지원 사업'의
일환으로 국민체육진흥기금을 지원받아 제작되었습니다.

일러두기

1. 이 책의 사례 연구들은 저자의 다음 논문을 수정 및 보완한 것이다.
   · "The sensory power of cameras and noise meters for protest surveillance in South Korea," *Social Studies of Science*, 46(3) : 396~416, 2016.
   · "Sound and the Korean public : Sonic citizenship in the governance of apartment floor noise conflicts," *Science as Culture*, 26(4) : 538~559, 2016.
   · "Senses and artifacts in market transactions : The Korean case of agricultural produce auctions," *Journal of Cultural Economy*, 10(6) : 524~540, 2017.
   · "The material culture of Korean social movements," *Journal of Material Culture*, 22(2) : 194~215, 2017.
   · "Korean traditional beliefs and renewable energy transitions : Pungsu, shamanism, and the local perception of wind turbines," *Energy Research and Social Science*, 46 : 262~273, 2018.
   · "The memory of place disruption, senses, and local opposition to Korean wind farms," *Energy Policy*, 131 : 43~52, 2019.
   · "Korean mothers' morality in the wake of COVID-19 contact tracing surveillance," *Social Science and Medicine*, 270, 113673, 2021.

2. 이 책의 그림들은 저자가 찍거나 사용에 대한 동의를 모두 얻은 것들이다.

3. 음역하는 외국어 고유명사는 현지 발음에 가장 가깝게 표기하였다.

차례

여름 장마를 지나 스산한 바람이 불어올 무렵 가을의 냄새
를 맡는다. 그 냄새는 과거 어느 익숙한 기억 속으로 나를 항상
데려간다. 감각을 통해 사람들의 기억을 이야기할 때 영화를 빼
놓기는 쉽지 않다. 특히 세르지오 레오네 감독의 1968년 작 〈옛
날 옛적 서부에서〉라는 영화에서 엔니오 모리코네의 음악을 들
으며 아련한 추억과 마주한다. 이 영화는 감각으로 근대를 표현
한다. 서부 개척 시대에서 근대 산업혁명의 시대로 전환되는 19
세기 미국 서부의 역사는 모뉴먼트 밸리Monument Valley의 유려
한 영상과 모리코네의 슬프고 웅장한 음악으로 나타난다. 영화
속 총잡이들의 총소리와 마차 소리는 서부 개척 시대의 종말을
상징하며, 이와 대조적으로 철도 건설 현장에서 들리는 증기 기
관차의 굉음은 미국 서부에 드리우는 근대의 시작을 알린다.

감각으로 사회 불평등을 이야기할 수 있다. 봉준호 감독의
영화 〈기생충〉에서 반지하 집의 습한 벽지를 타고 배어 나오는
축축한 시멘트 냄새는 계급 불평등을 상징한다. 직장 생활을
하던 1990년대 후반 나는 그런 집에 산 적이 있다. 그래서 축축
한 시멘트 냄새에 대한 추억은 사회과학의 어떤 언어보다도 불
평등을 이해하는 데 도움이 된다. 조지 오웰은 1937년에 발표한

『위건 부두로 가는 길』에서 계급 구별의 진짜 비밀은 하층 계급이 냄새가 나는 것이라고 말했다. 이 불편한 주장은 사실 지식인들에 대한 비판이다. 계급 차별의 근원이 후각적이라 탁상이론들은 실패한다는 것이다(Smith, 2009). 사람들은 사회 불평등에 분노하면서도 노숙자들의 냄새를 싫어한다.

　나는 이 책에서 감각과 사물로 한국 사회를 말한다. 감각과 사물이 없는 우리의 삶은 상상하기 어렵다. 이 사실은 너무나 자명한 나머지 사람들은 감각과 사물에 대해 그다지 궁금해하지 않으며, 때로는 사회적인 것과 무관하다고 해석한다. 흔히 감각은 본능적인 것이고 정신과 문화와는 별개라고 말한다. 감정과 감각을 구분하는 데도 사람들은 익숙한데, 감정은 정신의 영역에, 감각은 신체의 영역에 따로 가둔다. 이러한 통념 속에서 정신과 몸, 자연과 문화, 살아있는 것과 죽은 것 간의 이분법은 매우 견고하다. 전통적인 사회과학도 이러한 통념을 토대로 발전해 왔다. 하지만 당연한 것을 당연하게 보지 않는 것이 학문의 요체다. 감각학과 물질문화연구는 전통적 사회과학의 견고한 통념들을 깨고 새로운 통찰을 가능하게 한다.

　감각에 관심을 가진 지 이제 거의 10년이 되어 간다. 2012년 한국행정연구원에 근무하던 시절, 군용비행장 소음 갈등에 관한 용역 연구를 수행하기 위해 대구를 방문했었다. 소음지도에 그려진 소음 선의 경계에 따라 이웃 간 피해 보상이 달라져 첨예한 갈등이 일어나고 있었다. 그때 소리 연구라는 새로운 학문

분야가 생각났다. 2013년 경희대 사회학과에 임용되면서 본격적으로 소리 연구를 시작했다. 아파트 층간소음 갈등부터 시작하여, 사회운동과 집회 통제, 에너지 전환 갈등, 경매, 그리고 전염병 감시에 이르기까지 다양한 사례들을 만났다. 그동안 소리뿐만 아니라 다양한 감각으로 나의 관심이 확장되었고 감각뿐만 아니라 사물로 나아갔다. 나의 사회과학 이론도 사회구성주의와 후기구조주의에서 신유물론에 이르기까지 다양해졌다.

이 책은 감각학과 물질문화연구를 정치사회학, 경제사회학, 보건사회학, 환경사회학, 사회운동 연구 등 전통적인 사회학과 연결하려는 하나의 시도이다. 도덕, 시민권, 권력, 공간, 정치, 경제의 개념을 감각 또는 사물로 새롭게 구성한다. 독자들은 기존 사회과학에서 잘 다루지 않았던 '감각'과 '사물'이 사회과학의 핵심적인 개념들 속으로 묻어 들어가는 것을 이 책에서 볼 수 있을 것이다. 그러면 우리의 인식과 판단의 나침판이 되어 왔던 기존 통념들에 대해 일말의 의문을 품게 될지도 모른다. 그렇다면 이 책은 성공한 것이다.

1장 「서론: 사회과학의 감각적, 물질적 전환」은 감각과 물질문화 관련 기존 학문의 전반을 조망한다. 사회학, 인류학, 역사학, 지리학에 걸쳐 있는 감각적, 물질적 전환의 흐름을 살펴보면서 핵심적인 연구주제들과 개념들을 소개한다. 근대를 감각의 관점에서 재해석하고, 감각과 사물로 형성되는 주체, 인격, 시민권을 설명한다. 공간, 장소, 풍경을 만드는 데 있어서 감각과 사물의 역할을 이야기하고, 나아가 정치, 권력, 법의 감각적, 물질적 차원을 살펴본다. 1장은 이어지는 사례 연구에 대한 이론적 기초를 제공하지만, 사례 연구를 이해하기 위해 1장을 반드시 읽어야 할 필요는 없다. 1장이 난해하다고 느끼는 독자들은 2장부터의 사례 이야기만 따라가더라도 이 책을 충분히 음미할 수 있다.

나는 사례연구에서 한국 사회의 주요 의제에 대해 주류 사회과학에서 듣기 어려운 새로운 이야기를 하고자 한다. 이는 '다양성은 객관성의 적이 아니라 동지'라는 나의 학문 철학과 관련된다. 프리드리히 니체가 『도덕의 계보학』에서 말했듯, 더욱 다양한 관점이 가능할 때 사회 현상에 대한 보다 객관적 이해에 근접하게 되고, 사회에 대한 새로운 성찰이 가능하다. 세 개의 부로 구성된 사례 연구는 전염병 감시, 아파트 층간소음, 에너지 전환, 사회운동 등 한국사회의 매우 논쟁적인 주제들에 대해 기존 지배적인 담론과 다른 이야기를 할 것이다.

1부의 주제는 감각과 사물로 읽는 도덕과 시민권으로 감각과 사물이 시민의 권리와 의무 담론에 미치는 영향을 다룬다. 코로나19 바이러스 감시와 관련된 지배적인 도덕 담론은 사생활 침해와 공공선public good 사이의 갈등이다. 하지만 이 책은 확진자의 인공물(예를 들어 마스크), 방문 장소, 그리고 공간적 이동성으로 형성되는 도덕의 물질성을 논한다. 시민권에 대한 전통적인 담론은 주로 민주주의 담론과 관련되지만, 이 책은 감각으로 구성되는 시민권을 말한다. 아파트 층간소음을 해결하기 위한 거버넌스를 통해 층간소음에 관한 지식과 소리 시민권이 함께 만들어지는 현상을 고찰한다.

2부의 주제는 감각과 사물로 읽는 에너지 전환이다. 에너지 전환 갈등 관련 지배적인 담론은 정치경제학적 담론으로, 신재생 에너지 단지의 건설과정에서의 주민 참여와 경제적 보상에 관한 것이다. 이 책에서는 풍력발전기의 물질문화와 전통 신앙과의 만남을 다룬다. 풍력발전 갈등 담론에 나타나는 풍수 사상과 도깨비 설화에 관해 이야기한다. 또한, 특정 장소에 대한 과거 기억과 풍력발전기의 소음과 불빛 등 감각으로 형성되는 공간적 특성을 중심으로 풍력발전 갈등을 서술한다.

3부의 주제는 감각과 사물로 읽는 정치와 경제이다. 정치 사상의 변화와 조직 및 자원의 동원 등에 초점을 두는 전통적인 사회운동론과 달리, 시위 현장에서 사용되는 다양한 인공물의 물질정치와 감각 권력을 서술한다. 화염병, 최루탄, 쇠파이프, 촛불, 차벽과 같은 인공물에 따른 시위 문화의 차이와 시위 공간의 형성에 대해 다룬다. 나아가 집회 감시에 사용되는 채증 카메라와 소음 측정기를 중심으로 감각의 변화에 따른 권력 작동방식의 차이를 이야기한다. 끝으로 경제 행동을 분석하는 데 있어 인간 행위자의 권력, 대인관계 그리고 제도에 주목하는 전통적인 경제사회학과 달리, 이 책은 농산물 시장 거래에서 감각과 시장 장치의 역할을 다루면서 감각으로 만들어지는 자본,

즉 감각 자본을 이야기한다.

이 책의 사례 연구는 해외 저널에 수록된 논문을 수정 및 보완한 것이다. 논문이 이 책에 수록될 수 있도록 허락해 준 출판사에 감사한다(엘스비어, 로트리지, 세이지). 그리고 지난 8여 년 동안의 경험연구에 참여한 수많은 인터뷰 참가자들 그리고 연구와 책 출간을 보조해 준 경희대학교 사회학과 학생들에게도 감사드린다.

화학에서 과학기술학으로 전공을 바꾼 지 어언 20년이 넘었다. 전공을 바꾸는 것은 그다지 어려운 일이 아니었으나, 새로운 인생의 여정은 결코 순탄하지 않았다. 지금 매 순간 몰입할 수 있는 학자로서의 삶을 살 수 있게 된 것은 주변 지인의 덕택이다. 우선 경희대 사회학과 동료들의 도움이 컸다. 학부에서 사회학을 전공하지 않은 나를 채용하여 좋은 연구를 할 수 있는 환경을 제공해 주었다. 특히 사회학과에서 내가 담당한 수업은 과학기술학에 국한된 나의 지식을 보다 확장하는 데 큰 도움이 되었다. 적지 않은 연구는 수업으로부터 통찰을 얻었고, 연구의 결과물은 다시 수업에서 활용되었다. 경희대학교 사회학과 학생들은 이 책의 첫 독자들이다. 이 책을 쓰면서 감각사회학이라는 수업을 했다. 학생들의 질문들과 에세이는 이 책을 보다 풍성하고 명료하게 수정하는 데 큰 도움이 되었다.

내가 사회과학자로 인생의 새 행로를 나설 때 믿고 격려해 주신 부모님, 남편의 불확실한 미래에도 유학 생활 때부터 온

갖 고생을 같이한 아내, 그리고 스스로 잘 커 준 아이들에게 고마움을 전한다. 더불어 옆에서 항상 지원해준 한국과학기술원 동아리 친구 지범, 종철, 준원 그리고 멀리서 응원해 준 재태, 상오, 우성, 돈식 형, 성구 등 경북대 화학과 동기들에게도 감사한다. 마지막으로 이 책을 출간해 주신 갈무리 출판사의 조정환 대표님과 김정연 선생님 그리고 초고를 꼼꼼히 검토해 주신 장은미, 박대인, 김보섭 선생님께도 깊은 감사를 드린다.

2021년 가을
김은성

1장
서론 : 사회과학의
감각적, 물질적 전환

감각사회학의 기원은 사회학의 창시자 중의 한 명인 게오르그 짐멜에게까지 거슬러 올라간다. 짐멜은 1907년 감각사회학이라는 이름을 명명했다(Simmel, 1997). 감각은 그의 이론의 핵심인 개인들의 상호작용에서 중요하다. 짐멜 이후 마거릿 미드의 상징적 상호작용이론과 같은 미시사회학의 발전과 함께 감각학이 발전했다. 그러나 사회과학의 주류를 차지한 정치경제학과 후기구조주의로 인해 감각학은 크게 주목받지 못했다.

카를 마르크스의 초기 저작은 감각을 다루었다. 마르크스는 "오감의 형성은 현재까지 내려오는 세계 전체 역사의 노동이다"라고 말했다(Marx & Engels, 1987 : 109 ; Howes, 2003 : xiv 재인용). 하지만 『자본론』을 쓰면서 마르크스는 그의 이론이 물리학처럼 과학적이길 바랐고 결국 감각을 희생시켰다(Howes, 2003). 재화는 서로 교환 가능하다. 교환은 동일한 기준 또는 특성을 토대로 이루어지는데, 교환/사용 가치가 없는 감각성과 물질성은 배제된다. 마르크스는 『자본론』에서 다음과 같이 말했다.

상품의 교환가치들도 하나의 공통적인 것 ― 이것의 어떤 양을 교환가치는 표시한다 ― 으로 환원되어야 한다. 이 공통적인 '그 무엇'은 상품의 기하학적·물리학적·화학적 또는 기타의 자연적인 속성일 수 없다. 그런 속성들은 상품들의 유용성에 영향을 미치고, 따라서 그것들은 사용가치를 만드는 한에서만 우리의 관심 대상이 된다(마르크스, 2019 : 46).

이에 대표적인 감각학자 데이비드 호위스는 마르크스가 재화의 교환가치에서 감각성을 제거해 버렸으며,『자본론』에서 감각은 "유령"이 되었다고 주장했다 (Howes, 2003 : 234).

재화의 생산에 투입된 실제 물질적 특성들 또는 실제 개인 노동이 어떻게 이 가치사슬에서 재화로의 대체성에 영향을 미칠 수 있었을까? 그것들의 물질성[1]은 서로 통약 불가능하게 만드는 반면, 그것들의 교환성은 어떤 공통적인 것, 즉 그것들의 가치를 표현할 수 있는 세 번째 용어를 도입함으로써 모두를 동질화시킨다 (Howes, 2003 : 222).

후기구조주의도 언어에 초점을 두기 때문에 감각 그 자체를 다루는 데 인색하다. 1980년대 인류학의 소위 텍스트 혁명text revolution으로 인해 언설의 매체인 소리는 연구의 대상으로 취급되지 않았다. 특히 클리퍼드 기어츠의 해석적 문화인류학은 감각에 대해 무관심했다. 그는 문화를 담론과 텍스트로 이해했다. 기어츠는 "사람들의 문화는 텍스트의 집합체ensemble 혹은 어셈블리지assemblages"라고 주장했다(Geertz, 1973 : 452). 또한 1990년대 몸의 사회학은 감각학과 무관하지는 않으나 후기구

---

1. 물질성은 감각도 포함한다. 마르크스의 이론에서 재화는 물질성과 감각성을 상실했다. 이는 마르크스의 유물론과 신유물론의 차이를 만든다.

조주의의 영향으로 몸의 기호학적 분석에 주력하면서 감각 그 자체를 배제했다.

후기구조주의 관점에서 몸은 언어로 구성된다. 데이비드 호위스는 후기구조주의를 비판하면서 "언어에 묶인 몸은 뻣뻣하게 움직이며 맛이나 냄새를 맡을 수 없는 둔감한 로봇"이라고 말했다(Howes, 2005: 2). 후기구조주의는 입의 미각적 역할보다는 말하는 역할에 더 관심이 있다. 소위 "말하는 입"이 "먹는 입"보다 우위에 있다. 언어는 상징이 중요한데 감각은 제한적으로만 상징이 될 수 있다. 감각에는 언어로 표현할 수 없는 부분이 있으며, 언어를 사용하지 않고서도 몸을 통해 세상을 이해할 수 있기에 후기구조주의의 한계는 명확하다(Vannini et al., 2012). 물론 이러한 한계에도 불구하고 담론 분석으로 사회 속의 감각을 다룰 때 후기구조주의는 유용한 측면이 있다.[2]

20세기 후반 사회과학에서 감각학은 소수 전통으로 그 명맥을 이어갔다. 감각학자들은 감각과 지각, 몸과 마음 간의 이분법을 거부하고, 마음은 몸보다 더 지적이라거나, 몸의 역할을 외부 자극을 단지 기록하는 것으로 제한하는 관점에 대해 비판했다. 인류학에서는 시각 인류학, 청각 인류학 등 감각 인류학의 명맥은 유지되었다. 감각 인류학자들은 몸을 기호로 보는 것을 비판하고, 언어에 의존하지 않고서도 몸을 통해 소통

2. 이에 대해서는 소리 시민권에 대한 3장을 참조하라.

할 수 있다고 주장했다(Howes, 2003 : 33). 그들은 문화가 냄새, 소리 등 감각에 배태되어 있음을 밝혔다(Stoller, 1984 ; Seremetakis, 1994 ; Kondo, 2005). 1990년대 이후 인류학, 역사학, 미디어 연구, 사회학 등 다양한 사회과학에서 이른바 "감각적 혁명"이 일어나기 시작했다(Howes, 2005). 2006년 『감각과 사회』라는 저널이 탄생했다.

근대와 감각 풍경sensescape

근대는 사회과학의 중요한 연구주제다. 근대는 감각보다 이성을, 비인간보다 인간을, 자연보다는 사회를, 여성보다 남성을, 비서구적 가치관보다는 서양의 가치관을 한층 우위에 둔다. 근대사회에서 감각은 '미개' 또는 '야만'의 이미지를 가지며 문화와 반대의 의미가 있다. 하지만 인간의 감각은 결코 자연 상태에 존재한 적이 없으며 감각적 경험은 사회적 가치를 포함하고 있다(Vannini et al., 2012).

근대는 과학과 이성이 감각을 지배하는 시대였다. 18세기 이전의 화학자들은 자연을 분석하기 위해 감각을 사용했다(Roberts, 2005). 하지만 수리물리학의 발전과 함께 수학적 계산을 선호하면서 자연에 대한 일차적인, 직접적인 감각 경험은 무시되었다. 나아가 18세기에 새로운 정밀 실험 도구를 이용한 실험과학이 발전하게 되면서, 실험 도구를 통하지 않는 직접적인 감각 경험은 과학 지식에서 배제된다. 기계론적 세계관의 등장으로 자연과 몸은 기계로 해석되고, 화학은 감각 영역에서 이성 영역으로 넘어간다.

물론 과학에서 감각이 모두 사라진 것은 아니다. 실험 결과를 읽는 데 시각은 여전히 중요하다. 하지만 미각, 후각, 촉각은 거의 활용되지 않았다(Roberts, 2005). 이처럼 근대는 시각이 지배하는 시대였다.[3] 자크 아탈리에게 이 사실은 한탄스럽다. 그는 청각의 중요성을 강조하면서 다음과 같이 말했다.

> 2500년 동안 서구의 지식은 세계를 바라보려고 노력했다. 세계가 보기 위한 것이 아니라는 걸 이해하는 데 실패했다. 세계는 듣기 위한 것이다. 세계는 읽을 수 없으며 들을 수 있다 (Attali, 2011 : 3).

탈식민주의 관점에서 볼 때 서구와 비서구 사회의 감각 풍

---

3. 유서연(2021 : 53)에 따르면 서구 형이상학에서의 시각 중심주의는 정신에 대한 것과 신체에 대한 것으로 다시 구분될 수 있다. 플라톤은 신체적, 감각적 시각을 폄하하고, 정신적, 지성적 시각을 강조했다. 이에 반해 데카르트는 감각적 시각을 플라톤처럼 폄하하지는 않았지만, 그 한계를 인정하고 기기를 통해 개선하고자 했으며, 궁극적으로 지성적, 정신적 시각을 우위에 두었다. 이처럼 근대의 시각 중심주의에는 여전히 정신과 몸의 이분법이 존재한다. 한편 시각을 제외한 다른 감각에 관한 과학적 연구가 사라지지는 않았다. 과학적 방법으로 감각을 사용하는 것과 감각에 관해 과학적 연구를 하는 것은 서로 다르다. 예를 들어 냄새에 관한 화학 연구는 향수의 예에서 보듯이 20세기에도 계속해서 이루어졌다(바위치, 2020 : 81).

경은 서로 다르다. 1950년대 아프리카 아이들은 구어 중심의 배움으로 인해 청각 세계에서 사는 반면 유럽의 아이들은 문자를 배우기에 시각 세계에 훨씬 익숙하다. 당시 아프리카 아이들은 사진과 영화를 잘 이해하지 못하고 서구인처럼 개인적이거나 초월적인 태도를 보이지 않았다(Carothers, 1959). 이에 반해 서구 아이들은 공간과 시간을 잘 지각하고 기계적·인과적 관점에서 세계를 이해했다(McLuhan, 2005). 몸을 이해하는 데 서양의학은 한의학보다 시각을 훨씬 더 강조한다. 한의학에서 기가 흐르는 경맥은 눈에 보이지 않지만, 서양의학은 근육과 같이 눈에 보이는 것을 구체적으로 시각화한다(김태우, 2021).[4]

역사적으로 볼 때 근대 산업혁명으로 새로운 기계가 등장하면서 소리풍경soundscape에 많은 변화가 나타났다(Schafer, 1977 : 64). 산업혁명 이전의 거리는 거리 음악과 거리 행상으로 매우 시끄러웠다. 거리 소음 규제가 17~19세기에 만들어지면서 거리 음악은 실내악으로 바뀌게 되고 거리 행상의 호객 행위는 규제를 받게 되었다. 산업혁명으로 금속이 사용되고 석탄과 증기와 같은 새로운 에너지원이 활용되면서 기계 소음이 소리풍경의 중요한 원천이 되었다. 증기 기관차의 굉음이 마차 소리를

---

4. 소래섭(2009)은 우리 근대와 후각의 관계를 연구했다. 그는 일제 강점기에 쓰인 문학(김소월, 백석, 이상)에서 서술된 악취에 관한 분석을 통해 후각과 근대를 연결했다. 예컨대, 백석은 당시의 지배적 감각에 대한 저항의 수단으로 냄새를 인식했으며, 소설가 이상은 초콜릿 냄새와 같은 근대의 냄새를 악취로 생각했다.

대체했다(Schafer, 1977).

감각, 인격, 시민권, 공동체

감각은 몸과 마음을 매개하면서 인간의 주체와 인격person-hood을 형성한다. 바니니 등(Vannini et al., 2012 : 43)에 따르면 "몸은 마음속 그리고 마음의 것이며, 마음은 몸속 그리고 몸의 것이다." 팀 인골드(Ingold, 2000)는 "체현된 마음"embodied mind 또는 "생각하는 몸"mindful body이라 표현하면서 주체와 인격의 형성에서 몸과 마음의 이분법을 극복하고자 했다. 이수안(2018)은 스마트폰과 아이패드의 터치스크린 등 다양한 디지털 미디어와 접촉하는 인간을 "호모 센수스"homo sensus라 지칭했다. 특히, 개인의 주체와 정체성은 감각 의례sensory rituals를 통해 형성된다. 신도들은 교회 부흥회에서 교회음악을 따라 손을 흔들며 노래를 부르면서 종교인으로서의 그들 정체성을 구성한다. 마찬가지로 집회 현장에서 시위 참여자들은 시위 깃발을 보고 집회 음악을 듣고 시위 구호를 외치면서 그들의 정체성을 형성한다.

감각은 시민권을 구성한다. 시민권의 가장 흔한 개념은 한 국가 국민의 자격과 지위를 의미한다. 국가는 법을 통해 자국인과 외국인을 구분한다. 마찬가지로 감각도 국민과 외국인을 구분한다. 예컨대 외국 사람들은 한국 사람에게서 마늘과 김치 냄새가 많이 난다고 한다. 이 냄새에 의해 대한민국 국민이 구분된다. 나아가 시민권의 개념은 시민의식 또는 정체성을 의미한다. 시민권은 감각의 규율을 통해 구현될 수 있다. 이를테면 사회는 우리의 감각을 자연 그대로 놔두지 않는다. 사회에서 우리는 마음대로 볼 수 없으며, 마음대로 소리를 낼 수 없고, 마음대로 만질 수도 없다. 감각이 규율되면서 시민의 권리 및 의무와 결합할 때 시민권이 만들어진다.

트른카 등(Trnka et al., 2013)은 감각적 몸을 통해 체현된 시민권을 감각 시민권이라 불렀다. 그들은 베네딕트 앤더슨의 "상상된 공동체" 개념을 비판했다(Anderson, 2006). 앤더슨은 민족과 시민권의 개념에 대해 후기구조주의 접근을 시도한다. 시민권은 국가 및 민족과 마찬가지로 상상된 것이다. 이러한 설명에서 언어의 역할이 특권화되고 시민권은 상상 속의 언어로 직조된 구성물이며 감각과 몸으로 체현되지는 않는다. 결국 상상된 존재 속에서 감각하는 존재는 잊혔다(Trnka et al., 2013 : 12).

감각은 이른바 감각 공동체sensory communities를 만든다(Vannini et al., 2012). 이 개념은 베네딕트 앤더슨의 "상상된 공동체"와 차별화된다(Anderson, 2006). 전자는 감각으로 구성되며, 후자는 언어에 의해 구성된다. 또한 감각 공동체는 이익, 지식, 신념, 가치 혹은 담론을 중심으로 만들어진 이익 집단, 옹호 연합, 담론 연합 등 기존 사회 집단 모형과도 구별된다(Jenkins-Smith et al., 2014 ; Hajer, 1995).[5]

감각 공동체의 예로서 유사한 장르의 음악을 즐기는 동호

회를 들 수 있다. 음악에 대한 공통의 감각을 공유하면서 만들어진 소규모 공동체이다. 군용 항공기 소음에 대한 피해를 호소하는 집단도 감각 공동체이다. 나아가 피에르 부르디외의 저서 『구별 짓기』에서 잘 드러나듯이 감각 공동체는 음악 및 미술과 같은 예술에 대한 취향이 계급성을 가질 때처럼 계급적인 특성을 띨 수도 있다. 좀 더 넓게 해석하면 민족 단위에서도 감각 공동체를 상상할 수 있다. 한국 사람들은 김치에 대한 미각을 공유하는 감각 공동체라 할 수 있다. 이처럼 감각 공동체는 집단, 계급, 민족 단위에서 존재할 수 있다.

감각과 장소 및 공간

감각은 장소를 만든다. 여행을 가거나 어떤 지역에 방문했을 때 풍경과 들려오는 소리가 그 장소를 인식하게 한다. 특정 장소에 대한 기억이 감각을 통해 나타난다. 감각을 통해 과거의 장소가 머릿속에 떠오르면, 당시의 시간과 만난 사람들 그리고 그때의 자신의 모습을 생각하게 된다. 스티븐 펠드(Feld, 2005 : 270)는 장소와 감각의 상호 생산을 다음과 같이 표현한

---

5. 이들은 모두 주로 정치학 및 정책학에서 다루는 사회 집단 모형이다. 이익 집단은 공통의 정치·경제적 이익을 중심으로 형성된 집단이다. 옹호 연합(advocacy coalition)은 정치 신념과 가치를 중심으로 모인 집단이다(Jenkins-Smith et al. 2014 : 195). 담론 연합(discourse coalition)은 서로 친화력이 있는 담론의 네트워크를 가리킨다(Hajer, 1995).

다 : "장소가 감각에 의해 인지될 때, 감각들은 (그 장소에) 배치된다. 장소의 의미가 이해될 때, 감각들이 장소를 만든다."

문화지리학에서 장소에 관한 연구는 주로 시각에 의존한다. 하지만 청각도 장소를 만든다. 교회 종소리는 교회라는 장소를, 시위 음악은 집회의 장소성을 구성한다. 마셜 매클루언(McLuhan, 2005)은 청각 공간acoustic space이라는 개념을 이야기했다. 청각 공간은 소리의 높이, 깊이, 그리고 방향과 관련된다(Feld, 2005). 공간은 소리의 배분과 관련되며 소리의 강도에 따라 서로 다른 공간이 만들어진다. 소리가 크면 멀리까지 들리기에 공간이 넓어진다. 냄새도 공간과 관련이 있다. 날짐승이 후각을 통해 먹이를 찾듯이 냄새는 방향을 알려주고 길을 찾거나 거리를 재는 데도 역할을 한다(바워치, 2020 : 214).

감각 지리학은 감각 자극으로 만들어지는 지리학적 이해에 관한 연구이다. 이 학문은 지리적 경험의 구성에 있어서 감각의 역할을 다루면서 개인과 환경의 관계 그리고 사회 및 문화의 지리적 실재를 분석한다. 감각 지리학자인 로드웨이(Rodaway, 1994)는 유클리드적인 공간 개념에 대해 비판했다. 그에게 공간과 시간은 추상적이지 않고 살아 있으며 육화된 것이다. 인간의 주체와 감각 그리고 공간은 상호 생산된다.

감각과 정치와 법

감각은 사회 질서와 연관되며 정치에도 감각적 차원이 존재한다. 예컨대 라디오, 확성기와 녹음기는 정치적 도구로 사용되었다. 나치의 전체주의와 확성기는 밀접한 관계가 있다. 히틀러는 "확성기가 없었다면 나치가 독일을 정복하지 못했을 것이다"라고 말했다(Schafer, 1977:91). 라디오와 확성기는 박정희 정권의 군부독재 시절 정치 선전에 이용되었다(김동광, 2021). 당시 녹음기는 반체제 인사들을 감시하는 도청 수단으로 활용되었다. 동일한 감각이라 하더라도 정치적 특성에 따라 법적 규제의 차이가 있을 수 있다. 예를 들어, 17~19세기 소음에 대한 초기 규제는 선택적이며 정성적이었다. 당시에 거리 소음은 규제를 받았으나 교회 종소리와 교회음악은 신성하다는 이유로 규제를 피할 수 있었다. 이는 당시 교회의 권력을 드러낸다(Schafer, 1977).

감각을 통해 권력이 작동한다. 미셸 푸코(2016)가 연구한 파놉티콘 감옥에서 간수의 시각은 죄수들을 통제하기 위한 미시 권력을 형성한다.[6] 간수는 죄수들을 언제든지 볼 수 있지만, 죄수들은 간수를 볼 수 없기에 실제 간수가 없더라도 죄수들은 간수가 자신을 지켜본다고 생각하고 자신의 행동을 스스로 통

---

6. 푸코의 권력 개념에는 시각적인 특성이 있다:"권력의 근원은 어떤 인격 속에 있지 않으며, 신체, 표면, 빛, 시선 등의 신중한 구분 속에, 그리고 내적인 메커니즘이 만들어내는 관계 속에, 개개인들이 포착되는 그러한 장치 속에 존재한다"(푸코, 2016:313). 미시 권력은 특정한 권력자가 소유하여 타인을 억압하는 것이 아니라, 도처에 존재하는 권력관계에 의해 파생되며, 피권력자의 실천을 통해 능동적으로 생산된다. 이를 "통치성"(governmentality)이라 부른다.

제한다. 즉, 시각 권력에 의해 죄수들의 통치성이 나타난다.[7]

감각은 사회 집단의 분류 장치이며 생명정치bio-politics를 행사한다(Howes & Classen, 2014 : 68). 악취는 주로 사회적으로 소외되거나 배제된 집단의 특질이다. 영화 〈기생충〉에서 사장은 운전기사에게서 악취가 난다고 말한다. 이 말 한마디는 결국 영화 종반부에 기사의 살인을 촉발하게 된다.

감각은 남성과 여성을 구별하는 데도 활용된다. 성경과 고전문헌에는 젠더 간 감각 분화와 위계가 존재했다(Classen, 2005). 시각은 고귀하고 이성적인 지배적 감각이다. 이에 반해 촉각, 후각, 미각은 시각보다 열위를 차지하며 여성과 연관된다. 특히 여성의 촉각과 후각은 도덕적으로 문란하고 위험하다고 간주된다. 성경에서 선악과에 대한 이브의 유혹을 이기지 못한 아담은 이브와 함께 천국에서 추방된다. 인간의 죄는 이브의 미각으로부터 비롯되었다. 중세시대를 배경으로 하는 이야기에 자주 등장하는 마녀의 악취는 사악함과 죽음을 상징하며 이는 여성에 대한 정치적 차별을 드러낸다(같은 책). 마녀들은 주로 촉각, 청각, 후각을 사용한다. 마녀는 탐식적이며 악취가 난다. 여기서 여성의 감각은 부정적이거나 위험하게 묘사된다(같은 책).

---

7. 통치성이란 자기 규제(self-regulation)를 의미한다. 미시 권력은 피권력자가 능동적으로 자신의 행위를 규제하게 한다. 통치성은 자유로운 주체의 행위에 영향을 주는 실천이다. 푸코는 한편으로 미시 권력이 국가의 권력과 다르다고 주장하기도 하지만, 다른 한편으로는 국가 통치방식이 통치성을 통해 작동한다고 주장한다.

1920~30년대 일제 강점기 때 화장장 악취는 민족을 구분하는 감각이었다. 당시 시체를 산에 매장했던 한국인과 화장을 했던 일본인 사이의 민족적 갈등이 일어났다(소래섭, 2009). 요즘 화장장 및 쓰레기 처리 시설과 같은 혐오 시설은 도시 외곽에 주로 위치한다. 그래서 악취는 빈부의 격차 및 도시와 외곽의 차이를 드러낸다.

법은 감각적 차원을 가지고 있다. 시각과 청각이 사회 정의의 개념을 지배했다(Howes & Classen, 2014 : 94). 사회 정의의 실천은 자주 명확하게 보는 것과 서로 다른 의견을 청취하는 것으로 이해되었다. 존 롤스의 사회 정의 개념은 시각의 메타포를 가지고 있다. 그의 이론의 핵심 개념인 무지의 베일veil of ignorance은 사회 정의의 원리를 결정할 때 자기 자신을 보지 않는다는 맹검blindness의 의미를 내포하고 있다(같은 책 : 98). 마찬가지로 법적 증거 중에서 목격자가 직접 본 증거가 가장 강력한 증거력을 갖는다는 점에서 시각이 법의 지배적인 감각이다.

감각은 신체를 넘어 물질적이다. 인간은 직접 사물을 감지하기도 하지만, 다양한 사물을 매개로 감각적 실천이 일어나기도 한다. 감각은 인간의 신체에만 내재하지 않으며 사물과의 상호작용으로도 그 실천이 일어난다. 보청기를 활용하는 장애인들 혹은 이어폰을 끼고 음악을 듣는 젊은이들의 모습을 떠올려 보라. 음악은 기계의 발전과 밀접한 관계가 있다(Pinch and Bijsterveld, 2012 ; 정명철 & 오준호, 2016). 실험실에서 연구자의 감각은 현미경과 같은 실험 기계에 의존한다(Roberts, 2005). 대표적인 신유물론자인 브뤼노 라투르(Latour, 2004)는 향수를 만들 때 인간의 코가 특수한 냄새 키트에 의해 훈련받으면 더 다양한 냄새를 세밀하게 구별할 수 있다고 말했다. 즉, 인간의 감각은 순수하게 자연적이지도, 그리고 순수하게 사회적이지도 않으며, 사물과 기계를 통해 변형되고 확장되기도 한다. 따라서 감각학은 물질문화연구와 밀접하게 연관이 있다.

◇

물질에 대한 사회과학 이론은 다양하다. 정치경제학, 후기구조주의, 그리고 신유물론은 각각 서로 다른 물질 개념을 가지고 있다(Fox & Alldred, 2017). 카를 마르크스의 변증법적 유물론은 헤겔의 관념론을 비판하면서 의식보다 물질에 존재론적 우위를 두었다. 의식은 물질의 반영이다. 물질은 대립물들의 투쟁과 통일이라는 변증법적 운동법칙에 따라 끊임없이 변화한다. 자본주의 경제체제에서 사물은 재화와 자본으로 전환된다.[8] 하지만 사물이 자본이 되는 과정에서 재화로서 교환가치

---

8. 자본주의 경제에서 물질적 생산양식은 생산력과 생산관계로 구성된다. 생산력은 기술, 기계, 노동 등이 해당하고, 생산 관계는 계급구조를 의미한다. 마르크스는 생산력의 발전이 생산 관계와 모순을 일으키면서 계급 충돌이 발생하고 계급투쟁을 통해 역사가 발전한다고 주장한다.

가 없는 물질성과 감각성은 사라진다(Howes, 2003).

마르크스의 유물론은 텍스트와 담론에 주목하는 후기구조주의와 대비된다. 1980년대 물질문화연구에서 후기구조주의는 큰 영향력을 행사했다. 이를 물질문화에 대한 언어적 전환이라 부른다. 후기구조주의에서 사물은 인간 담론으로 구성되는 사회적 의미와 사회적 관계의 운반체다(브라이언트, 2020). 사물은 사회적 실재의 재현이며, 사회구조와 상징구조를 재생산하는 매개체다(Jones & Boivin, 2010). 이안 호더는 후기구조주의 관점에서 물질문화를 텍스트로 간주하고 사물의 상징적 의미를 분석했다(Hodder, 1985). 그는 사물을 인간의 가치와 문화가 반영된 수동적인 매개체로 이해했다.

예를 들어 지하철 임산부 좌석에 사람들은 앉지 않는다. 하지만 그 이유는 좌석이라는 인공물 그 자체보다는 임산부 좌석이라고 표기된 기호sign에 기인한다. 좌석은 임산부에 대한 배려라는 도덕을 전달하는 수동적인 매개체일 뿐이다. 이것이 단순화된 후기구조주의 관점이다.9 여기서 좌석의 물질성은 별다른 역할을 하지 못한다. 하지만 사실상 지하철 임산부 좌석에 사람들이 앉지 않는 이유는 임산부라는 기호뿐만 아니라, 임

---

9. 주디스 버틀러와 도나 해러웨이와 같은 후기구조주의자들은 물질과 기호를 분리하지 않는다. 그들은 단순히 기호만이 아니라, 물질에도 관심을 보여준다는 점에서 자크 데리다와 같은 후기구조주의자들보다는 신유물론에 더욱더 가깝다고 할 수 있다.

산부를 편히 앉게 하는 좌석의 역할, 즉 그 물질성도 역할을 한다. 오래 서 있으면 임산부는 힘들기 때문이다. 임산부의 몸과 좌석의 역할이 서로 연결되어 있다. 그래서 임산부 좌석의 역할은 임산부라는 기호와 좌석의 물질적 실천이 결합한 것이다. 좌석이 아닌 다른 인공물이었다면 사람들은 다른 행동을 보였을 수도 있다.

이런 의미에서 신유물론자들은 후기구조주의가 텍스트의 해석에 지나치게 경도되어 물질성을 희생한다고 비판한다(Fox & Alldred, 2017). 레비 브라이언트는 후기구조주의가 지나치게 과장되었다고 주장한다.

> 화이트헤드가 주장하는 대로, 철학은 어설픈 추리나 노골적인 허위로 인해 실패하는 경우는 거의 없고, '철학에서 주된 과오는 과잉 주장에 있다.' 담론성이 다양한 방식으로 세계를 구축하는 데 이바지한다는 비판 이론들의 공통 논제와 관련된 문제는 그 논제가 허위라는 점이 아니라, 그것이 과잉 주장이라는 점이다 (브라이언트, 2020: 27).

질 들뢰즈와 같은 후기구조주의 학자들과 이에 영향을 받은 신유물론자들은 후기구조주의의 텍스트주의와 인식론에 대한 천착을 비판하면서 새로운 물질적 전환을 모색한다. 그들은 바로 브뤼노 라투르, 미셸 칼롱, 존 로와 같은 행위자-연결망 이론 학자들, 마누엘 데란다, 앤드류 피커링, 그리고 카렌 바라드, 안네마리 몰, 로지 브라이도티와 같은 페미니스트, 그레이엄 하먼과 레비 브라이언트 같은 사변적 실재론자들이다.

신유물론은 자연과 문화, 인간과 비인간, 토대와 상부구조, 미시와 거시 간의 이분법을 극복하려는 철학이다(Fox&Alldred, 2017). 신유물론은 인식론보다는 존재론에 초점을 두면서 물질적 실천과 퍼포먼스에 주목한다. 세계는 하나의 사회-물질적 사건event이며 국가, 사회, 기업, 젠더 등 다양한 사회학적 범주들은 사회-물질적 실천의 원인이 아니라 결과다. 사물은 물질적 실천이 일어나기 전에는 존재하지 않으며 그 실천의 결과로 형성된다. 이러한 인식은 사회과학의 전통적인 인과율을 뒤집는다. 즉, 사회구조의 분석으로 인간의 행위를 설명하지 않고 사회-물질적 실천을 분석하여 사회구조가 어떻게 구성되는지를 고찰한다. 이는 신유물론이 미시 사회학적 전통에 있다는 점을 의미한다.

신유물론 학자들의 다양한 이론적 스펙트럼[10]에도 불구하고 그들이 공유하는 핵심적인 개념은 비환원주의non-reduction-ism이다. 이 개념은 전체는 부분들의 상호작용 결과이지만 전체는 부분으로 환원되지 않는다는 것이다. 마누엘 데란다(2019)

---

10. 예를 들어 인간과 상호작용이 없는 사물 그 자체의 존재 여부와 관련하여 학자마다 의견이 다르다(하먼, 2019). 사회적 불평등에 관한 관심에 있어서도 페미니스트 신유물론 학자들과 기타 학자들 간에 차이가 있다.

는 이를 창발emergence이라고 불렀다. 하먼(2019)에 따르면 뉴욕 거래소는 유리, 강철, 콘크리트로 만들었지만, 이 거래소의 기능은 유리, 강철, 콘크리트 각각의 특성으로 환원되지 않는다. 다른 예로 가습기 살균제를 들 수 있다. 이미 오랫동안 세정제로 사용되었던 살균제를 가습기라는 새로운 기기를 통해 공기 중에 배출함으로써 새로운 독성이 창발되었다. 동일한 사물이라도 그 사물이 새로운 용도로 사용되면서 새로운 기기 그리고 몸의 기관과 상호작용하면 새로운 특성이 발현된다. 그러므로 살균제의 독성은 살균제 화학물질 그 자체의 특성으로만 환원할 수 없다. 신유물론은 사물의 퍼포먼스가 구성요소 자체의 본질적인 특성으로부터 비롯된다는 본질주의를 기각한다. 사회-물질적 맥락의 변화에 따라 사물의 존재가 달라지기에 사물의 특성 또한 변화한다고 신유물론은 주장한다.

신유물론은 환원주의와 본질주의에 천착한 고전적인 유물론과 다르다. 고전적 유물론은 객체의 특성을 그것의 물질적인 부분으로 환원한다. 브라이언트(2020)는 고전적 유물론을 환원주의적 특성이 있다는 점에서 부분 유물론으로 호명하고 신유물론의 창발 유물론과 구별한다.[11] 신유물론은 사물의 본

---

11. "창발적 존재자는 자신을 구성하는 부분들이 없다면, 현존할 수 없지만, 그런데도 이런 구성의 결과로서 창발하거나 생성되는 역능과 이들 부분 사이의 관계들 덕분에 절대적으로 실재적인 별개의 존재자이다"(브라이언트, 2020:356).

질보다 관계에 초점을 둔다는 점에서 이른바 관계론적 존재론 relational ontology이라 불린다(Fox & Alldred, 2017).

단, 신유물론 내에서도 그레이엄 하먼과 레비 브라이언트 같은 사변적 실재론자들은 신유물론의 관계주의(예를 들어 브뤼노 라투르)로부터 그들의 이론을 차별화하기 위해 인간 인식에서 독립된, 다시 말하면 인간과 관계가 없는 사물 그 자체의 존재를 인정한다(하먼, 2019; 브라이언트, 2021). 브뤼노 라투르는 파스퇴르가 세균을 발견하면서 세균이 나타났다고 주장했다(Latour, 1993). 하지만 그레이엄 하먼(2019:181)은 파스퇴르가 이 세균을 발견하기 전에 인간의 지식과 연동되지 않더라도 다른 비인간 또는 인간의 신체와의 상호작용 속에서 이 세균은 존재했다고 주장한다. 객체가 관계로부터 물러서 존재할 수 있다는 것이다. 브라이언트는 나아가 주체와 객체를 구분하지 않고, 인간도 객체 중의 하나라고 주장한다. 그래서 인간이 포함되지 않은 객체들의 집합체도 존재할 수 있다고 주장한다.

사변적 실재론은 인식론적 실재론과 반실재론의 논쟁을 극복하기 위해 객체와 그 관계를 구분한다(브라이언트, 2021:30). 인식론적 실재론은 표상은 실재의 반영이라는 이론이다. 즉, 지식은 객체 그 자체를 반영한다는 주장이다. 반실재론은 객체 그 자체는 존재하지 않는다는 주장이다. 사변적 실재론은 두 입장을 모두 비판한다. 객체 그 자체는 관계의 결과물로서의 객체와 같지 않기에 인식론적 실재론이 기각되고, 그런데도 객체 그 자체는 존재하기에 반실재론도 부정된다. 하지만 객체의 자율성과 환원 불가능성을 주장하기 위해 군이 객체 그 자체와 그 관계를 구분할 필요가 있을까? 관계주의 속에서도 비환원주의는 유지될 수 있다.[12]

신유물론의 관계주의와 비환원주의를 설명하기 위해 고안된 개념은 어셈블리지assemblages이다(Deleuze & Guattari, 1987). 사회-물질적 실천은 어셈블리지를 통해 일어난다. 어셈블리지는 사람과 사물 등 존재자들의 상호작용으로 만들어지는 사회-물질적 "배치"이다(데란다, 2019). 불어로는 아장스망agencement이라 불리는데 배열arrangement이라는 뜻이다. 어셈블리지란 이질적 존재자들이 모여서 하나의 집합체로서 공동으로 기능하게 하는 배열방식을 말한다.

---

12. 브라이언트(2021 : 30)에 따르면 관계주의는 "객체가 자신이 맺은 관계들로 구성된다는 논제"이다. 브라이언트는 관계주의를 극복해야 할 대상으로 본다. 객체의 환원 불가능성을 주장하기 위해서 관계주의를 기각하고 객체가 그 관계로부터 물러서 존재할 수 있다고 주장한다. 하지만 나의 판단으로는 사변적 실재론자들은 환원주의가 관계주의로부터 비롯된다고 해석하는 것 같다. 만일 그렇다면 동의하기 힘들다. 또한, 사변적 실재론은 나와 같이 경험적 연구를 하는 연구자에게 그다지 쓸모가 있는 이론은 아니다. 사변적 실재론은 인간의 인식으로부터 독립된 객체의 존재를 다루나, 경험연구는 그것을 다룰 수 없다. 경험되는 모든 것은 관계의 결과물이기 때문이다. 객체 그 자체에 관한 주장은 인간에 의해 검증될 수 없으며 말 그대로 사변적으로 가정될 수 있을 뿐이다. 임마누엘 레비나스(Levinas, 1985)가 신에 대한 절대적 무지를 이야기하면서 "최초의 철학은 윤리"라고 역설했듯, 객체 그 자체를 논하는 데 필요한 철학은 존재론 이전에 윤리다. 객체지향 존재론이 타자성의 윤리가 없다면 오만할 수 있다.

어셈블리지는 세계와 사회를 설명하는 개념으로 전통적인 사회과학에 존재하는 자연과 문화, 인간과 비인간, 미시와 거시, 행위자와 구조, 언어와 물질, 마음과 몸 간의 이분법을 극복하는 개념이다. 비환원주의 관점에서 볼 때, 전체로서 어셈블리지는 구성요소 간 상호작용의 결과이지만 각 구성요소의 성질로 환원되지 않는다. 관계론적 존재론의 관점에서 이 존재자들은 어셈블리지에서 그들 간의 관계를 통해 그들의 존재를 형성한다.

어셈블리지를 생각할 때 집에서 버스를 타고 학교에 가는 내 모습을 상상한다. 집에서는 가족과 집의 인공물들, 버스에서는 다른 승객, 운전자, 버스, 그리고 학교에서는 학생들 그리고 연구실의 사물과 상호작용한다. 이 이질적 상호작용들을 가상의 선으로 연결하면 존재자들의 공간적 배열이 만들어질 것이다. 이것이 바로 어셈블리지다. 이 선들은 고정된 것이 아니라 내가 버스를 타고 집에서 학교로 이동하면서 끊어졌다가 새로 생겼다 하면서 배열의 형태가 계속 변화될 것이다.[13] 이처럼 나는 집, 버스, 학교에서 서로 다른 사회-물질적 어셈블리지를 만든다. 이러한 어셈블리지의 변화에 따라 나는 아버지, 승객, 교

---

13. 어셈블리지를 구성하는 이질적 상호작용은 사회-물질적 맥락의 변화에 따라 달라지기에 어셈블리지는 고정된 닫힌 시스템이 아니라 동적인 열린 시스템을 보여준다. 들뢰즈와 과타리가 주장한 바와 같이 어셈블리지의 변화와 함께 "탈영토화"가 이루어진다(Deleuze and Guattari, 1987).

수 등 서로 다른 존재가 된다. 나라는 존재는 나의 본질에서 오는 것이 아니라 내가 맺는 관계로부터 나온다. 내가 집에서 아버지라는 존재가 되는 것은 집이라는 물질적 공간에서 가족과 상호작용을 하기 때문이다. 반대로 학교라는 물질적 공간에서 학생들과 상호작용을 하므로 나는 교수가 된다.

이처럼 우리 인간은 사회-물질적 어셈블리지의 변화에 따라 다양한 존재가 된다. 하지만 매일 같은 실천을 반복하기에 자신의 다양한 존재들의 차이를 인식하지 못하고 존재론적 전환을 능숙하게 해낸다. 자신의 존재가 하나라고 생각하지만 사실상 그렇지 않다. 기억과 습관에 의한 착각일 뿐이다. 크리스토퍼 놀런의 영화 〈메멘토〉의 주인공처럼 단기 기억 상실증에 걸린다면 새로운 존재가 된 자신이 누군지 몰라 멈칫 당황할 것이다. 우리가 낯선 곳에 여행을 가면 경험해 보지 못한 새로운 어셈블리지를 만들어 새로운 존재가 되는데 그때 여행의 감동을 받는다.

다만 위의 예처럼 가까운 거리에 있는 존재자들끼리만 어셈블리지를 만드는 것은 아니다. 직접적인 접촉이 없더라도 존재자들은 기호로 번역되어 언어로 만나 서로 어셈블리지를 만들 수 있다. 어셈블리지는 시공간을 가로지르며 일어난다. 나는 기후변화로 녹는 빙하와 캘리포니아 산불에 불타는 나무를 직접 본 적이 없으나 텔레비전을 통해 알고 있다. 내가 기후변화를 이야기하며 이 풍경을 논할 때 나는 이 비인간들과 어셈블리지를 만든다. 이 비인간들은 멀리 떨어져 있으나 기호로 번역되어 담론을 통해 나라는 존재를 변화시킨다. 이때 기호로서의 비인간과 먼 곳에 존재하는 사물로서의 비인간의 경계는 사라진다.[14] 즉, 어셈블리지는 말과 사물의 경계를 넘어서 발생할 수 있다.

물질적 행위력

전통적인 사회학에서 행위력의 개념은 의도성intentionality 및 의지will와 등치되고 그래서 인간만이 행위력을 갖는다. 하지만 물질문화연구의 성장과 함께 사물의 행위력에 대한 다양한 이론적 스펙트럼이 나타났다(Jones & Boivin, 2010). 첫 번째 입장은 의지와 의도로서 행위력의 전통적 개념을 유지한 채 사물의 행위력을 수동적으로 해석한다. 즉, 사물은 인간처럼 행위할 의지와 의도를 가지지 않지만, 인간의 행위력을 운반하는 수동적인 매체다(Gell, 1998). 앤서니 기든스도 행위력을 인간만의 특성으로 보고 사물과 인간 간의 관계를 변증법적으로 이해한다. 즉 인간과 사물을 서로 대립시키면서 사물이 인간의 행위력을 제약한다고 주장한다(Giddens, 1984).

신유물론은 행위력에 대한 인간중심주의를 기각한다. 행위

---

14. 물론 사변적 실재론은 객체 그 자체와 관계를 구분하기에 이 주장에 동의하지 않을 수 있다.

자–연결망 이론은 사물을 수동적 객체가 아닌 인간과 동등한 지위를 가진 능동적 주체로 인식한다. 인간과 사물은 항상 서로 결합하여 블랙박스화된 네트워크 속에서 존재하며 이때 행위력은 인간과 사물 중 어느 하나에만 속하지 않고 서로 분산되어 존재한다(Latour, 1999). 신유물론은 의도성을 행위력의 핵심적인 요소로 간주하지 않으며, 물질적 행위력을 인간과 사물 간 관계의 결과물, 이른바 관계적 행위력으로 간주한다(Law, 2010). 여기서 '관계'의 의미는 스피노자의 존재론적 일원론 ontological monism 15에 근거하며 변증법적인 이항 대립의 관계가 아니다(Braidotti, 2013). 그래서 앞서 소개한 기든스의 관점과 다르다.

카렌 바라드는 물질적 행위력을 퍼포먼스의 결과물로 해석한다(Barad, 2007). 그녀는 의도성으로서의 행위력 개념을 유지하면서도 사물 그 자체의 특성이 아닌 퍼포먼스의 결과로서 의도성을 이야기한다. 이때 의도성은 인간과 사물 간 관계의 결과다(Jones & Boivin, 2010:346). 따라서 바라드의 이론은 행위력에

---

15. 스피노자의 일원론은 데카르트를 위시한 근대철학에 존재하는 정신/신체의 이분법, 인간/비인간의 이분법을 비판한다. 서구 근대철학은 정신과 신체 그리고 인간과 비인간을 대립적인 것으로 본다. 이는 헤겔과 마르크스도 마찬가지다. 스피노자의 일원론은 유물론을 비변증법적으로 본다는 점에서 마르크스의 유물론과 차별화된다(Braidotti, 2013; 이경란, 2017:42). 일원론은 '차이'를 변증법적으로 설명하지 않는다. 이를테면 인간과 비인간의 '차이'가 선험적으로 대립하는 항으로 존재하여 서로 변증법적으로 상호작용하는 것이 아니라, 원래는 하나인데, 사회-물질적 결과로 그 '차이'가 구성되는 것이다. 그러한 '차이'를 이해하고, 극복하고자 하는 작업이 로지 브라이도티의 '되기'의 반인간주의적 실험이다.

대한 환원주의와 본질주의를 피할 수 있게 한다. 흔히 신유물론은 사물이 의도성을 가지고 능동적 행위력을 행사한다는 주장이라고 우리는 생각한다. 사물의 행위력을 의인화한다는 것이다. 이 의도성에 대해 나는 확신할 수 없지만, 이 관점이 신유물론에 있다는 점을 부인할 수 없다. 하지만 바라드의 관점에 따르면 이 관점은 결코 선험적으로 주장될 수 없으며 반드시 사회-물질적 실천의 결과로 설명되어야 한다. 즉, 사물의 본질로서 의도성과 능동적 행위력을 주장해서는 안 된다.

신유물론자들은 스피노자의 정동affect의 개념을 활용하여 인간에게만 국한된 행위력의 개념을 대체한다(Fox&Alldred, 2017). 정동이란 언어로 표현할 수 없는 느낌이다. 예를 들어 시를 읽을 때 시 구절의 의미를 분명하게 이해할 수 없더라도 뭔가 느낌을 받는다. 미술관에서 그림을 볼 때 말로 표현할 수 없지만 어떤 감응을 받는다. 이를 정동이라 할 수 있다. 사물의 비언어적 효과다. 사물의 행위력은 바로 정동을 만든다. 정동은 정신과 몸 그리고 물질 간의 이질적인 상호작용을 통해 일어난다. 정동의 퍼포먼스는 심리적 차원을 넘어 감각적, 신체적, 물질적이다. 즉, 정동은 물질과 정신, 감정과 감각, 마음과 몸의 이분법을 넘어선다. 인간과 비인간의 어셈블리지 속에서 정동이 흐른다(같은 책).

사물, 몸, 인격

사물에 대한 서로 다른 해석은 인간의 정체성과 인격을 설명하는 데 있어서 차이를 낳는다(Fowler, 2010 : 359). 첫째, 사람들이 사물을 생산, 소비, 경험, 교환할 때 그들의 정체성은 사물에 의해 영향을 받는다. 이때, 사물이 사회와 문화의 의미를 객체화한다. 즉, 사물은 객체로서 특정한 사회적 관계의 의미를 내포하고 있다. 피에르 부르디외의 실천이론에서 사물은 문화자본의 역할을 하면서 계급적 정체성을 드러내고 집단을 구별하는 역할을 한다. 예컨대, 제복과 교복은 신분과 학벌을 드러내는 기능을 수행한다. 하지만 부르디외는 인격에 미치는 사물의 영향을 인정하면서도 인격 자체는 여전히 인간 고유의 산물로 해석한다. 둘째, 신유물론과 같은 관계주의적 관점에서 볼 때 인격은 인간 자체의 속성으로부터 비롯되지 않으며 인간이 맺는 사람들 및 물질과의 관계 속에 분산된다(Ingold, 2007 : 14). 신유물론의 이러한 해석은 인간의 정체성과 인격을 설명하는 데도 물질성을 고려하게 한다.

인간의 몸은 사회-물질적 맥락 속에서 구성된다. 몸은 사회적, 문화적 의미를 체현하는 실천embodied practice이다(Crossland, 2010). 이를테면 운동선수들은 그들의 몸속에 국가와 민족의 의미를 체현할 수 있다. 여성들은 성형수술을 통해 젠더에 대한 사회적 의미를 몸에 체현할 수 있다. 체현embodiment 관련 이론은 현상학, 부르디외의 실천이론, 푸코의 생명정치이론, 버틀러의 수행성 이론, 신유물론 등 매우 다양하다(같은 책). 현상학은 개인의 주관적 아이디어가 체현된다고 주장하는 반면 피에르 부르디외의 실천이론은 외부의 사회구조가 아비투스16를 통해 몸에 체현된다고 해석한다. 후기구조주의자인 미셸 푸코는 규율과 훈련을 통해 몸이 구성되는 통치성과 생명정치를 주장했으며, 주디스 버틀러는 수행성17 개념을 통해 언어의 담론적 실천의 효과로 몸을 해석했다(Butler, 1997).

이에 반해 포스트 휴머니스트들은 인간의 몸과 기계(사물)의 결합으로 나타나는 탈인간주의 인격posthumous personhood을 주장한다(Crossland, 2010).18 인격은 인간의 몸속에 갇혀 있지 않으며 비인간과의 관계 즉, 네트워크 속에 분산되어 있다(Gell, 1998 ; Latour, 2005). 이러한 주장은 인격에 관한 개인의 권리를 강조하는 자유주의 해석에 대한 비판이다(Crossland, 2010). 신

---

16. 아비투스(habitus)는 구조화하는 구조와 구조화된 구조다. 전자는 객관적인 구조를 의미하며, 후자는 몸에 체현된 구조를 의미한다(Bourdieu, 2005).

17. 수행성이란 언어의 행위적, 물질적 효과를 말한다(Butler, 1997). 예컨대 오늘 날씨가 화창하다는 주장은 오늘 날씨가 좋기에 놀러 가자, 혹은 빨래하자는 행위를 포함하는 말이다. 언어가 단순히 실재를 반영하는 것이 아니라, 언어에 따라 실재가 나타나는 것을 말한다. '말이 씨가 된다'라는 한국 속담을 떠올려 볼 수 있다. 말이 현실이 된다. 말이 실재가 된다는 말이다. 이것을 언어의 수행성이라 할 수 있다. 단, 세상일이 말하는 대로 되지 않듯 수행성이 항상 성공적으로 일어나지는 않는다.

18. 탈인간주의 인격에 관한 연구는 여러 학자에 의해 연구되었다. 크로스랜드(Crossland, 2010)에 따르면, 예를 들어 도나 해러웨이(Donna Haraway)의 "하이브리드 몸"(hybrid body), 마릴린 스트라션(Marilyn Strathern)의 "탈개인적 인격"(dividual personhood), 그리고 알프레드 겔(Alfred Gell)의 "분산된 인격"(distributed personhood)을 들 수 있다.

유물론은 인류학적 본질주의를 거부하면서 인간의 본질은 고정되지 않으며, 사회-물질적 실천에 따라 변화한다고 주장한다. 로지 브라이도티는 몸을 해석하는 데 있어 인간중심주의를 비판하고, 살아 있는 몸의 물질성을 강조했다 (Braidotti, 2013). 그녀는 몸과 주체의 포스트 휴머니즘을 연구하면서 동물 되기 becoming, 여성 되기, 소수자 되기를 주장하며 본질주의적 접근을 극복하고자 했다.

풍경, 장소, 공간

풍경, 장소, 공간에 대해 대략 세 가지 입장이 존재한다. 브라이언트에 따르면 고전적 실재론들은 "뉴턴 공간"을 상정하면서 공간을 모든 사물을 담는 "균일한 용기"로 간주한다. 뉴턴 공간은 고정된 것이며 변화되지 않는다. 뉴턴 공간에서 "존재자들의 공간적 관계는 변화하지만, 공간 자체는 언제나 단일한 구조를 가지고 있고, 이 공간을 관장하는 불변의 척도가 존재"한다 (브라이언트, 2020: 221). 하지만 사회구성주의자들과 후기구조주의자들에게 공간이란 그 위치를 점유하는 사람들의 상징적 경험과 담론으로 형성된다. 이러한 인식은 현상학 및 해석학에 기반을 둔 문화지리학에서 강했다.

한편, 이러한 문화지리학이 탈물질화되었다는 비판이 제기되면서 물질 지리학자들은 공간 및 풍경의 재물질화를 주장했다. 왓모어와 힌클리페(Whatmore & Hinchliffe, 2010)는 풍경이란 인간과 사물이 서로 관계를 맺는 복잡한 어셈블리지라 말했다. 이러한 입장은 신유물론과 유사한데, 신유물론은 풍경과 공간을 인간과 사물 같은 존재자를 담는 용기가 아니라, 그들 간의 상호작용에 따라 유동적으로 변화한다고 해석한다. 레비 브라이언트(2020)는 이러한 공간을 "토폴로지 공간"이라 불렀다. 이 공간은 인간과 사물 간의 "상호관계의 산물"이다. 이러한 관계의 변화에 따라 공간은 끊임없이 변화하고, 유동적이며 다수의 공간이 동시에 존재할 수 있다(가브리엘, 2019).

물질정치

신유물론은 정치경제학의 이익 집단 정치 그리고 사회구성주의와 후기구조주의의 담론정치 및 지식정치와 같은 정치에 대한 전통적인 개념들이 인간중심주의에 전착하여 사물의 정치적 역할을 충분히 고려하지 않았다고 비판해 왔다. 동시에 신유물론은 사물의 정치, 물질정치, 존재론적 정치와 같은 새로운 정치 개념을 제안했다.

브뤼노 라투르는 정치에서 사물의 역할을 고려하지 않는 정치경제학적 이익 집단 정치는 비현실적이라고 주장했다(Latour & Weible, 2005). 앤드류 피커링은 전통적인 정치 개념이 인간과 물질 간의 이원론에 기반을 두고 있어 사물의 정치는 소외됐다고 주장한다(Pickering, 2010). 그의 이러한 비판에는 정치경제학 뿐만 아니라 후기구조주의도 포함되는데, 후기구조주의의 언어적 전환 속에서 사물이 사라져 버렸다고 그는 주장한다. 그러면서 존재론적 정치는 사물의 소멸을 추구하지 않고 사물과의 얽힘entanglement을 계속해서 드러내는 정치라고 말한다.

존 로에게 있어서 존재론적 정치는 존재론적 독점ontological monopoly에 대항하는 규범적 실천이다(Law, 2010). 그는 다음과 같은 존재론적 정치의 필요성을 주장한다. 첫째, 도나 해러웨이의 사이보그 개념처럼 전통적인 물질-기호 정치를 굴절시키는 전복적인 수사를 동원하는 것, 둘째, 존재론적 독점을 생산하는 실천 속에서 다양성을 찾는 것, 셋째, 대안적이지만 소외된 실재를 물질화하는 실천을 찾는 것 등이다.

또한 신유물론자들은 존재론적 관점에서 민주주의 개념을 새롭게 정의한다. 행위자-연결망 이론의 객체지향 민주주의 개념에서 민주주의는 사물이 행위자로서 인간과 동등한 존재론적 지위를 갖는 것을 의미한다(Latour & Weible, 2005). 다만, 이 말은 사물도 인간처럼 행위자라는 점에서 존재론적으로 동등하다는 주장이지, 인간과 사물이 동등한 존재론적 권력을 가지고 있음을 의미하지는 않는다. 인간들이 서로 다른 권력을 행사하듯 존재론적 정치에서 인간과 사물의 능력은 같지 않다. 사물들도 서로 다른 능력을 가진다. 레비 브라이언트는 "객체들의 민주주의"를 다음과 같이 정의한다.

모든 객체가 동등하게 여겨져야 한다거나 혹은 모든 객체가 인간사에 참여해야 한다는 취지의 정치적 논제가 아니다.… 모든 객체가 존재한다는 점에서 동등하지만, 동등하게 존재하지는 않다는 존재론적 논제다.… 모든 객체가 존재한다는 점에서 동등하다는 주장은 어떤 객체도 다른 한 객체에 의해 구성된 것으로 여겨질 수 없다는 주장이다. 객체들이 동등하게 존재하지 않는다는 주장은 객체들이 다양한 정도로 집합체 또는 회집체에 기여한다는 주장이다 (브라이언트, 2021 : 22).

한편 신유물론이 비정치적이라는 비판은 적지 않다. 비판적 사회과학자들은 신유물론이 사물의 정치에 주목한 나머지 사회적 배제와 차별에 대해 무관심하다는 비판을 했다 (Hess, 1997). 브뤼노 라투르가 파스퇴르와 같은 위대한 과학자의 영웅적 서사에만 주목하고 네트워크로부터 배제된 존재자들에 대해서는 말하지 않는다는 비판이다 (Haraway, 1997). 사변적 실재론도 정치적 비판으로부터 예외는 아니다. 이 비판에 대해 레비 브라이언트는 다음과 같이 응수한다.

저는 사람들이 사변적 실재론을 아무튼 반인간적이고 비정치적인 것으로 여긴다고 생각합니다. 저는 이런 견해가 맞지 않다고 생각합니다. 비인간의 행위 주체성에 대한 인식은 인간에 대한 그 어떤 적대감에서 이루어지는 것이 아니라 — 제 경우에 어쨌든—사회적 회집체가 그런 형태를 취하는 이유와 권력이 작동하는 방식을 더 잘 이해하고 해방적 개입의 가능성과 전략을 다양화하기 위한 것입니다 (브라이언트, 2020:440).

정치에 대한 기존 정치학과 신유물론의 시각 차이는 사물의 정치에 대한 고려 여부를 넘어, 정치를 관계론적 존재론으로 보느냐 아니냐에 있다. 전통적인 정치학 관점에서 서로 대립하는 집단 혹은 행위자라 하더라도 관계론적 존재론에서는 서로의 존재를 구성하는 상보적인 역할을 할 수 있다. 예를 들어, 코로나 팬데믹에서 인간과 코로나바이러스는 서로 싸우지만, 관계론적 존재론 관점에서는 어셈블리지를 형성하여 서로의 존재에 영향을 줄 수 있다. 코로나바이러스는 인간과의 싸움을 통해 계속 공진화한다. 시간이 지나면 인간에게 치명적인 바이러스는 사라지고 공생할 수 있는 바이러스만 살아남게 된다. 마찬가지로 인간도 코로나 팬데믹에 대응하면서 과거와 다른 존재가 되고 새로운 사회를 구축하게 된다. 마스크는 코로나바이러스를 막는 역할을 하지만, 바이러스 때문에 마스크가 계속 사용된다는 점에서 마스크라는 사물의 존재에 바이러스는 크게 이바지한다. 이 점이 바로 마르크스의 변증법적 유물론과 비변증법적 신유물론의 차이이다. 신유물론은 행위자들 간의 관계를 변증법적 모순과 대립이 아닌 서로의 존재를 공동으로 구성하는 존재론적 공생 관계로 본다. 이 때문에 마르크스주의자들은 신유물론이 사회적 불평등을 설명하는 데 한계가 있다고 생각할 것이다.

하지만 신유물론은 변증법을 굳이 동원하지 않으면서도 사회적 불평등을 설명할 수 있다. 그 방법은 바로 사회적 소수자 집단이 만드는 어셈블리지에 주목하거나 다양한 어셈블라지 간의 차이를 분석하는 것이다. 사실상 신유물론적 정치의 주체나 대상은 비인간 사물 및 동물뿐만 아니라, 빈민, 여성, 비백인과 같은 사회적 소수자 집단을 모두 포함하고 있다(Braidotti, 2013). 다만 학자들에 따라 관심의 대상이 다르다. 신유물론 학자들 모두 비인간에 주목하나 일부 학자들은 비인간에만 주목하며, 페미니스트 계열의 신유물론자들은 소수자 집단에도 관심을 둔다.

신유물론이 저절로 그리고 반드시 소수자 집단과 연결되지는 않는다. 따라서 일부 신유물론의 비정치성은 신유물론의 이론 그 자체의 문제라기보다는 연구자가 어떤 대상에 더 주목하느냐에 달려있다. 신유물론이 소수자 집단에 더 주목하고 그들이 처해 있는 불평등에 주목하면서 물질정치를 다룬다면 전통적인 의미에서도 충분히 정치적일 수 있다고 생각한다. 예를 들어 로지 브라이도티(같은 책)의 이른바 되기becoming 프로젝트에는 "동물-되기," "자연-되기," "기계-되기"뿐만 아니라 "소수자-되기"도 포함되어 있다. 이 프로젝트는 규범적이며 존 로가 말한 존재론적 정치와 가깝다.[19] 반대로 신유물론이 사물-인간의 이분법에 대한 비판에만 초점을 두고, 사회적 불평등에는 무관심하다면 아카데미즘에만 머무른다는 비판을 피할 수 없을 것이다.

사례의 구성

항상 나 자신을 이론학자가 아닌 경험 연구자로 생각해 왔다. 한국 사회과학에서 필요한 것은 이론의 정교함보다 충실한 경험연구다. 연구 현장의 목소리를 직접 듣지 않는 탁상 연구와 이론적 도그마는 한국 사회과학계의 민낯이다. 저자가 경험적 데이터로 자신의 주장을 설득하는 것이 아니라, 이론이 주장의 근거가 되는 논문을 자주 발견한다. 말하자면 이런 식이다. 나는 이렇게 주장한다. 왜냐하면, 그 이론이 그렇게 말하기 때문이다. 데이터는 빈약하고, 이론과 주장 간의 도돌이표만 있다 보니, 이론에 대한 종속만 남는다.

혹자는 한국 인문 사회과학의 문제가 서구 이론에의 종속

---

19. 브라이도티의 '되기' 프로젝트가 경험적 분석을 넘어 규범적, 윤리적 시도라는 점을 이해해야 한다. 존재(being)와 존재가 되기(becoming)는 근대와 탈근대 철학을 구분하는 중요한 개념이다. 되기(becoming) 개념은 비본질적 존재의 경험적 분석을 위해 사용된다. 하지만 브라이도티의 되기 프로젝트는 더 규범적이며 윤리적이다. 비본질적 현상을 경험적으로 설명하기 위한 목적을 넘어 이 프로젝트를 통해 서로 다른 존재 간의 차이에 대한 성찰과 공감을 만든다. 즉, 이것은 포스트휴먼 윤리에 해당한다. 브라이도티가 영향을 받은 질들뢰즈와 펠릭스 과타리의 철학도 윤리를 포함하고 있다.

이라고 이야기한다. 나는 동의하지 않는다. 한국의 자생적인 이론이든, 서구 이론이든 간에 우리 사회의 현실을 잘 설명한다면 무엇이 문제겠는가? 이론적 독창성이 없더라도 데이터를 잘 설명한다면 그것만으로도 충분한 가치가 있다. 가장 큰 문제는 세련된 이론에 비해 상대적으로 초라한 경험연구다. 충실한 경험적 데이터 없이 이론과 문장력에만 기댄 글들이 쉽게 출간된다. 그러다 보니, 사회현실과 학문의 간극이 발생하고 사회문제 해결에도 학문이 별로 기여하지 못한다. 이는 서구 이론에 관한 호불호 그리고 학자들의 정치적 성향과 무관하게 한국 학계에서 흔히 발견되는 특징이다.

사회과학 이론이란 연구자가 항상 고수해야 할 정치적 신념과 이데올로기가 아니라, 데이터에 따라 언제든 바뀔 수 있는 수단이다. 이론은 현장의 생생한 목소리를 보다 효과적으로 설명하기 위한 하나의 도구일 뿐이다. 이론을 신념이 아니라 방법과 수단으로 볼 때 이론적 도그마를 벗어날 수 있다. 학자는 이론으로 세상을 보려고 하지 말고, 데이터를 항상 먼저 생각해야 한다. 데이터를 설명하기 위해 이론이 존재하는 것이지, 이론을 설명하기 위해 데이터가 존재하는 것이 아니다.[20] 이론의 아

20. 나는 결코 귀납주의자가 아니지만, 관습주의(conventionalism)를 지나치게 과장해서도 안 된다고 생각한다. 과학철학에서 관습주의는 관찰의 이론 의존성을 강조한다. 동일한 데이터를 설명할 수 있는 이론은 여럿 존재할 수 있으며, 관찰은 이론에 의해 영향을 받는다고 주장한다. 학자의 선입견이 없는 '날 것'으로서의 데이터를 연구자가 얻을 수 없다는 점에서 이 주장은 타당하

바타가 되지 말고 연구 현장에 가서 사람들의 이야기를 직접 들어보자. 그들의 생생한 삶의 이야기를 말이다. 질적 연구자에게만 해당하는 말이 아니다. 양적 연구자도 마찬가지다. 통계를 만지기 전에 사람들의 이야기를 들어보자. 이론학자도 마찬가지다. 서구와 다른 한국 사회를 이해할 때, 독창적인 이론이 가능하다.

최신 이론을 무기로 장착하고 사례 연구에 뛰어든 것은 아니다. 마치 미야모토 무사시가 실전을 통해 검술을 익혔던 것처럼, 사례로 뛰어 들어가 내가 마주한 경험적 사실을 설명할 수 있는 가설을 만들거나 적합한 이론을 찾거나 하는 방식으로 이론을 구성했다. 모순 없이 깨끗하고, 매끈한 이론을 비정형적이고 복잡한 경험적 사실에 대한 분석으로 구현하는 것은 결코 쉬운 작업은 아니다. 수집한 데이터의 범위 내에서만 나는 이론을 이야기할 수 있다. 그래서 이 책에는 후기구조주의, 사회구성주의, 신유물론 등 다양한 이론적 스펙트럼이 공존한다.

이 책은 다음과 같은 사례를 다룰 것이다. 2장의 주제는 코로나19 감시와 도덕의 물질성이며, 가장 최근에 연구했다. 역학조사로 공개되는 확진자의 동선 정보에 대한 사람들의 도덕 담론을 분석하면서 전염병 감시와 도덕 그리고 물질성 간의 관계를 분석한다. 코로나19 담론에서 도덕 담론은 인공물, 장소, 그

나, 지나치게 남용되어서는 안 된다. 관습주의는 연구자의 게으름에 대한 변명이 될 수 있다. 사회과학에서 관습주의는 데이터의 중요성을 무시하게 만들고 학자들을 서구 이론의 아바타로 만든다.

리고 이동성의 세 가지 범주의 물질 담론과 함께 형성된다. 마스크는 도덕성의 징표이며, 도덕적인 인간의 필수 의무다. 교회, 클럽, 룸살롱 등 밀집된 장소를 방문하는 사람들은 가족 및 다른 사람들에게 바이러스를 전염시킬 수 있기에 부도덕하다. 클럽 애호가와 같은 이동하는 사람들은 코로나바이러스의 전염성 때문에 자가 격리를 하는 사람에 비해 덜 도덕적이다. 이러한 분석으로 도덕은 정신 속의 형이상학적 산물 혹은 사회 속에 객관적으로 존재하는 것이 아니라, 인공물의 물질성과 장소성sense of place 그리고 사람들의 공간적 이동성과 밀접한 관련이 있음을 주장한다.

3장은 아파트 층간소음 갈등에서 소리 시민권sonic citizenship의 형성을 다룬다. 아파트 층간소음 갈등 거버넌스에서 소리에 대한 지식과 시민권이 어떻게 공동으로 생산되는지를 분석한다. 소리에 대한 사회의 규율이 소리 시민권을 만든다. 소음 공학으로 측정된 정상적인 소리를 아파트 주민들이 참을 수 없을 때 그들은 지나치게 감각적으로 민감한, 즉 비정상적인 청취자가 된다. 반대로 정상적인 청취자가 위층의 소리를 참을 수 없을 때 그 소리는 층간소음이 된다. 이처럼 소리 지식은 정상과 비정상을 구분하면서 소리 시민권을 형성한다. 기술관료주의 거버넌스에서 소리 시민권은 정부 층간소음 기준의 수인한도에 의해 결정되는데, 이 한도는 소음 진동공학의 청감 실험으로 만들어진다. 협력적 거버넌스에서 소리 시민권은 층간소음을 해결하기 위한 아파트 공동주택관리협약으로부터 나온다. 정부 관계자와 아파트 주민들에 의해 정상적 주민과 비정상적 주민 또는 정상적인 아파트 생활과 비정상적인 생활이 구분되면서 소리 시민권이 형성된다.

4장은 에너지 전환 갈등을 풍수와 무속신앙 등 한국 고유의 전통 신앙의 관점에서 살펴본다. 산과 바람에 대한 풍수적 해석은 풍력발전 찬성 담론과 충돌한다. 풍수의 관점에서 풍력발전기는 일제 시절 일본 제국주의자들이 우리나라의 민족정기를 막기 위해 명산에 박았다고 추측되는 쇠말뚝으로 해석된다. 풍력발전의 에너지 효율이 좋은 센 바람을 풍수에서는 불길하게 생각한다. 풍력발전을 반대하는 풍수적 관점은 주로 노인 인구가 많은 내륙 산악지역의 씨족 공동체에서 발견된다. 다음으로 풍력발전에 대한 인식을 형성하는 노인들의 감각은 무속신앙과 연계된다. 풍력발전기의 소음과 불빛은 노인들에게 귀신과 도깨비에 대한 기억을 불러일으킨다. 한국의 풍수와 샤머니즘은 풍력발전에 대한 서구의 논쟁에서는 찾아볼 수 없는 독특한 이야기를 만든다.

5장은 에너지 전환 갈등을 장소성과 감각의 관점에서 서술한다. 풍력발전단지와 관련된 새로운 장소성이 지역에서 어떻게 상상되고 형성되는지를 장소 파괴의 기억과 풍력발전기와의 감각적 상호작용에 초점을 두고 분석한다. 첫째, 풍력발전단지 건설을 반대하는 사람들은 과거 해당 지역에서 발생한 장소 파괴의 트라우마에 기초하여, 단지 건설을 통해 과거 재난이 재현된다는 부정적인 생각을 한다. 이를테면 산사태와 생태파괴의 공간이 기억된다. 둘째, 풍력발전기의 소음과 불빛에 의한 감각적 경험을 통해 시골 주민들은 풍력발전 건설 때문에 자연공간이 파괴되고 인공적, 도시적, 기계적 공간이 형성될 것으로 상상한다. 이러한 장소 파괴의 기억과 감각으로 형성된 부정적인 장소성이 풍력발전에 대한 반대를 추동한다.

6장은 1980~2000년대 시위와 집회 통제에 사용되었던 다양한 인공물의 변화를 살펴보면서 집회의 물질문화를 분석한다. 최루탄, 화염병, 쇠파이프, 촛불, 차벽과 시위 문화의 관계를 이야기한다. 첫째, 시위 인공물의 상징적 의미와 시위 참여자들에 대한 감각적, 감정적 영향을 다룬다. 둘째, 시위 인공물과 시위 문화 사이의 관계를 살펴보며 인공물이 어떻게 시위 퍼포먼스의 젠더적 특성과 시위 단체들의 조직문화와 관계되는지를 설명한다. 셋째, 인공물과 시위 공간의 관계를 분석하면서 인공물의 출현이 시위 공간의 가용성availability 및 이동성과 어떻게 연결되는지를 살펴본다.

7장은 집회 감시와 인공물의 감각 권력을 다룬다. 집회 통제를 위해 사용되는 채증 카메라와 소음 측정기의 비교를 통해 시위 통제 방식이 감각에 따라 어떻게 차이가 나타나는지를 분석한다. 시위 물질문화의 맥락에서 감각과 권력의 관계를 분석하면서 2000년대 이후 시위 통제를 위해 채증 카메라와 소음 측정기가 어떻게 출현했는지를 다룬다. 특히 채증 카메라와 소음 측정기의 서로 다른 감각으로 인해 시위 통제가 어떻게 달라지는지를 분석하면서 감각과 권력을 연결한다.

8장은 농산물 경매에서 감각과 인공물이 거래에 미치는 영향을 분석하면서 감각 자본을 이야기한다. 손짓을 통해 거래가 이루어지는 수지 경매와 전자기기를 사용하는 전자 경매를 비교하면서 새로운 시장 장치market devices가 중도매인과 경매사 간 감각적 상호작용에 어떤 영향을 주는지를 분석한다. 이를 통해 감각과 인공물이 시장 참여자들 간의 권력관계, 경제 행위자들의 정체성, 그리고 경매 가격에 어떤 영향을 주는지를 이야기한다. 특히 전자 경매에 도입되는 거래화면trading screen, 컴퓨터 모니터, 무선 응찰기와 같은 새로운 시장 장치가 거래의 감각적 측면에 어떤 영향을 주는지를 분석한다. 전자기기는 중도매인과 경매사 간의 감각적 상호작용의 양식을 변화시켜, 더 평등한 권력관계를 만든다. 디지털 전자기기의 등장에도 불구하고 시장 참여자들은 다른 참여자로부터 고립된 원자화된 개인이 되는 것이 아니라, 여전히 감각적으로 서로 교류하는 사회적 존재들이다. 디지털 전자기기는 경매 가격을 전반적으로 하락시킨다. 그러나 이 역시 여전히 감각의 영향을 받는다.

1부

감각과 사물로 읽는
도덕과 시민권

2장
코로나19 감시와
도덕의 물질성

도덕은 인간 정신만의 순수한 산물이 아니라
인간과 비인간의 상호작용 결과라는 점에서 불순하다.
도덕은 형이상학적인 이상이 아니며, 인간 마음 밖에
객관적으로 존재하는 사회적 산물도 아니다.
코로나19 위기에서 확진자들의 마스크, 장소, 이동성은
사람들의 도덕을 형성한다.

"카톡!" "카톡!" 아침부터 카카오 문자 소리가 꽤 시끄럽다. 아내는 연신 카카오톡 문자를 확인하고 "우리 동네 확진자가 또 나왔네"라고 말한다. 아내는 확진자의 정보를 자세하게 나에게 알려준다. 누가 그렇게 자주 카톡을 보내느냐고 내가 질문했다. 같이 운동하는 친구인데 마치 기자처럼 항상 이 동네에서 발생한 코로나19 확진자의 동선 정보를 찾아 친구들에게 카톡으로 보내준다고 아내는 대답한다. 핸드폰을 응시하는 아내의 시선 너머로 아내 친구들이 답장하는 문자 소리가 들려온다.

2020년 초 코로나19 전염병이 발생하자, 지방자치단체는 지역에 발생한 바이러스 확진자의 동선 정보를 발표했다. 당시 공개된 동선 정보는 연령과 성별, 이동 경로, 마스크 착용 여부 등 확진자의 사회 인구학적 정보를 포함하고 있었다. 맘카페 회원들은 가족의 안전을 매우 걱정한 나머지, 자신의 동네에 확진자가 발생하는지 주시했다. 확진자의 동선이 발표되자마자 동선 정보를 맘카페 게시판에 올려 공유했다. 마치 형사처럼 확진자가 누구인지, 어디에 살고 있는지, 그리고 직업은 무엇인지에 대해 추측했다. 2020년 봄 팬데믹 초기 맘카페 게시판의 댓글은 확진자의 동선에 대한 도덕적 비난으로 가득 차 있었다. 확진자의 도덕적인 인격은 도덕적 담론을 통해 형성되었다.

이 글은 코로나19 추적 감시 시스템으로 인해 맘카페 회원들이 도덕을 어떻게 상상하는지를 살펴본다. 이 시스템은 감염병의 예방 및 관리에 관한 법률, 검역법, 의료법 등 소위 '코로나

3법'에 근거를 두고 있다. 2020년 3월 4일 코로나19 관련 법률 위반에 대해 처벌을 강화하기 위해 코로나 3법이 개정되었다. 한국 정부는 타 국가와 달리 대규모 봉쇄 정책을 시행하지 않았다. 한국의 코로나19 감시체제는 엄정한 법의 집행보다는 시민들의 자율적 규제와 도덕에 크게 의존했다. 그래서 이 글은 법적 규범보다는 도덕적인 측면에서 코로나19 감시 시스템을 분석했다.

전 세계적으로 코로나19 감시 시스템은 미디어와 학계의 관심을 불러일으켰다. 대표적인 논점은 프라이버시 침해와 공공선의 갈등 그리고 민주주의와 전체주의의 긴장이다(French & Monahan, 2020; Ram & Gray, 2020; Vitak & Zimmer, 2020; Stevens & Haines, 2020). 하지만 이 글의 관심은 좀 다른 데 있는데, 코로나19 감시의 맥락에서 공공 보건 감시 윤리의 물질성을 말하고자 한다.[1] 구체적으로 확진자의 인공물과 장소, 그리고 이동성 측면에서 도덕의 물질성을 살펴보면서 도덕 철학의 인간중심주의에 대해 비판하고자 한다.

후기구조주의 관점에서 도덕은 담론의 산물이다. 하지만 동선 정보에 대한 대중 담론이 확진자의 인공물, 장소, 이동성을 다룰 때 도덕은 물질성을 갖게 된다. 신유물론 관점에서 볼 때

---

1. 이 글은 보건 감시뿐만 아니라 도덕을 이동 및 위치와 연결함으로써 이동성과 장소에 관한 연구에도 시사점을 제공한다(Urry, 2000; Devine-Wright & Clayton, 2010; Gregory, 1994; Said, 2000).

도덕은 사람과 사물 간 어셈블리지의 결과이다. 동선 정보의 대중 담론 속에서 사람과 사물은 기호로서 같이 어셈블리지를 형성하며 확진자의 도덕적 인격을 만든다. 물질-기호학 관점에서 이 기호는 물질성을 갖는다(Butler, 1997).

전염병 감시와 도덕

전염병 감시는 종종 공동체주의와 자유주의 사이의 윤리적 딜레마를 일으킨다. 즉 공동선, 형평성, 연대, 상호성, 그리고 복지와 자율성, 프라이버시 및 개인의 권리와 자유 사이의 긴장을 드러낸다(Fairchild et al., 2017 ; Hepple, 2007 ; Selgelid, 2005). 예를 들어, 2002년 사스SARS의 발발은 캐나다 정부로 하여금 매우 제한된 정보와 짧은 시한 내에 개인의 자유와 공공의 이익 사이에서 어려운 선택을 하도록 강요했다(Smith et al., 2004). 감염환자에 대한 모니터링과 관련 정보의 정부 보고와 대국민 공개는 사생활 침해, 차별 및 낙인에 대한 심각한 우려를 불러일으켰다(Bayer, 2008 ; Fairchild et al., 2017 ; Singer et al., 2003).

공중 보건 감시의 도덕에 대한 두 가지 접근이 있다. 첫째, 규범 윤리normative ethics의 차원에서 볼 때 도덕과 감시는 서로 반대다. 규범 윤리는 감시의 윤리적 의무 준수와 책임 있는 집행을 강조한다(Fairchild & Bayer, 2004 ; Fairchild et al., 2017 ; Hepple, 2007 ; Klingler et al., 2017). 대조적으로, 기술 윤리descriptive ethics의 차원에서 도덕은 공중 보건 감시와 함께 공동으로 생산되는 사회 구성물이다(Reynolds et al., 2013). 감염병 감시의 도구로서의 도덕 또는 감시 시스템에 의해 생산되는 도덕에 관한 연구는 아직 찾아보기 어렵다.

이 글은 기술 윤리의 관점에서 코로나19 감시의 영향으로 맘카페 회원들이 어떻게 도덕을 상상하는지를 말한다. 말하자면 이 회원들은 지방자치단체가 제공하는 확진자의 동선을 토론함으로써 환자의 도덕적 정체성을 만들어낸다. 프로만(Frohmann, 1994 : 9)이 주장하듯, 사회적 정체성은 "개인의 자아에 대한 자기반성적 행위에서 오는 것이 아니라 감시의 기구와 결부된 행위의 흔적에서 비롯된다." 코로나19 감시는 도덕적인 것과 부도덕한 것 사이의 경계를 만들어 개인적 정체성으로서의 도덕적 인격을 상상하게 한다. 이러한 도덕은 코로나19 확진자를 비난하기 위해 쓰이거나, 또는 사람들이 스스로 자신의 생활을 규율하게 하는 "통치성"으로 기능한다(Foucault, 2011).

이 글은 도덕의 물질성을 논한다. 의료윤리와 생명윤리의 사회학에 관한 기존 문헌들은 규범 윤리에 의한 도덕의 탈맥락화를 비판하고 윤리와 사회 사이의 관계를 재조명했다(DeVries et al., 2007 ; Fox, 1989 ; Hoffmaster, 2001 ; Weisz, 1990). 그러나 이 문헌들은 도덕의 물질성에 대해서는 거의 주목하지 않았다. 최근 새로운 변화가 목도되는데, 학자들은 공중 보건 윤리를 비인간들로까지 확장하고자 한다(Rock & Degeling, 2015). 마찬가지로,

신유물론은 지난 20년 동안 의료사회학 및 보건사회학에서 상당한 주목을 받고 있다(Fox, 2016; Mol, 2002). 이 글은 전염병 감시의 맥락에서 확진자의 인공물, 장소, 이동성 측면에서 도덕의 물질성을 탐구한다.

도덕과 인공물

폐쇄회로텔레비전CCTV과 인터넷 같은 기술적 인공물은 감시를 위해서뿐만 아니라 감시를 피하는 위장술camouflage로도 활용된다(Kim, 2016c; Monahan, 2015). 이를테면 감시하는 사람뿐만 아니라 감시를 당하는 사람도 인공물을 사용한다. 이글은 감시 대상자들의 인공물에 의한 도덕의 생산을 이야기한다. 사물이 인간의 도덕적 의사결정에 영향을 준다. 사물의 도덕적 지위 관련 크게 두 가지 입장이 있다. 크로스와 베어벡(Kroes & Veerbeek, 2014)에 따르면 사물 그 자체는 도덕적으로 중립적이나 인간 행위자가 도덕을 사물에 부여한다는 주장과 사물이 본질적인 도덕적 행위자로서 인간 행위자와 도덕을 함께 형성한다는 주장이 존재한다. 나는 사물이 도덕의 형성에 관여한다고 생각하지만, 사물이 본질적인 도덕적 행위자라는 주장과는 거리를 두고 싶다. 도덕을 인간 혹은 비인간들의 개별적인 특성으로 환원하는 도덕적 본질주의는 인정하지 않는다. 인간의 도덕이 비인간들과의 상호작용의 산물이듯이, 비인간들의 도덕도

만일 그러한 것이 있다면, 인간과의 상호작용의 결과이며 비인간 그 자체의 본질은 아니다.[2]

이 주제와 관련하여 도덕과 마스크의 관계를 살펴본다. 많은 나라에서 마스크 문화는 사회적 낙인, 인종차별, 종교에 깊이 뿌리를 두고 있다(Anderson, 2020). 이 글에서 마스크는 지역공동체를 돌보는 도덕적 인공물로 사용되거나 혹은 코로나19 감시를 위한 "통치성"(Foucault, 2011)의 도구 역할을 한다. 마스크는 사람들에게 도덕적 감정을 불러일으킨다. 마스크 없이 거리로 나서면 다른 사람들로부터 질책의 시선을 받게 된다. 이 글은 코로나19 위기 상황에서 맘카페 회원들이 마스크를 착용하지 않는 확진자를 도덕적으로 어떻게 상상하는지 살펴본다.

도덕과 장소

장소의 통제는 감시에 매우 중요하지만, 도덕과 장소의 관계는 감시연구에서 거의 다루지 않았다(Bennett et al., 2003 ; Graham, 1998 ; Clauser, 2013). 물론 도덕 지리학의 문헌들은 윤리

---

2. 사물이 본질적인 도덕적 행위자가 되려면 사물은 독립적으로 도덕적 책임성을 가져야 한다. 그 책임성이 무엇일까? 그리고 인간이 사물에 도덕을 요구할 수 있는가? 이를테면 코로나19 사태에 대해서 바이러스에 도덕적 책임을 물을 수 있는가? 설상 사물이 도덕을 가지고 있더라도 인간이 사물에 도덕을 묻는다면 그것은 인간 책임의 회피가 될 수 있다. 인간은 인간에게만 도덕을 요구하는 것이 타당하다.

와 장소 또는 공간에 대해 광범위하게 다루고 있다(Proctor & Smith, 1999 ; Smith, 2000). 지리학자들은 또한 장소 정체성place identity(Proshansky et al., 1983), 장소 애착place attachment(Giuliani, 2002)과 같은 개념을 제시했다. 특정 장소는 사람들의 정체성을 형성하고 애착심을 느끼게 한다. 1장에서 살펴보았듯이 장소란 공간에 대한 인간의 상징 경험을 통해 또는 공간을 점유하는 사람들과 사물 간의 감각적, 물질적 상호작용을 통해 형성된다 (Gregory, 1994 ; Said, 2000 ; Certeau, 1984 ; Feld, 2005 ; Kim & Chung, 2019 ; Mitchell, 2013).

장소와 결부된 도덕을 지칭하기 위해 나는 장소 도덕place morality이라는 용어를 고안했다. 장소 도덕이란 특정 장소에 대한 도덕적 감정이라 할 수 있다. 장소에 대한 인식, 즉 장소성 sense of place이 도덕을 포함하고 있음을 말한다. 사회적으로 논란이 되는 어떤 장소를 방문할 때 사람들은 도덕 감정을 느낀다. 그리고 그런 곳을 방문하는 사람들은 도덕적 비난의 대상이 된다. 이런 의미에서 도덕은 장소와 결합한다. 코로나19 사례에서 장소 도덕은 환자들의 동선 정보에 관한 대중들의 담론으로부터 생성된 산물이다. 다만, 여기서 장소 도덕은 코로나바이러스의 위험지역을 실제 방문하지는 않은 맘카페 회원들에 의해 상상되며, 따라서 실제 바이러스 위험지역의 방문객들이 느끼는 장소성과는 다르다. 맘카페 회원들은 코로나바이러스 전염의 위험성이 높은 밀집된 장소를 방문하는 확진자들이 부도덕하다고 여긴다. 이것이 바로 장소 도덕이다.

도덕과 이동성

감시체제는 사람들의 물리적, 공간적 이동을 통제하고 규제한다(Lyon, 2003:24). 이동성mobility과 도덕의 관계는 이주migra-tion와 스포츠 연구에서 주로 다루어졌다(Bezabeh, 2017; Flemsaèter et al., 2015). 예컨대 프로드 프렘세터(Flemsaèter et al., 2015:324)는 실외 스포츠에서 이동하는 주체들의 구성을 다루면서, "사회적 정체성이 산악자전거, 스키 및 걷기와 같은 다양한 형태의 이동에 할당된 시민 책임과 어떻게 상호작용하는가"를 묻고 있다. 하지만 감시연구는 지금까지 도덕과 이동성을 실제로 다루지는 않았다. 나는 여기서 코로나19 위기 상황에서 사람들의 이동성이 어떻게 도덕과 결부되는지를 말한다. 맘카페의 담론 속에서 확진자들의 이동성은 그들의 도덕적 인격과 밀접한 연관이 있다. 많은 곳을 돌아다니는 사람들은 이동이 적은 혹은 스스로 격리하는 사람들보다 부도덕하다고 비판받는다. 보행, 자가용 이용, 대중교통 등 이동의 양식도 도덕의 형성에 영향을 준다. 이동하는 환자들이 바이러스를 빠르게 퍼뜨릴 수 있다는 점에서 이 도덕은 바이러스의 높은 전염률과 불가분의 관계에 있다.

한국의 코로나19 감시

한국의 전염병 감시는 전통적인 역학과 디지털 역학으로 구성된다. 전통적인 역학은 확진자와의 직접 인터뷰를 통해 환자의 동선을 확인한다. 하지만 확진자들은 자신의 동선에 대해 거짓말을 할 수 있다. 디지털 역학은 일부 확진자의 의심스러운 동선을 확인하거나 환자들 감염 네트워크를 추적하는 데 사용된다. 한국 정부는 K-방역의 모범사례로 디지털 역학 시스템을 홍보해 왔다. 그러나 전통적인 역학조사가 실제 훨씬 더 널리 사용된다.

디지털 역학 시스템에는 세 가지 유형이 있다. 첫 번째는 건강보험심사평가원이 운영하는 의약품 안전 사용 서비스Drug Utilization Review(이하 DUR)다. 이 제도는 의사나 약사에게 의약품 안전 정보를 제공해 약 처방이나 판매 시 의약품 사용이 적절한지를 사전에 확인할 수 있도록 하는 제도다. 이 제도는 2010년에 전국적으로 시행되었다(Yoon, 2010). 원래 이 제도의 목적은 중복 처방을 방지하고 초과 의료비를 줄이는 것이었다. DUR은 해외 여행력 정보제공 전용 프로그램International Traveler Information System(이하 ITS)에 연결되어 있다. ITS는 질병관리본부가 감염병 정보를 의료기관에 제공해 해외 유래 감염병의 확산을 막기 위해 만든 프로그램이다. 코로나19 환자가 병원을 방문할 때 처방받은 약물에 대한 정보를 통해 전염병을 추적할 수 있다. 코로나19 위기 초기 해외에서 입국하는 사람들을 추적하기 위해 이 시스템을 사용했지만, 국내 의료기관과의 소통이 원활하지 않아 실패한 적이 있다. 현재 이 시스템은 매우 제한된 방식으로 코로나19 감시에 사용된다(Kim, 2020).

코로나19 위기가 임박했을 때, 한국 정부는 정보 기술을 사용하여 두 개의 새로운 감시 시스템을 개발했다. 먼저 '자가 격리자 안전 보호 앱'은 행정안전부가 개발한 프로그램이다. 해외에서 입국했거나 확진자와 접촉한 자가 격리자의 휴대전화에 설치하여 잠재적 환자의 이동 경로를 추적해 통제한다. 하지만 이 앱은 자가 격리자가 휴대전화를 집에 두고 외출할 수 있다는 문제가 있었다. 그래서 정부는 자가 격리 지침을 지키지 않아 적발된 사람들에게는 안전 손목 밴드를 착용하도록 강제했다.

두 번째는 코로나19 역학조사 지원시스템으로, 이동통신 기지국 위치정보와 신용카드 정보를 사용하여 확진자를 추적한다. 이 시스템은 애초 국토교통부의 지원을 받아 스마트시티 건설을 위해 개발된 데이터 허브 플랫폼 기술을 활용했다. 2020년 3월 26일부터 코로나19 감시 시스템으로 사용되고 있다. 경찰청과의 긴밀한 협조하에 주요 3개 통신사로부터 얻은 기지국 위치정보와 23개 카드사와 협의한 신용카드 사용정보를 종합해 확진자의 이동 경로를 파악한다. 다만 CCTV 비디오 정보는 사용하지 않는다. 이 시스템은 확진자의 증상이 발견되기 14일

전 위치를 추적한다(MOLIT & KCDC, 2020). 이 시스템은 빅데이터 기술을 활용해 확진자의 이동 속도와 위치를 추적하고, 부정확한 데이터를 정제·필터링해 질병관리본부가 환자의 동선과 방문 장소를 자동으로 파악할 수 있다. 또한 집단 감염 지역을 분석하고 감염원을 다양한 통계로 파악할 수 있다.

동선 정보 공개의 딜레마

확진자의 동선 정보 공개는 전염병에 대한 국민의 알 권리와 위험에 관한 경각심을 고취하고자 2015년 메르스 사태 이후 만들어진 제도다. 메르스 사태 당시 박근혜 정부는 개인 정보 보호를 이유로 감염자의 동선 정보를 공개하지 않았다. 그러자 국민은 알 권리를 요구했고 일부 시민은 스스로 메르스 동선 지도를 만들어 웹사이트에 공개하기도 했다(김은성, 2015). 그래서 메르스 사태 이후 정부는 확진자의 동선 정보를 공개할 수 있도록 감염병의 예방 및 관리에 관한 법률을 개정했다. 지방자치단체는 역학조사로 수집된 확진자의 동선 정보를 홈페이지에 게시했다. 2020년 코로나 팬데믹 초기 확진자 동선 정보는 나이와 성별, 방문 장소와 시간, 마스크 착용 여부로 구성되었다. 이후 확진자 동선 정보 공개정책은 계속 변해왔다.

2020년 코로나19 사태 초기의 동선 정보 공개정책은 확진자의 프라이버시와 충돌했다. 당시 일부 지자체가 확진자의 직업까지 공개해 환자를 특정할 수 있는 문제가 생겨 사생활 침해 논란이 일기도 했다. 그러자 국가인권위원회가 우려를 제기했고 이후 정부는 지자체가 환자의 직업을 공개하지 못하도록 하는 새로운 지침을 내놨다. 그런데도 확진자의 신원은 예측될 수 있었으며 프라이버시가 완전히 보장되지는 않았다. 2020년 5월 초 이태원의 일부 성소수자 클럽에서 코로나19 감염사건이 발생하자 성소수자들이 프라이버시 침해에 대한 걱정으로 자발적으로 코로나19 검사를 받지 않을 것이라는 우려가 제기됐다. 이에 질병관리본부는 클럽 감염과 관련하여 익명의 코로나19 조사를 시행하기도 했다. 2020년 10월부터 정부는 동선 정보에서 확진자의 연령과 성별은 공개하지 않으며, 확진자 개인별 이동 경로 형태가 아닌 장소 목록 형태로 공개한다.[3]

확진자의 프라이버시 보호를 위해 동선 정보에서 제공하는 확진자의 개인 정보는 제한적일 수밖에 없다. 그러다 보니 사람들은 이 동선 정보를 통해 확진자의 사회적 위치와 지위 그리

---

3. 용산구청 홈페이지(2021년 12월 23일)에 따르면 공개되는 확진자 동선 정보는 다음과 같다: "(개인 정보) 성별, 연령, 국적, 거주지 및 직장명 등 개인을 특정하는 정보를 공개하지 않음 ※ 단, 직장명은 직장에서 불특정 다수에게 전파시켰을 우려가 있는 경우 공개할 수 있음; (시간) 증상 발생 2일 전부터 격리일까지 공개함; (장소·이동 수단) 확진자의 접촉자가 발생한 장소 및 이동 수단을 공개함→ 장소 및 이동 수단을 특정하지 않으면 다수에게 피해가 발생할 수 있으므로 가능한 범위 내에서 공간적, 시간적 정보 특정해서 공개; 인별 이동 경로 형태가 아닌 공개 범위에 해당하는 모든 장소 목록 형태로 지역, 장소 유형, 상호명, 세부주소, 노출일시, 소독여부 정보를 공개; 해당 공간 내 모든 접촉자가 파악된 경우 공개하지 않음."

고 경제적 배경을 정확히 알 수 없다. 또한 확진자가 왜 동선에 있는 장소를 방문했는지 알 수 없다. 일 때문인지 놀러 갔는지 알 수 없다. 동선 정보에 버스와 같은 이동 수단이 언급될 때 자가용이 없어 버스를 탔는지, 자가용이 있는데도 버스를 탔는지 알 수 없다. 단지, 동선 정보는 확진자의 이동에 대한 탈맥락화된 사실만을 드러낼 뿐이다. 그래서 사람들은 확진자의 사회적, 경제적 배경에 대한 이해 없이 동선 정보만을 가지고 확진자에 대해 추측하고 도덕적 판단을 하게 된다. 따라서 확진자에 대한 도덕적 비난은 판단자의 개인적 세계관뿐만 아니라 이 제도로부터 영향을 받는다. 이 점은 맘카페 댓글에서 나타난 회원들의 도덕적 판단을 이해하는 데 중요하다.

특히 이 연구의 데이터인 총 15개 맘카페[4] 총 3,729건의 댓글은 2020년 1월부터 5월까지 팬데믹 초기에 수집된 데이터다. 이 기간은 확진자 동선 정보 제도가 개정되기 전으로 확진자에 대한 세부적인 이동 경로가 자세히 동선 정보에 포함되어 있었다. 당시 코로나19에 대한 공포가 매우 극심한 때라 확진자의 권리보다 의무의 담론이 여론에서 훨씬 우세했다. 맘카페의 담론은 동선 정보를 기초로 확진자를 비판하거나 칭찬하는 것이

---

4. 총 15개의 맘카페 중 14개는 서울 소재 지역 맘카페다. '동선'이라는 키워드로 검색하여 추출한 191개의 포스트에 달린 총 3,729개의 댓글을 분석했다. 맘카페 지역에서 발생한 확진자들의 동선 정보에 대한 회원들의 반응을 댓글을 통해 엿볼 수 있었다. 맘카페 간 의미 있는 차이는 발견되지 않았다.

대부분이었고, 동선 정보 공개 제도에 대한 비판은 사실상 찾을 수 없었다. 특히 내가 분석한 데이터가 주로 누군가 맘카페에 올린 확진자 동선 정보에 바로 달린 댓글이기 때문에 더욱더 그랬다. 프라이버시 침해에 대한 우려로 확진자 이동에 대한 상황적 맥락이 제거된 최소한의 동선 정보로 맘카페 회원들은 확진자의 도덕을 판단한다.

확진자의 동선과 도덕

지방자치단체가 확진자의 동선 정보를 지자체 게시판을 통해 공개하자 맘카페 회원들은 이 정보들이 자신의 동선과 얼마나 겹치는지 추정했다. 회원들은 확진자의 동선에 대한 더 자세한 정보를 원했다. 확진자들이 어디에 살고 무엇을 하는지 궁금했다.

확진자의 동선 정보는 사회적 정체성과 삶을 형성한다. 맘카페 회원들은 이렇게 말했다.

회원 1:[동선을 보면] 건설업에 종사 중인 울 남편 생각나네요. 새벽에 출근하고 현장에 7시부터 4시 반까지 근무해요. 몇 군데를 지정된 식당에서 점심 먹어요. 24년을 그렇게 지내고 있어요. 짠하네요. 언능 나으시길 …

회원 2:동선을 보면 대략 그분들의 삶이 보여요. 빨리 쾌차하

시길 ~~ .

맘카페 회원들은 확진자들이 다른 사람들의 안전에 대해 소홀하다고 비난했다. 코로나19 확진자가 접촉한 사람은 모두 코로나19 검사를 받아야 하고 양성으로 확진되면 격리된다. 이 상황은 도덕적으로 매우 고통스럽다. 따라서 회원들은 "무개념," "비상식," "이기적인" 등과 같은 용어를 사용하면서 확진자들이 부도덕하다고 표현했다. 반면에 일부 수칙을 잘 지킨 확진자들에 대해서는 "사회적 책임감"과 "선진 시민의식"을 가진 사람들이라 상찬한다. 특히 "민폐"라는 용어가 확진자를 탓할 때 많이 사용되었다. 민폐는 "다른 사람에게 피해를 준다"라는 의미로 의료윤리에서 악행 금지 또는 무해악성non-maleficence의 원칙과 관련이 있다.[5] 이 원칙은 피해를 주지 말라do no harm는 것이다. 한편 회원들의 담론에는 확진자에 대한 도덕적 비난 정치뿐만 아니라, "통치성" 효과(Foucault, 2011)도 나타났다. 즉, 회원들은 자신들이 확진자가 되어 동선이 대중에게 공개될 때 어떤 비난을 받을지를 상상했다. 이 효과는 그들 자신의 행동을 규제하게 한다.

동선 관련 이러한 도덕이 만들어지기 위한 기본적인 요건

---

5. 소위 미국 규범적 의료윤리의 4대 원칙은 자율성 존중, 악행 금지, 선의, 정의로 구성된다(Beauchamp & Childress, 2013).

은 우선 확진자들의 정직함이다. 역학조사관들과의 인터뷰 과정에서 그들은 동선 정보를 솔직하게 밝혀야 한다. 그러나 어떤 확진자들은 낙인과 사회적 차별 때문에 이 정보를 숨기거나 거짓말을 한다. 이때 맘카페 회원들은 "이기적인 개인주의" 혹은 "무개념" 행동이라고 확진자들의 거짓말을 비판한다. 한 가톨릭 신부가 코로나19 양성 반응을 보인 후, 자신의 동선을 완전히 공개하지 않았다는 의혹을 받자, 한 회원은 "완전한 조직적 이기주의"라고 지적했다. 반대로 코로나19 증상이 나타난 후 일기에 자신의 동선을 쓴 한 확진자에 대해 회원들은 "모범적 시민"이라 불렀다. 이처럼 회원들은 확진자들의 정직함을 기준으로 도덕과 부도덕의 경계를 만들었다.

확진자의 정직함도 도덕과 관련이 있으나, 사법적 권력과 미시 권력을 구분하는 미셸 푸코의 관점을 고려할 때 정직은 이 책의 관심사가 아니다(Foucault, 2001).[6] 확진자의 거짓말은 처벌의 대상이다. 2015년 7월 6일 이후 '감염병의 예방 및 관리에 관한 법률'에 따라 동선을 속이는 확진자는 최고 2천만 원, 최고 2년 이하의 징역에 처한다. 따라서 정직성은 제도적 권력에 속한다. 이와는 대조적으로, 이 연구를 위한 자료수집 기간(2020년 1월~5월) 마스크 착용은 법적으로 강제되지 않았기 때문에 미

---

6. 물론 미셸 푸코는 제도에 존재하는 미시 권력은 동시에 사법적 권력일 수 있다고 주장한다(Foucault, 2001).

시 권력과 관련이 있다. 2020년 5월 26일 이후부터 대중교통에서 마스크 착용이 의무화되었다. 이 연구의 데이터는 그때 이전의 사람들의 행위에만 국한되기에 푸코의 미시 권력, 즉 통치성 분석에 더 적합하다. 사실 한국 사람들이 마스크를 잘 쓰는 이유는 법적인 처벌 때문이 아니며 그들의 도덕 감정에 기인한다. 따라서 나는 코로나19 관련 법률과 사법 시스템에 의해 사람들의 행동이 결정된다는 구조 기능주의적 해석을 피하고, 대신 인공물, 장소 및 이동성의 맥락에서 도덕의 미시 권력을 설명한다.

도덕적 인공물로서의 마스크

2020년 서울 거리는 코로나19 사태 속에서 마스크를 쓴 사람들로 가득하다. 코로나19 사태 초기에는 언론에 공개된 마스크 사용 장면이 외국인들에게는 낯설었다. 서구 사람들은 복면을 부정적으로 보며, 아픈 사람들이 주로 마스크를 착용하는 반면, 한국에서는 건강한 사람들도 마스크를 착용하고 있었다. 코로나19 위기 초기에는 〈세계보건기구〉WHO 전문가들조차 마스크 착용이 손을 씻는 것만큼 필요하지 않다고 주장했다. 마스크에 대한 한국 사람들의 집착은 서구 사람들에게는 코로나19에 대한 과민반응으로 받아들여졌다. 그러나 유럽과 미국에서 코로나19 환자가 폭발적으로 증가한 후 다른 나라에서도 건강한 사람들이 마스크를 쓰기 시작했다.

한국 사람들은 코로나19 위기 발생 이전부터 마스크를 많이 착용했었다. 마스크 문화는 최근 몇 년간 악화된 미세먼지 오염과 관련이 있다. 미세먼지가 일상적으로 서울 하늘을 뒤덮으면서 건강한 사람도 마스크를 많이 썼고 공기청정기도 불티나게 팔렸다. 당시 마스크를 착용하는 것은 정상적인 생활의 일부였기 때문에 서구와 같이 마스크를 착용하는 사람이 환자일 것이라는 편견은 없었다.

미세먼지 오염을 막기 위해 사용하는 마스크는 개인의 안전을 위한 것이고, 코로나19 발생에 사용된 마스크는 타인에 대한 사회적 책임 행위이기도 하다. 물론, 의심할 여지 없이 개인의 안전은 코로나19 위기에서 마스크를 착용하는 가장 중요한 이유 중 하나다. 그러나 코로나19 위기로 인해 마스크는 또한 타인에게 피해를 주지 않고 공동체를 돌보는 무해악성의 도덕적인 인공물이 되었다. 따라서 마스크를 쓰지 않은 사람들은 부도덕한 사람으로 간주되어 도덕적 낙인을 받게 된다. 마스크의 도덕은 확진자들의 도덕적 정체성과 함께 만들어진다.

마스크의 착용 여부에 따라 그들의 도덕적 인격이 형성된다. 맘카페 회원들은 "무개념" 혹은 "이기심"이라는 용어를 사용하면서 마스크를 착용하지 않는 확진자들의 부도덕을 비난했다. 반면, 회원들은 마스크를 잘 쓴 한 확진자에게는 "모범적"이라며 행동을 칭찬했다.

회원 3 : 마스크 착용 안 하면 출입 금지하는 거라도 했으면 좋
겠어요. 마트 갔다가 꼭 몇 명은 마스크 안 하고 와서 장도 안
보고 후다닥 나왔네요⋯ 너무 이기적인 사람이에요.

회원 4 : 마스크에 페이스 쉴드까지 모범적이시네요.

회원 5 : 마스크에 페이스 쉴드에 계단 이용하시고 20분 넘게
걸어서 선별진료소 다녀 오시고⋯ 동선도 간략하신데 진짜 엄
지척이네요. 쾌차바랍니다 !!

마스크의 도덕은 장소성을 포함하고 있다. 사람들이 어디
에서 마스크를 착용하는지가 중요하다. 엘리베이터, 마트, 호텔,
수영장, 직장, 버스, 지하철과 같이 붐비고 밀폐된 장소에서 마
스크를 착용하지 않는 것은 더 큰 도덕적 비난을 받는다. 이태
원 클럽을 방문한 확진자들에 대해 한 맘카페 회원은 다음과
같이 말했다.

회원 6 : 아니 상식적으로 야외에서도 마스크 안 쓰면 따가운
눈초리 받는데, 심지어 클럽⋯ 실내에서 땀 빼고 춤추는데, 마
스크를 안 쓴다니⋯ 왜 지하철에서도 안 쓰는 거죠???

요약하면 도덕은 물질성을 가지고 있다. 마스크는 이 도덕
의 형성에 영향을 준다. 마스크는 도덕의 징표다. 미세먼지 오염
때문에 마스크를 착용했을 때, 이 마스크는 공동체를 위한 도

덕과는 무관했다. 물론 미세먼지에서 마스크가 도덕과 무관하다고 단정할 수는 없다. 마스크 착용자 본인의 안전을 위하는 것도 하나의 도덕이 될 수 있다. 하지만 이것을 공동체를 위한 도덕이라고 볼 수는 없다.[7] 미세먼지는 코로나바이러스처럼 전염을 일으킬 위험이 없기 때문이다. 코로나19 위기에서 마스크의 도덕적 역할은 코로나바이러스의 전염성 때문이다. 그러므로 마스크뿐만 아니라 코로나바이러스도 맘카페 회원들의 도덕 감정에 영향을 준다고 할 수 있다.

하지만 마스크와 코로나바이러스가 본질적으로 도덕적이라는 급진적인 주장까지 하고 싶지는 않다. 이 책의 주장은 이보다 더 겸손하다. 적어도 그것들이 코로나19 위기에서 인간들의 도덕 형성에 관여한다고는 이야기할 수 있다. 이처럼 도덕은 인간만의 산물이 아니라, 인간과 비인간 간 상호작용의 결과물이다. 비인간들의 도덕이 설상 있다 하더라도 그 도덕은 그것들 자체의 본질이 아니라 인간과의 상호작용의 결과다. 인간의 도덕이 비인간과 떨어질 수 없는 것처럼, 인간으로부터 분리된 비인간의 도덕이란 존재할 수 없다. 한편 오늘날 코로나19 감시의 미시 권력은 마스크와 함께 작동한다. 마스크를 쓰지 않은 사

---

7. 마스크는 공동체에 대한 도덕적 의무만을 상징하지 않으며, 사례와 맥락에 따라 시민의 정치적 권리와도 관련 있다. 예를 들어 시위 현장에서 채증 카메라의 감시를 피하는 위장술(anti-surveillance camouflage)의 수단으로 시위 참여자들이 마스크를 착용한다(Kim, 2016c ; Monahan, 2015). 7장을 참조하라.

람들은 다른 사람들의 시선을 느끼며, 결과적으로 사람들이 스스로 본인의 행동을 규제하는 일종의 "통치성"이 나타난다 (Foucault, 2011).

장소 도덕 : 밀집 장소의 부도덕성

한 확진자의 동선이 모텔과 술집을 포함했을 때, 한 맘카페 회원은 "그 동선은 참 방탕하시군요"라고 말했다. 이처럼 도덕은 장소성과 밀접하게 연결되어 있다. 교회, 클럽, 룸살롱, 피시방, 노래방 등 코로나19 감염 발생 가능성이 매우 큰 혼잡한 장소를 방문하는 것은 부도덕한 행위가 된다. 코로나19 위기 속에서 클럽이나 술집 같은 유흥 시설과 교회가 비슷한 장소성을 생산한다는 것은 아이러니하다. 이 위기에서 장소성은 바이러스와 사람 간 상호작용의 결과다. 코로나19의 높은 감염률 때문에 밀집한 장소는 위험하고, 무분별하게 그곳을 방문한 사람들은 부도덕한 인간들이 된다. 이처럼 도덕, 위험, 장소성이 서로 밀접하게 얽혀 있다.

코로나19 사태에서 교회가 부도덕한 사람들을 만들 수 있다는 생각은 국내 최초의 대규모 집단 감염이 대구 신천지 교회에서 일어났기 때문이다. 신천지 교회의 예배는 바이러스 전파가 쉽게 일어날 수 있는 혼잡한 의례를 보여주었다. 신도들이 앉은 채 어깨를 나란히 하고, 신에 대한 경배와 노래로 목청을 높이면서 기하급수적으로 바이러스가 전염됐다. 신천지 교회를 통해 감염이 빠르게 확산된 뒤 기성 종교집단에 대한 사회적 우려도 커졌다. 정부의 권고에 따라 대부분 대형교회가 온라인 예배를 시행했지만, 일부 소규모 교회는 대면 예배를 고수했다. 결국 동대문구 동안교회에서 확진자가 나오자, 한 맘카페 회원은 무해악성의 논리를 이야기하며 확진자를 비판했다.

> 회원 7: 교회는 왜ㅠ 이제는 신천지다, 아니다가 중요한 게 아니고 집단 활동과 아직도 예배하는 일부 교회들, 삼삼오오 모이는 거 자체를 지양해야 해요. 제발 사회적 거리두기 꼭 참여합시다. 진짜 남한테 피해 주지 말고 좀 참으셨음 좋겠어요~~

2020년 3월 16일 성남 은혜의 강 교회에서 집단 감염사건이 발생했다. 이 교회는 아픈 사람들을 치료하는 곳으로 유명하며, 신도들이 교회에 들어갈 때 바이러스 전염을 막기 위해 소금물로 입을 씻었다. 맘카페 회원들은 교회의 확진자들이 "이기적"이고 "무개념"이라고 비판했다. 이들은 교회를 "제2의 신천지"라고 비판하며 교회 신도들이 종교적 자유와 방종을 구분하지 못하고 있다고 비난했다.

> 회원 8: 예배 강행하는 교회나 신도들. 종교의 자유와 무한이기주의, 방종, 민폐를 좀 구분했으면 좋겠어요. 진짜 해도 해도

너무하네요.

피시방과 노래방도 코로나19 위기 동안 부도덕한 개인들을 낳는다. 학교가 온라인 교육으로 전환되자 학생들은 피시방과 노래방에 모이기 시작했다. 바이러스가 쉽게 퍼질 수 있는 밀폐된 장소들이다. 어떤 학생들은 일주일에 5, 6일이나 자주 피시방에 방문한다. 피시방을 찾은 동대문구의 한 확진자에 대해 한 회원은 이렇게 답했다.

회원 9: 아니 어떻게 피씨방을 맨날 가나요? 개인 사생활이겠지만 피씨방 다녀와서 다음 날 병원 들리고 약국 간 거 같은데 그럼 뭔가 증상이 있거나 감기가 있었다는 건데 그 이후로도 맨날 피씨방 출입에, 중간에 또 병원 약국 다녀오고 또 피씨방…밀폐 공간에다 확진자도 그 피씨방에서 벌써 몇 나오니 계속 동안교회랑 피씨방에서 나오나요 ㅠㅜ 이러다 동대문구 대구꼴 나는 거 아닌가요. 서울에서.

코로나19에 의해 부도덕하다고 간주된 다른 장소들은 칵테일 바, 룸살롱, 클럽과 같은 유흥업소들이다. 한 연예인이 강남의 한 룸살롱을 방문해 코로나19를 여성 직원 1명과 동거인에게도 전파했다. 보도에 따르면 그녀는 대략 500명의 사람과 접촉했다고 한다. 이에 대해 맘카페 회원들은 탄식했다.

회원 10: 저곳 동선이 부끄러워서 지금 검사도 안 받고 밝히고 있지 않은 사람들도 있을 수 있다는 생각이ㅜㅜ 일반 술집은 아닌 거 같아서요.

회원 11: 고강도 사회적 거리 두기하라는데 유흥업소는 웬 말인가요. 일괄적이지 않은 기준 적용에 정말 화가 나네요. 교회와 똑같이 고발해야죠ㅜㅜ 실내 어둡고 좁은 공간에 밀집된 유흥업소. 휴.

2020년 이태원 클럽은 지역 집단 감염의 진원지가 되었다. 룸살롱은 여러 방으로 나뉘어 있지만, 클럽은 많은 사람이 한 공간에 모여 춤추고 노래할 수 있어 바이러스의 빠른 확산을 가능하게 한다. 맘카페 회원들은 궁금해했다.

회원 12: 클럽을 이 시국에 왜 가서는 이럴까요? 젊은이들 너무 이기적이에요. 애가 없어도 부모님 생각함 안 그럴 건데요.

회원 13: 애초에 클럽이 정말 제대로 밀접 접촉인데 이런 데는 놔두고 종교시설만 잡는 게 좀 이상하긴 했죠ㅜㅜ

한편 일부 회원들은 젊은 시절을 떠올리며 죄책감을 표현했다.

회원 14: 이 기사 보고 젊은 분들 흉보고는 있는데 생각해 보니 저도 신종플루 때 겁나 놀러 다니고 클럽 가고 하긴 했어요.
ㅡㅡ. 반성합니다…

회원 15: 공감요 ㅜㅜ 클럽은 안 갔지만 저도 지금처럼은 신경
안 쓴 듯요. 근데 그땐 이렇게 오래 가지도 않은 것 같긴 해요.
애 어머니 되고 돌이켜보니 진짜 생각 없는 거였어요.

요약하면, 도덕은 장소성을 가지고 있다. 맘카페 회원들은
이른바 장소 도덕을 만든다. 바이러스가 쉽게 퍼질 수 있는 밀
집한 장소를 방문하는 사람들은 가족과 지역사회 안전을 위협
하기 때문에 부도덕하다. 한편 바이러스와 마스크는 장소 도덕
에 반대되는 효과를 불러일으킨다. 밀집한 장소에서 마스크를
쓰면 위험이 줄어들고 바이러스 전파가 차단될 수 있기에 마스
크를 쓴 사람은 그렇지 않은 사람보다 더 도덕적이다. 이처럼 코
로나19의 장소성은 사람들이 마스크와 장갑을 착용하느냐에
따라 유동적이다. 교회와 클럽 등 밀집한 장소에 대한 나쁜 평
판은 그곳을 찾는 사람들의 물질적 실천으로 개선될 수 있다.
반면, 병원도 밀집된 장소이고 위험하지만 아픈 환자들은 병원
을 반드시 가야만 하기에 맘카페 회원들에게 병원은 부도덕한
장소가 아니다. 코로나19 위기에 반드시 갈 필요가 없다고 인식
되는 교회와 유흥시설과는 장소성이 다르다. 이처럼 장소성과
장소 도덕은 바이러스와 마스크에 의해서만 결정되지 않으며
그 장소를 방문하는 ㅡ 혹은 방문의 필요성에 대한 ㅡ 사람들의 인

식에 의해서도 영향을 받는다. 다시 말하면 장소성과 장소 도덕
은 인간과 비인간 간 상호작용의 산물이다.

부도덕한 이동 인격immoral mobile personhood

한국 정부는 코로나19의 확산을 막기 위해 여행을 자제하
고 집에 머물 것을 권고했다. 환자들이 이곳저곳을 옮겨 다니면
바이러스가 쉽게 퍼진다. 바이러스의 높은 감염력으로 인해 확
진자들의 이동성은 바이러스의 위험과 연계되고 그들의 도덕
을 만든다. 맘카페 회원들은 마트나 카페 등 여러 곳을 전전하
는 확진자에 대해서 비난을 퍼붓는다. 반면 철저한 자가 격리를
한 사람들에게는 상찬이다. 확진자의 이동성은 도덕과 부도덕
을 구분하는 중요한 기준이다. 걸어서 가거나, 차를 운전하거나,
대중교통을 이용하는지도 도덕적 판단의 대상이다.

선별진료소에서 검사를 받은 후 집으로 돌아가지 않고 은
행이나 식당, 병원을 찾은 확진자들이 있다. 맘카페 회원들은
"너무 이기적," "비양심적," "무개념," "도덕 제로"라는 표현으로 이
들을 비난한다. 이렇게 확진자들의 도덕적 인격은 그들의 이동
성을 토대로 구성된다.

회원 16: 선별진료소 검사하셨으면 바로 집콕 하시는 게 맞는
거 같은데 너무 돌아 다니셨네요ㅠ. 치과 진료ㅠ

회원 17: 엥 동선이 너무 이기적 ㅠ 선별 진료소 다녀 왔음서 치과라니. 대중식당이라니.

회원 18: 치과. 택시⋯ 선별 진료소까지 가 놓구 마스크 미착용이라니. 진짜 도덕 제로예요.

맘카페 회원들은 해외에서 들어오는 외국인과 한국 학생들의 높은 이동성을 비판했다. 일부 환자들은 공항 검역소에서 바이러스 음성 반응을 보였으나 나중에 양성으로 판정되었다. 하지만 그 전에 국내의 많은 곳을 여행했다. 일부 환자들은 분명한 코로나19 증상에도 불구하고 여행을 가거나 쇼핑을 했다. 이 사람들에 대해, 한 회원은 "장거리 비행이 힘들고 시차도 있을 텐데 신나게 돌아다녔네요. 동선은 작정하고 돌아다니려고 입국한 느낌입니다"라고 말했다. 쇼핑하러 간 한 유학생 확진자를 비판한 맘카페 게시판 댓글에는 "양심 없는," "무개념," "이기심 끝판왕," "비상식," "비윤리적"이라는 표현들이 사용된다.

회원 19: 진짜 양심 없는 것들 작작도 돌아다녔다.

회원 20: 비행기 타고 왔음 자가 격리할 것이지, 귀국하자마자 백화점 쇼핑이라니

회원 21: 이 시국에 미국에서 와서 왜 싸돌아다니는 건지 무개념ㅠㅠ

회원 22: 본인들이 얼마나 비상식적이고 비윤리적인 사람들인

지 알 수 있게요.

회원 23 : 정말 이기심 끝판왕. 진짜 자가 격리 어기면 처벌 엄하게 해야 해요.

코로나19 위기에도 막 돌아다니는 사람들은 부도덕하다. 가장 흔한 예는 하룻밤에 여러 클럽을 돌아다니는 클러버들이다. 서울에는 강남, 홍대, 이태원에 유명한 클럽들이 있다. 클러버들은 하룻밤 동안 한곳에 머물지 않고 여러 클럽을 배회한다. 한 맘카페 회원은 이 이태원 클러버를 "테러리스트"라고 불렀다.

회원 24 : 이렇게 나돌아 다닌 동선 첨 봐요~~겁나 여기저길 다녔네요.

회원 25 : 와… 진짜 대단하네요. 저렇게까지 돌아다녔어야 했나. 동선이 너무 넓고 연휴 사람 많은 동네만 골라서 다녔으니 큰일이에요.

회원 26 : 클럽 5군데 돌아다녔다는 거 보고 감염자 무조건 나올 꺼라곤 생각했는데 참.

회원 27 : 그러게요. 자기 생각만 하는 이기적인 사람 ㅡ.ㅡ.

회원 28 : 정말 이기적이에요. 더워도 마스크 꼭꼭 쓰고 있는데 코로나바이러스 걸리면 미친 듯이 돌아다니는 지랄 바이러스라더니 아프면 집에 있어야지요. 참 내 ㅠㅠ.

코로나19의 확산을 방지하는 데 확진자들의 자가 격리는 매우 중요하다. 맘카페 회원들은 스스로 격리하거나 동선이 짧은 확진자들을 칭찬했다. 코로나19에 감염된 소년이 집에서 격리되어 줄넘기하며 시간을 보내자, 맘카페 회원들은 그 소년의 동선을 보고 "동선이 이쁘다," "사람 됨됨이가 보이는 것 같다"라며 "바른 생활 사나이"라고 칭찬했다. 방배동의 한 발레 교사가 선별진료소를 방문한 뒤 자택에서 자가 격리를 하면서 다른 사람들과 접촉이 없자, 회원들은 그녀를 "참된 스승," "훌륭한 선생님," "선진 시민의식을" 가진 사람이라 부르고 "책임감이 대단하다"라며 칭찬했다.

확진자들의 이동 패턴과 양식도 도덕과 결부된다. 정부는 코로나19 감염이 의심되는 사람들이 자가용을 이용해 드라이브 스루 선별진료소를 방문해 코로나19 감염 테스트를 받을 것을 권고했다. 회원들은 코로나19 증세가 있음에도 대중교통을 이용해 선별진료소에 가서 다른 사람들을 접촉한 마포의 한 확진자에 대해서는 크게 비난했다. 하지만 집에서 선별진료소까지 걸어서 온 또 다른 확진자에 대해서는 매우 칭찬했다.

회원 29: 이분 검사받으러 갈 때도 도보로 간 거 보면 개념 있으신 분 같아요. 여러모로 많이 힘드실 텐데 빨리 나으셨으면 하네요. 제발 더 이상 확산되지 않기를.

요약하면, 도덕은 환자의 이동성에 의해 형성된다. 코로나바이러스의 전파력이 매우 높으므로, 돌아다니는 확진자는 부도덕한 인물이 된다. 확진자들의 도덕적 인격은 바이러스의 정체성과 함께 공동으로 생산된다. 실제 확진자들은 "역마살"이 있는 사람들이라 비난받고, 코로나19 전염병은 "싸돌아다니는 병"에 비유된다. 확진자가 돌아다니면 코로나바이러스도 돌아다니게 된다. 이처럼 코로나바이러스는 확진자들의 도덕적 정체성을 형성하는 데 이바지한다. 확진자들의 인격은 그들의 정신 또는 몸에서만 유래하지 않으며, 바이러스 및 마스크와 같은 비인간들과의 상호작용의 결과로 형성된다. 1장에서 이야기한 바와 같이 '탈인간주의 인격'의 한 예가 될 수 있다. '탈인간주의 인격'이란 인격이 인간의 정신 또는 몸속에 갇혀 있지 않으며 비인간들과의 관계 속에 분산된 것을 말한다(Gell, 1998; Latour, 2005).

나는 이동성이 높은 확진자에게 부여되는 도덕적 인격을 부도덕한 이동 인격immoral mobile personhood이라 부른다. 2021년 8월 5일 나는 코로나19 검사를 받으러 선별진료소에 갔다. 학교 근처 식당에서 코로나19 확진자와 같은 시간대에 저녁 식사를 했기 때문이다. 그날 원래 자동차 손 세차를 하러 갈 생각이었으나, '부도덕한 이동 인간'이 되지 않기 위해 검사 결과가 나오기 전까지 집에서 격리하기로 했다. 이 개념에는 14일간의 법적 격리에도 불구하고 불법적으로 이동한 확진자들도 포함될 수 있지만, 대부분은 아직 법적으로 격리되지 않은 확진자들이 해당한다. 이는 바로 제도적 권력과 구별되는 미시 권력으로서의 도덕을 다루고자 하는 이 책의 의도에도 부합한다.

마무리

2020년 봄 코로나19 팬데믹 초기 맘카페 회원들은 코로나19 확진자들의 동선을 바탕으로 그들의 도덕적 인격을 상상했다. 서양 의학 윤리의 관점에서 그들의 도덕을 설명하기는 쉽지 않다. 어림짐작으로 그들의 도덕은 '사람들에게 해를 끼치지 마라'라는 악행 금지 혹은 무해악성을 의미한다. 무해악성은 공동체주의와 가깝다(Sandel, 1998). 그러나 개인의 자유를 중시하면서도 다른 사람들에게 피해를 주지 않는다면, 자유주의와도 그리 멀지 않다. 무해악성은 '민폐'라는 용어와 관련이 있는데 확진자에 대한 맘카페 회원들의 비판에서 매우 자주 등장한다. 하지만 이 도덕은 확진자들에 대한 낙인을 초래한다. 일부 사회적 소수자 집단이 그 낙인을 받을 수 있기에 이 도덕은 사회 정의나 공정성과는 거리가 있다. 다만 이 글의 초점은 무해악성 그 자체가 아니라 그것의 물질성이다. 이 글의 목적은 전통적인 도덕 철학의 인간중심주의를 극복하는 것이었다. 도덕은 인간만의 순수한 산물이 아니라 인간과 비인간 간 상호작용의 결과다.

맘카페 회원들의 담론에서 확진자의 동선은 도덕적 정체성과 연결된다. 도덕은 회원들 담론의 산물이나 인공물, 장소, 이동성의 물질적 담론을 포함한다. 이러한 도덕과 물질성의 얽힘은 도덕이 정신세계의 순수한 산물이 아니라는 것을 의미한다. 도덕은 불순impure하다. 다시 말하자면 아담 스미스가 상상하듯 도덕은 인간의 마음에만 존재하는 형이상학적인 이상이 아니며(Smith, 1976), 에밀 뒤르케임이 이야기하듯 마음 밖에 객관적으로 존재하는 사회적 산물도 아니다(Durkheim, 2008). 확진자들의 인공물, 장소, 이동성은 그들의 도덕을 형성하는 데 영향을 준다.

도덕은 인공물의 영향으로 물질성을 갖는다. 맘카페 회원들은 마스크를 가족과 공동체를 돌보는 도덕적 인공물로 보고 있다. 이 사태 이전 사람들이 미세먼지로 고통을 받을 때 마스크는 단지 개인의 안전을 위한 인공물일 뿐이었으나, 코로나 사태에서 마스크는 공동체를 위한 도덕적 인공물이 되었다. 그 이유는 미세먼지 사태에는 존재하지 않았던 전염력이 높은 코로나바이러스의 등장 때문이다. 신유물론 관점에서 볼 때 이 도덕은 사람, 마스크, 바이러스 간 이질적인 상호작용, 즉 어셈블리지의 결과다. 미세먼지 사태에서는 '사람-마스크'의 어셈블리지만 있었으나, 코로나 사태에서 코로나19라는 새로운 행위자가 나타나 '사람-마스크-바이러스'의 어셈블리지를 만들면서 마스크의 도덕적 의미가 변화된 것이다. 그런 점에서 볼 때 마스크의 도덕은 고정적인 본질을 가지지 않으며 특정한 사회-물질적 맥락의 변화에 따라 달라진다.

도덕은 장소성을 갖는다. 나는 이것을 장소 도덕이라 불렀다. 맘카페 회원들은 교회, 클럽, 룸살롱, 피시방, 노래방 같은 밀집한 장소를 찾는 확진자들을 부도덕한 사람들로 간주한다. 장소 도덕은 장소를 방문하는 사람과 그렇지 않은 사람 모두에 의해 만들어질 수 있다. 확진자를 비난하는 맘카페 회원들에게 이 장소는 상상의 산물이다. 장소 도덕도 그들에 의해 상상된 것이며, 확진자들이 생각하는 도덕은 아니다. 하지만 신유물론 관점에서 인간과 사물의 어셈블리지는 반드시 직접적인 물질적 상호작용으로만 일어나는 것이 아니며 담론으로도 일어날 수 있다. 맘카페 회원들이 확진자들이 방문한 그 장소에 가지 않았지만, 확진자, 바이러스, 마스크 등 그 장소를 만드는 존재자들과 상호작용한다. 존재자들이 기호로 번역되어 맘카페 회원과 어셈블리지를 만들 때 장소 도덕이 탄생한다.

도덕은 행위자의 공간적 이동성과 관계한다. 확진자의 이동성은 도덕과 부도덕의 경계를 가르는 중요한 기준이다. 맘카페 회원들은 선별진료소를 방문한 후 여러 곳을 돌아다니는 환자들을 스스로 격리하는 환자보다 부도덕하다고 생각한다. 도덕은 이동의 수단 및 패턴과도 관련이 있다. 선별진료소에 가기 위해 걸어서 가거나 자가용을 이용하는 사람이 대중교통을 이용하는 사람보다 더 도덕적이다. 신유물론 관점에서 볼 때, 전염성이 강한 코로나바이러스는 확진자의 부도덕한 이동 인격을 만드는 능동적 행위자이다.

이와 같은 도덕의 물질성을 강화하는 중요한 요인 중의 하나는 역설적으로 동선 정보 공개제도에서 확진자에 대한 프라이버시 보호다. 확진자를 식별할 수 있는 개인 정보를 비공개하거나 매우 제한된 정보만 제공함으로써 확진자의 프라이버시와 인권을 보호할 수 있으나, 확진자가 왜 감염이 되었는지에 대한 그들의 삶의 맥락을 동선 정보를 보는 사람들은 전혀 알길이 없다. 이때 확진자에 대한 도덕적 판단은 동선 정보에서 제시된 장소, 이동 수단, 마스크와 같은 물질적 정보만을 기준으로 이루어지므로 결국 도덕의 물질성은 증가하게 된다. 예를 들어, 앞서 언급한 선별진료소를 방문한 확진자가 자가용을 소유한 사람인지 아닌지를 묻지 않고 이동 수단만을 놓고 그에 대한 도덕적 판단을 하게 된다. 이는 동선 정보에서 사회적 요소는 사라지고 물질적 요소만 남기 때문이다. 다만, 이 말은 확진자의 프라이버시를 보호하지 말아야 한다는 주장은 결코 아니며, 오히려 프라이버시 보호로 충분한가 하는 질문이다.

맘카페 회원들의 도덕이 얼마나 널리 퍼져 있는지는 확신할 수 없다. 아마도 이 회원들처럼 안전을 매우 중요시하는 집단에만 국한될 수 있다. 그러므로 다른 사람들이 확진자의 동선 정보에 어떻게 반응하는지를 주목할 필요가 있다. 특히 사회적 소수자들이 코로나19 감시 시스템으로 발생한 이 도덕에 대해 어떻게 생각하는지를 살펴볼 필요가 있다. 열악한 근무 조건과 사회적 편견으로 이 도덕을 준수하기 어려운 그들은 코로나19 위기 속에서 도덕적 비난과 낙인에 더 취약하다. 예를 들어 '마스크'와 관련하여 콜센터 노동자들, '장소'와 관련하여 이태원 클럽의 성소수자들, 그리고 '이동성'과 관련하여 택배 근로자들을 들 수 있다. 콜센터 노동자들은 전화 응답 업무 때문에 마스크를 상시 착용하기 어렵다. 성소수자들에게 이태원 클럽은 사회적 편견으로부터 자유롭게 성소수자들을 만날 수 있는 공간이었다. 택배 노동자들은 생계를 위해 매일 빠르게 물건을 배달하면서 이동할 수밖에 없는 사람들이다.[8] 이외에도 청각장애인들은 마스크 때문에 화자의 입 모양을 볼 수 없기에 의사소통이 힘들다. 마스크는 공동체를 위한 도덕을 형성하는 데 이바지하지만, 그들에게는 도덕적이지 않다.

이 글은 도덕의 물질성에 초점을 두었지만, 사회적 불평등을 다루지는 않았다. 아마도 그것이 이 연구의 한계일 것이다. 신유물론 관점에서 볼 때 사회적 소수자들은 맘카페 회원들과는 다른 어셈블리지를 만들 것이다. 목소리를 내는 사람들의 온라인 댓글을 찾기는 쉽다. 하지만 그렇지 않은 사회적 소수자들의 이야기를 듣기는 쉽지 않다. 이 글에 보여준 것처럼 물질문화연구가 사회적 불평등과 저절로 연결되지는 않는다. 물질적인 시선을 가지면서도 사회적 소수자들에게 관심을 가질 때 가

---

8. 플랫폼 노동자들의 삶에 대해서는 제레미아스 아담스-플라슬(2020)을 보라.

능하다. 이것이 사회적 불평등과 신유물론이 서로 만나는 지점이 될 것이다.9

---

9. 『비판적 정책분석』(*Critical Policy Studies*)이라는 해외 저널에서 심사 진행 중인 「한국 코로나19 감시하에서 좋은 시민권 회집하기」(Assembling good citizenship under Korean COVID-19 surveillance)라는 필자의 논문에서 신유물론과 사회적 불평등을 다루고 있다. 이 글은 곧 출간될 필자의 저서 『정책과 사회』에서 볼 수 있을 것이다.

3장
아파트 층간소음 갈등과
소리 시민권

사회가 감각을 규율할 때 시민권이 만들어진다.
층간소음과 시민권은 공동으로 구성된다.
아파트 아래층에 사는 정상적인 청취자가
위층에서 나는 소리로 인해 불편함을 느낀다면,
그 소리는 층간소음이 된다. 그러나 만약 아래층 주민이
위층에서 나는 정상적인 소리로부터 불편함을 느낀다면,
이 사람은 예민하거나 비정상적인 청취자로 간주된다.
듣는 것은 사회적이며 사회적인 것은 듣는 것을 통해 형성된다.

2019년 연구년을 마치고 서울에 돌아와 아파트 전셋집을 새로 구했다. 초등생 딸이 일 년 만에 피아노를 쳤다. 낮에 띄엄띄엄 쳤다고 한다. 한 달이 채 되지 않아, 아래층 아주머니가 시끄럽다고 올라왔다. 딸은 지레 겁을 먹고 한동안 피아노를 치지 않았다. 한 2주가 지났을까? 딸은 다시 용기를 내 피아노를 치기 시작했고, 얼마 되지 않아 아주머니가 다시 올라와 소리치고 내려갔다. 그 뒤로 지금까지 피아노는 물건을 올려놓는 붙박이 가구가 되었다. 늦은 밤이다. 잠이 막 들 무렵 위층에서 싸우는 소리가 들린다. 아빠의 큰 고함이 들리고, 딸은 아파트가 떠나가라 "악~~악~~" 큰 비명을 지른다. 매주 한두 번 이런 식이다. 아내는 한 번 올라가서 이야기해야 하지 않느냐고 말한다. 옛날 층간소음 연구할 때 배운 대로 쪽지를 위층 현관문에 붙여 볼까 생각했지만, 우리가 참는 것이 제일 낫다고 말했다. 층간소음 갈등이 어떻게 전개되는지 잘 알기 때문이다. 우리는 아파트에서 층간소음의 피해자가 될 수도 있으며 가해자가 될 수도 있다.

한국은 이른바 아파트 공화국이라 불린다(줄레조, 2012). 통계청 『2019 인구주택총조사』의 결과에 따르면 아파트, 연립주택, 다세대 주택 등 공동주택은 전체 주택의 77.2%를 차지하며, 이 중 아파트가 차지하는 비중은 전체 공동주택의 80.6%에 달한다. 이처럼 아파트는 한국 사람들이 가장 선호하는 주거 형태다. 하지만 아파트 층간소음으로 인한 이웃 간 갈등이 갈수록 증가하고 있다. 특히 코로나19 위기의 장기화로 재택근무와 온라인 교육이 시행됨에 따라 가족들이 집에 머무는 시간이 늘어나면서 층간소음 갈등은 한층 더 늘어나고 있다.

아파트 층간소음은 아주 오래전부터 존재했지만, 심각한 이웃 간 갈등으로 발전한 것은 대략 2010년 이후의 일이다. 층간 소음 갈등은 그동안 3배 이상 증가하였으며, 일부 갈등은 치명적인 살인사건으로 전개되었다.[1] 2013년 2월 9일 서울 면목구 한 아파트 단지에서 설 가족 모임 중 층간소음으로 인한 살인사건이 발생했다. 2013년 5월 13일 인천 부평구에서도 방화 살인사건이 발생했다. 당시 언론은 이 사건들을 심각하게 다루었으며 정부는 2014년 6월 3일 층간소음에 대한 새로운 법적 기준을 수립했다. 아파트 주민들도 공동주택관리규약에 층간소음 관련 생활수칙을 넣었다. 이 글은 2010년대 초 아파트 층간소음 문제가 처음 크게 대두되던 때 정부의 층간소음 규제정책과 아파트 주민들이 추진한 자율 협약 활동에 대해 다룬다.[2]

---

1. 환경부 〈층간소음이웃사이센터〉에서 집계한 갈등 민원의 접수 총계는 2012년 기준 5,412건에서 2018년 기준 16,871건으로 약 3.1배 증가했다. 이 중 센터에서 실제 현장 진단을 수행한 민원 수는 2012년 기준 1,829건에서 2018년 기준 10,142건으로 5.5배 증가했다.

2. 이 연구는 이른바 소리 연구에 해당한다(Pinch & Bijsterveld, 2012). 기존 문헌들은 주로 서양의 소리 풍경(soundscape)에 초점을 맞추고 있다는 점에서 한국 사회의 층간소음 연구는 희소성이 있다(Bijsterveld, 2008; Thompson, 2004; Weiner, 2014). 물론 미국, 독일 및 영국과 같은 서구 국가들에도 이웃 소음에 대한 법적 규제가 있다. 주로 심야 파티의 소음과 관련된다. 그러나 심야 파티는 한국 아파트에서는 그리 흔하지 않기 때문에 아파트 층간소음은

이 장은 층간소음 갈등을 해결하기 위한 거버넌스에서 소리 지식과 담론에 의해 시민권[3]이 어떻게 형성되는지를 이야기할 것이다. 이 글은 시민권에 대한 해석적인 접근법이며 시민권과 층간소음 간의 담론적 관계에 주목한다. 시민권은 후기구조주의 관점에서 공공 담론과 지식의 효과로 간주된다. 층간소음 갈등 거버넌스에서 사용되는 소리 지식이 시민으로서 청취자의 정체성을 형성한다. 소리 지식과 담론에 의해 정상적인 청취자와 비정상적인 청취자가 구분되면서 소리 시민권이 만들어진다. 소리 시민권sonic citizenship이란 소음을 줄여야 하는 의무 또는 소음을 발생시킬 수 있는 권리를 가진 정상적인 청력의 사회구성원의 지위, 인격 또는 정체성을 지칭한다.[4] 기술관료주의 거버넌스를 통해 만든 층간소음 법적 기준과 협력적 거버넌스를 통해 마련된 주민들의 자율 협약으로부터 소리 시민권이 만들어진다.

한국 고유의 특성이 있다.

3. Citizenship의 국문 번역은 시민권, 시민성, 그리고 시민의식이다. 여기서 소리 시민권은 시민의 권리만을 의미하지 않는다는 점에서 소리 시민성이라 불러도 무방하다고 생각한다.

4. 소리 관련 시민권에 대한 기존 문헌들은 민주주의 이론에 따라 소리와 시민권의 관계를 조사했다(Hartley, 2000; Lacey, 2013). 하틀리(Hartley, 2000)는 1920년대 라디오의 역사에서 공공 라디오의 음악과 대화가 근대 시민권의 진화와 어떻게 관련되는지를 다루었다. 여기서 시민권은 민주주의와 관련한다. 레이시(Lacey, 2013 : 5) 또한 듣는 행위를 의사소통 활동으로 묘사함으로써 "경청하는 대중"을 하버마스의 공적 공간과 연결했다.

소리 시민권

시민권은 근대국가의 탄생과 함께 생겨났다. 시민권은 근대국가에서 개인의 권리와 사회 및 국가에 대한 의무를 지닌 사회구성원의 자격membership, 지위status, 의식, 정체성을 나타낸다(Bell, 2005 ; Marshall & Bottomore, 1987). 시민권에 관한 최초의 연구는 토마스 험프리 마셜(Marshall & Bottomore, 1987)에 의해 이루어졌으며, 그의 시민권 개념은 자유주의적 전통에 있었다. 그는 계급혁명을 옹호하지 않았으며, 자본주의 경제를 합리적으로 개혁하는 사회정책의 중요성을 강조했다. 하지만 1990년대에 들어서면서 자유주의적 시민권은 사회적 불평등을 충분히 고려하지 못한다는 이유로 마르크스주의자들과 페미니즘으로부터 비판을 받았다(Soysal, 1994 ; Young, 1990).[5]

한편 학자들은 다양한 사례를 통해 시민권을 개념화하면서 여러 형용사를 시민권에 붙여 사용했다. 예를 들어, 사회 시민권(Handler, 2004), 과학적 시민권(Irwin, 2001), 생물학적 시민권(Petryna, 2002 ; Rose, 2009), 녹색 시민권(Dean, 2001), 환경 시민권(Dobson, 2007)을 들 수 있다. 그러나 이 형용사들이 어떤 의미인

---

5. 마르크스주의자들은 자유주의적 시민권의 개념이 노동계급의 전투력을 약화하고 사회적 불평등을 은폐하는 지배계급의 전략이라고 보았으며, 페미니스트들은 자유주의적 시민권이 보편적 시민권을 상정하면서 성적 차이를 충분히 고려하지 않는다고 비판했다.

지는 명확하지 않다(MacGregor & Szerszynski, 2003 ; Bell, 2005). 그래서 벨(Bell, 2005 : 181~182)은 "환경 시민은 단순히 환경을 걱정하는 시민이다. 이 주장에서 '환경적'인 것과 '시민적'인 것의 연관성은 특별히 흥미롭지 않다"라고 말했다. 환경 시민권에서 '환경'이라는 단어는 시민권의 특정 사례, 이를테면 기후변화와 같은 특정한 환경 사례를 지시할 뿐이다. 그리고 여기서 시민권의 개념은 자유민주주의 혹은 숙의민주주의와 관련되며 민주시민으로서의 권리와 의무를 의미한다(Bell, 2005 ; Irwin, 2001). 이것은 시민권에 대한 정치학적 접근이다. 하지만 이 글은 '소리'와 '시민권' 사이의 다른 관계를 제시한다.

나는 이 책에서 '소리 시민권'이라는 개념을 제안하고자 한다. 소리 시민권에 대한 나의 접근은 전통적인 정치학적 접근이 아니라 구성주의 및 후기구조주의에 기초한 해석적 접근이며 민주주의 이론과 무관하다.[6] 시민권이 소리에 의해 만들어진다. 여기서 '소리'라는 용어는 소리에 대한 지식을 의미한다. 이 지식은 소음 관련 법률 제정에 활용되는 소음 및 진동공학을 의미하기도 하고, 소음을 둘러싼 주민, 공무원, 시민단체, 전문가들의 담론을 의미하기도 한다. 따라서 소리 시민권은 층간소음 갈

---

6. 시민권에 대한 해석적 접근의 예로 니콜라스 로즈(Nicholas Rose)의 "생물학적 시민권"을 들 수 있다. 그의 개념에서 '생물학적'이라는 것은 개인의 정체성 및 구성원 자격에 관한 생물학적 지식을 가리킨다(Rose & Novas, 2004 ; Rose, 2009). 그 생물학적 지식에 따라 시민권이 만들어진다.

등 거버넌스에서 시민의 민주적 역할을 설명하기 위해 만들어진 개념은 아니다. 이런 점에서 소리 시민권은 어윈(Irwin, 2001)의 과학적 시민권과는 다르다. 어윈은 구성주의적 관점에서 시민권에 접근하지만, 숙의민주주의의 관점에서 과학적 시민권을 설명하려 한다는 점에서 정치학적 접근이다. 그에 따르면 광우병 위기와 유전자 재조합 유기체Genetically Modified Organism(GMO)에 대한 영국의 공공 협의는 보다 능동적인active 시민이 아닌, 반응적인reactive 시민을 만들었다(같은 책: 12~13). 능동적 시민은 적극적으로 정책 결정 과정에 참여하는 시민을 의미하며, 반응적 시민이란 공무원 또는 전문가의 요구에 수동적으로 따르는 시민을 말한다. 그래서 반응적 시민이란 참여민주주의 혹은 숙의민주주의 관점에서 시민의 역할이 미흡했음을 뜻한다. 이처럼 과학적 시민권은 시민, 전문가, 관료들 사이의 정치적 관계로부터 만들어지며, 광우병 또는 유전자 재조합 유기체 관련 생물학적 지식에 의해 구성되지는 않는다. 물론, 소리 시민권도 어윈이 했던 것처럼 민주주의의 관점에서 개념화할 수도 있다. 하지만 그것은 이 책의 접근 방식이 아니다. 이 책에서는 이미 많이 알려진 시민권에 관한 정치학적 접근과는 다른 관점에서 시민권을 이야기하고자 한다.

소리 시민권은 1장에서 설명한 감각적 시민권(Trnka et al., 2013)의 한 예다. 사회에서 감각이 규율될 때 시민권이 구성된다. 소리 시민권은 과학기술학자인 실라 재서노프의 공공인식론civic epistemology에 기초하여 개념화되었다.7 공공인식론이란 "문화적으로 특수하며 역사와 정치에 기반한 공공 지식의 방식들public knowledge-ways"이다(Jasanoff, 2005 : 249). 여기서 공공 지식은 공공 영역public sphere에서 만들어진 지식 또는 공공영역에 대한 지식, 예를 들어, 전문성, 시민권, 시장, 국가, 윤리, 위험 등을 모두 가리킨다. 이러한 공공 지식은 정책 담론으로 구성된다. 말하자면 특정 정책을 만들 때 정책행위자들은 국가, 정부, 전문가, 시민의 역할을 상상하면서 그 개념을 구성한다. 그래서 시민권은 정책 담론의 산물이다. 소리 시민권은 공공인식론의 결과이며, 시민들뿐만 아니라 정치인, 정부 관료, 전문가 등 모든 정책행위자에 의해서도 형성될 수 있다.

앞서 소리 시민권을 소음을 줄이는 의무나 소음을 낼 수 있는 권리를 가진 정상적인 청취자normal listeners로 정의한 바 있다. 여기서 정상적인 청취자의 개념이 중요하다. 이는 미셸 푸코(Foucault, 1990)의 정상성normality 개념과 연결될 수 있다. 푸코는 의료적, 생물학적 지식에 의해 '정상'과 '비정상'이 구분되고 이에 따라 생권력biopower이 작동한다고 보았다. 마찬가지로 여기서도 소리 지식이 정상과 비정상을 나누면서 감각 권력을 행

---

7. 재서노프의 공공인식론은 베네딕트 앤더슨의 "상상된 공동체" 개념에 기초한 이론이다(Anderson, 2006). 앞서 1장에서 트른카(Trnka et al.,2013)는 감각사회학의 관점에서 앤더슨의 개념을 비판한 바 있다. 어떻게 보면 소리 시민권 개념은 후기구조주의 관점에서 감각을 다룬다는 점에서 일종의 타협이라 할 수 있다.

사하고 '정상적 시민'과 '비정상적 시민'을 구분한다.

아파트 층간소음 갈등 거버넌스에서 소리 시민권과 층간소음이 공동으로 생산된다. 층간소음과 소리 시민권의 '공동 생산[8]이란 층간소음이 정의되는 동시에 시민권도 같이 정의된다는 것을 말한다. 층간소음의 개념은 정상적인 청취자란 무엇을 의미하는가 하는 질문과 관련된다. 정상적인 청취자란 정상적인 청력을 가진 일반 시민을 지칭한다. 정상적인 청취자로서 소리 시민권 개념은 층간소음과 정상적인 소리의 구별에 있다. 아파트에서 만약 아래층에 사는 정상적인 청취자가 위층에서 나는 소리로 인해 불편함을 느낀다면, 그 소리는 층간소음이 된다. 그러나 만약 아래층 주민이 위층에서 나는 정상적인 소리로

---

8. 과학기술학자로서 재서노프는 공공 지식이 과학지식과 함께 구성된다는 측면에서 "공동생산"(co-production) 개념을 구상했다(Jasanoff, 2004). 이를테면, 자연적 질서와 사회적 질서는 공동으로 생산된다. 전자는 과학적 지식에 의해 구성되고, 후자는 공공 지식에 의해 만들어진다. 이 둘은 서로 별개가 아니다. 그녀는 나아가 공동생산의 방식을 구성적인(constitutive) 것과 상호적인(interactional) 것으로 구분했다. 두 가지 유형의 차이는 자연과 사회의 분리가 얼마나 안정적인지와 관련한다. 즉, 자연과 사회의 분리를 선험적으로 받아들이느냐, 아니면 구성된 것으로 해석하느냐의 차이다. 상호적 공동생산은 자연과 사회를 본래 분리된 것으로 보고 난 후 그들 간의 상호작용을 분석한다. 이와 대조적으로, 구성적 공동생산은 이 둘 간의 선험적 분리를 전제하지 않는다(같은 책: 22). 이를테면 행위자-연결망 이론에 따르면 자연과 사회는 애초에 선험적으로 분리되어 존재하지 않으며 사회-물질적 실천의 결과로서 자연과 사회가 분리되어 구성된다. 비슷한 논리로, 소리 시민권은 소리 인식론(Sterne, 2012)과 공공인식론(Jasanoff, 2005)의 구성적 공동생산의 결과다. 소리 인식론과 공공인식론 간의 선험적 경계는 없으며, 오히려 시민권을 만드는 공공인식론은 소음에 대한 소리 인식론에 배태되어 있다.

부터 불편함을 느낀다면, 이 사람은 예민하거나 비정상적인 청취자로 간주된다. 이처럼 소음 개념은 청취자의 정체성과 동시에 같이 만들어진다. 이러한 공동생산은 '정상 청취자'와 '비정상 청취자', 그리고 '정상적 소리'와 '비정상적인 소음' 간의 개념적 경계를 만든다. 소리 시민권 개념은 결국 시민권이 청각에 의해 구성된다는 것을 의미한다. 듣는 것은 사회적이며, 사회적인 것은 듣는 것을 통해 실천된다. 즉, 감각과 사회는 서로 별개의 영역이 아니라 공동으로 구성된다.

충간소음과 시민권의 공동생산은 충간소음 해결을 위한 기술관료주의 및 협력적 거버넌스에서 모두 일어난다. 거버넌스에 대해 두 가지 관점이 있을 수 있다. 우선 전통적인 정치학과 행정학의 관점에서, 거버넌스는 충간소음 정책을 형성하는 시민, 전문가, 관료 간의 정치적 관계를 의미한다. 기술관료주의와 협력적 거버넌스의 차이는 시민들이 정책을 수립하는 데 얼마나 참여하는가에 달렸다(Fiorino, 1990 ; Ansell & Gash, 2007). 여기서 숙의민주주의는 두 유형의 거버넌스를 구분하는 중요한 기준이다. 이에 반해 거버넌스에 대한 나의 접근은 구성주의 또는 후기구조주의에 따른 해석적 접근이다. 여기서 거버넌스는 담론과 지식을 생산하는 역할을 한다. 기술관료주의적 거버넌스이든 협력적 거버넌스이든 간에, 충간소음 갈등 거버넌스는 소리 시민권과 관련된 소리 지식을 생산한다. 이 접근은 우리 사회가 어떤 거버넌스를 추구해야 하는가와 관련된 규범적, 정책적 판단과는 무관하다.

물론 거버넌스 분석에서 핵심적인 행위자들이 누구인지는 소리 시민권이 생산되는 과정을 이해하는 데 있어 중요하다. 다만, 소리 시민권 그 자체는 어윈(Irwin, 2001)의 접근처럼 시민들의 정치적 역할 또는 시민, 전문가, 관료들 간의 관계로 특징지어지지 않는다. 오히려, 소리 시민권은 정상적인 청취자와 비정상 청취자 사이의 경계를 만드는 층간소음의 법적 기준 또는 주민 공동체의 기준에 의해 구성된다. 소리 시민권은 민주주의 개념과 무관하며 특정인의 전유물이 아니다. 시민, 전문가, 그리고 관료들 모두 소리 시민권의 개념을 만들 수 있다.

해석적 관점에서 기술관료주의 거버넌스와 협력적 거버넌스의 차이는 소리 지식의 차이에 있다. 두 거버넌스는 층간소음을 규제하기 위해 서로 다른 지식을 생산한다. 기술관료주의 거버넌스는 층간소음을 정량적으로 규제한다. 한국 정부는 데시벨 단위로 층간소음 기준을 만든다. 이 기준은 소음 및 진동공학에 기초한 청감 실험으로 만들어졌다. 대조적으로, 협력적 거버넌스는 층간소음을 정성적으로 규제한다. 아파트 입주민들은 주민들 간의 자율 협약을 통해 층간소음 저감을 위한 아파트 생활 규칙을 만든다.

층간소음의 소리 풍경

한국 아파트는 정치경제, 계급구조, 공동체 문화를 반영한다. 발레리 줄레조(2012)에 따르면 한국 아파트는 애초 저소득층을 위해 지어졌고 1970년대까지만 해도 중산층과 부유층에게 아파트는 매력적이지 않았다. 하지만 1970년대부터 1980년대 산업의 급속한 성장과 함께 아파트에 대한 수요가 급증했다(장덕진 외, 2015 ; 이종원, 2010). 아파트는 산업화에 필요한 많은 노동력을 확보하는 데 필요했다(줄레조, 2012). 1990년대 한국은 급격한 도시인구 증가와 급속한 경제 성장으로 인해 서울과 주요 도시는 주택 부족에 허덕였다(장덕진 외, 2015). 아파트와 같은 공동주택이 이 문제를 해결하는 유일한 방법이었다. 정부는 중산층을 위한 대규모 아파트 단지를 건설하고 아파트를 소유하면 부를 축적할 수 있는 길을 열었다(줄레조, 2012). 1980년대 서울 집값이 폭등하자 노태우 정부(1988~1993)는 1기 신도시 200만 호 주택정책을 추진했다(이종원, 2010). 현대 건설 같은 대기업들은 이때 정부 프로젝트에 참여하여 중산층을 위한 아파트를 건설했다. 대규모 아파트를 건설하기 위해 기업들은 아파트 구조를 라멘(프레임)구조에서 벽식 구조로 바꿨다. 벽식 구조는 훨씬 싸고 빠르고 쉽게 만들 수 있지만, 라멘구조보다 층간소음에 더 취약하다(이현수, 2006).

시간이 지나면서 아파트에 대한 선호가 증가하고, 지역과 아파트에 따라 주민들의 사회적 계층이 나뉘기 시작했다. 도시화와 아파트 건설 붐의 여파로 아파트는 부를 축적하는 중요한 상품이 되었다(이종원, 2010; 박해천, 2011). 정부 정책은 아파트의 양적 성장에 초점을 맞추었고, 기업들이 아파트 건설에 앞서 분양을 할 수 있도록 허용해 투기성 아파트 시장이 생겨났다(박해천, 2011). 아파트는 계층을 구별 짓는 공간이 되었고(손낙구, 2008), 획일적인 아파트 문화를 구축했다(전상인, 2007). 아파트는 단순한 생활공간을 넘어 가계의 가장 중요한 자산이자 계급과 지위의 상징이 되었다(박해천, 2011). 아파트 단지가 공동 건축물임에도 불구하고, 사람들에게 강한 사적 소유감을 주었다. 이를테면, 아파트를 사유 자산으로 보는 사람들은 아파트에서 어떤 일이든 할 권리가 있다고 생각한다. 층간소음도 포함된다. 한편, 최근 점점 더 많은 사람이 더 나은 삶을 즐기기 위해 품질이 좋은 주택을 선호하게 되면서 층간소음은 주택의 질을 평가하는 중요한 요소가 되었다.

층간소음 갈등은 아파트 내 주민 공동체의 부재와 밀접한 관련이 있다. 아래층과 위층 주민들이 서로 친분이 없을 때 층간소음 갈등이 더 자주 발생하고 심각해질 수 있다. 이웃과의 친분이 사라지면서 이웃의 감정과 상황을 잘 모르기 때문에 층간소음 갈등이 악화된다. 내가 면담한 여러 정부 공무원과 시민단체 관계자들은 아파트 내 이웃 공동체의 상실이 최근 층간소음 갈등을 악화시키는 주요 요인이라고 말했다. 재개발·도시화 등으로 주민 정착률이 낮아지고, 이웃 간 소통이 적어지면서 결국 공동체가 약화된다.

아파트 단지에서 사람들은 개인화되고 점점 더 고립되고 있다. 1인 가구도 계속해서 증가하고 있다. 이웃들이 아파트 블록으로 떨어져 있고 상호 교류할 기회가 거의 없으므로 〈YMCA〉의 한 간사는 아파트 문화를 "칸막이의 문화"라고 말했다. 이러한 문화는 지난 20~30년 동안 고착됐으며, 최근 층간소음 갈등에서 잘 드러난다. 은평구 마을공동체사업 기획자에 따르면, 많은 사람이 한 건물에 살고 있지만, 공동체 모임이 잘 활성화되지 않는다. 어떤 사람들은 오히려 이웃과 알게 되고 친해지는 것을 불편해한다. 이웃과의 소통과 보살핌이 부족해지면서 심각한 이웃 갈등이 발생한다. 이 문화는 단지 아파트 자체의 문제일 뿐만 아니라 가족과 학교를 포함한 우리 사회 전체의 문제라고 그 기획자는 말했다. 사람들이 점점 더 냉혹해지고 성공에 몰두하는 반면 다른 사람들에 대한 배려심이 갈수록 부족해지고 있다.

일부 공무원과 아파트 관리소장은 이웃 공동체의 소멸은 반상회 모임이 사라진 것과도 어느 정도 관련 있다고 말했다. 필자가 어렸을 적에는 반상회 모임이 매달 열렸다. 반상회는 1976년 박정희 정부(1963~1979)에 의해 처음 설립되었으며, 1980년대에 전국적으로 존재했다. 1993년부터 자율적으로 운영된 후 주민 참여가 낮아지면서 서서히 사라졌다. 물론 반상회가 이웃 공동체의 형성에 기여했을지는 모르지만, 박정희 정부나 전두환 정부(1980~1988)와 같은 권위주의 정부들은 주민들을 통제하고 동원하는 데 반상회를 이용했다(김환표, 2011).

요즘 세입자들은 수년마다 집을 임대하고 이사를 해야 한다. 세입자들이 끊임없이 집을 옮겨 다니는 것을 "도시 유목주의"(Lee, 1997 : 90)라 일컫는다. 결국 몇 년 후 다른 동네로 이사할 것을 예상하기 때문에 이웃과 관계를 맺을 필요가 없다고 생각하는 세입자들도 있다. 도시 유목주의는 아파트 내 이웃 공동체를 감소시킨다는 점에서 층간소음 갈등의 한 원인이 될수 있다.

기술관료주의 거버넌스와 소리 시민권

기술관료주의 거버넌스란 음향 전문가의 전문성이 층간소음 기준을 만드는 데 핵심적 역할을 하는 통치 체제를 말한다. 여기서 소리 시민권을 구성하는 지식은 수인한도이며, 이것은 소음과 진동공학을 활용한 청감 실험으로 만들어진다. 수인한도는 환경오염 및 소음 관련 환경권 침해를 의미하는 수치다. 사회 공동체 생활을 영위할 때 정상적인 인간이라면 당연히 감수해야 할 인내의 한도를 의미한다. 공동체 생활에서 다른 사람들에게 아무런 피해를 주지 않고 사는 방법은 거의 없다. 그러므로 이 피해가 있다고 해서 법적 규제의 대상이 되는 건 아니다. 소음의 수치가 수인한도를 초과했을 때만 법적 조치가 취해진다. 소음진동관리법(2014년)은 아파트 층간소음뿐 아니라 공장, 교통, 건설, 항공기, 휴대용 확성기 소음 등 다양한 소음에 대한 수인한도를 설정하고 있다.

정상적인 주민 그리고 정상적인 아파트 생활과 같은 정상성 개념은 수인한도의 개념으로부터 나온다. 〈주거문화개선연구소〉 차상곤 소장에 따르면 아래층 주민이 층간소음이 수인한도 이하임에도 불평하면 예민한 주민이 된다. 단, 수인한도 이상의 소음에 대해 위층 주민에게 소음 피해 보상을 요구할 권리가 있다. 이런 관점에서 수인한도는 '정상적인 청각'을 가진 주민과 '예민한 주민'을 나눈다. 한 음향 전문가에 따르면 수인한도는 "보편적인 청취력"의 관점에서 인내의 적절성을 측정하기 위한 것이다. 또 다른 음향 전문가도 소음법이 보편적인 청력을 가진 사람들을 위해 만들어졌으며, 이는 아파트에서 일상의 걸음에서 나오는 소음에 기초하고 있다고 설명했다. 소음법의 수인한도는 특별한 청취와 보편적인 청취를, 혹은 예민한 청취와 정상적인 청취를 구분하게 된다. 〈중앙환경분쟁조정위원회〉의 담당 공무원은 수인한도의 개념을 나이가 많이 든 사람이나 소음에 취약한 사람이 아닌 건강한 청력을 가진 보통 사람이 느끼는 소음 정도라고 주장했다. 환경부 공무원은 소음에 민감한 주민의 사례로 산후우울증을 앓은 여성의 이야기를 들려주었다. 위층 아이들이 뛰어다녀 발생한 층간소음을 줄이기 위해 방음 패드를 2단으로 설치했는데도 불구하고, 이 여성은 층간소음에 대한 고충을 토로했다고 한다. 결국 이 여성의 고충이 수인한도를 초과하지 못했기에 그녀는 예민한 사람으로 취급된다. 이처럼 예민한 주민과 보통 주민의 개념은 수인한도를 통해 소리에 의해 만들어진다. 이것은 푸코가 언급한 '정상성'의 개념과도 부합한다.

나아가, 수인한도는 정상적인 아파트 생활과 비정상적인 아파트 생활을 구분한다. 〈중앙환경분쟁조정위원회〉의 한 공무원은 수인한도에 대한 정부의 접근은 아파트에서 정상적으로 발생하는 소음을 보호하는 동시에 비정상적인 활동을 금지하는 것이라고 말했다. 환경부 담당 공무원도 개정된 수인한도와 보상기준은 정상적인 생활 과정에 대해서는 보상책임을 요구하지는 않으며, 대신 아이들이 뛰어놀거나, 어른이 발뒤꿈치로 쿵 소리를 내며 걷거나, 고의적인 소음을 내는 것과 같은 비정상적인 행동에 대해서만 책임을 진다고 말했다. 이처럼 층간소음 담론에서 정상성과 비정상성이 구분된다.

정상성과 비정상성의 구분은 층간소음 기준으로부터 비롯된다. 이 기준은 정상적인 아파트 생활을 즐길 수 있는 보통 주민으로서의 소리 시민권을 만든다. 또한 이 기준은 층간소음 저감 의무뿐만 아니라 층간소음을 낼 수 있는 권리도 포함한다. 환경부 공무원은 층간소음 기준이 만들어지기 전에는 무조건 위층 사람들이 층간소음에 책임이 있는 것으로 판단했다고 한다. 위층 사람들이 아래층 사람들에게 무조건 사과해야 했다. 하지만 층간소음 기준은 수인한도의 범위 내에서 층간소음을 낼 수 있는 권리를 위층 사람들에게도 제공한다고 말했다. 이러한 관점에서, 소리 시민권은 층간소음을 줄일 의무가 있을 뿐만 아니라 층간소음을 낼 수 있는 권리도 가진 정상적인 청취자의 지위로도 정의할 수 있다.

	연도	정부 기관	1분 평균 등가 소음도 (Leq)		최고 소음도(Lmax)	
			주간	야간	주간	야간
중앙환경분쟁 조정위원회 층간소음 기준	2013	중앙환경 분쟁조정 위원회	40dB(A)	35dB(A)	55dB(A)	50dB(A)
국토부-환경 부 공동주택 층간소음 기준	2014	국토부 & 환경부	43dB(A)	38dB(A)	57dB(A)	52dB(A)

표 3-1. 수인한도[9]

〈표 3-1〉에서 보는 바와 같이 두 정부 기관은 층간소음에 대해 서로 다른 수인한도를 설정했다.[10] 〈중앙환경분쟁조정위

---

9. 1분 등가 소음도는 1분 동안 발생한 변동 소음을 정상 소음의 에너지로 환산한 값이며, 최고 소음도는 충격음이 최대로 발생한 소음을 측정해 얻는 값이다. dB(A)는 사람의 귀가 민감하게 반응하는 4kHz 대역에 가중치를 많이 주어 음압레벨(데시벨)을 보정한 수치를 의미한다.
10. 이것은 공장 소음보다 엄격하다. 소음·진동관리법에 따르면 공장 소음은 55dB(A)(주간), 45dB(A)(야간)이다.

원회)의 충간소음 기준(이하 조정위 기준)은 국토교통부와 환경부가 정한 충간소음 공동기준(이하 공동기준)보다 엄격하다. 조정위 기준에서 주간 Leq(1분 등가 소음 수준)를 고려할 때 40dB(A) 미만의 충간소음으로 인해 불편함을 토로하는 사람은 예민한 주민으로 간주할 수 있다. 사람들의 예민함은 이 기준에 따라 과학적으로 결정된다. 즉 소음과 시민권은 공동으로 구성된다. 소리 시민권은 수인한도와 관련되어 있으며 소리 인식론에 배태되어 있다.

충간소음 평가실험

수인한도는 충간소음 평가실험으로 만들어진다. 아파트 충간소음을 측정하기 위한 과정은 다음과 같다. 첫째, 소음원을 기록한다. 소음에는 실 소음과 재현 소음이 있다. 실 소음은 실제 소음이 발생하는 아파트에 가서 위층 주민이 인지하지 못하는 상태에서 소음을 측정한다. 재현 소음은 위층에서 성인이나 어린이가 여러 가지 소음 유발 동작을 인위적으로 하고 아래층에서 소음을 측정한다. 소음을 내는 기계들[11]을 사용할 수 있으나 이 기계 소음은 실 소음과 상당히 달라서 수인한도를 설정하는 데 사용되지 않으며, 주로 아파트의 방음을 평가하는

---

11. 중량충격음을 측정하는 데는 뱅머신(bang machine)이 사용되고, 경량충격음에는 태핑머신(tapping machine)이 사용된다.

데 사용된다. 둘째, 더 다양한 소음을 만들기 위해 녹음된 소음의 진폭과 패턴을 조작한다. 셋째, 청감 실험으로 층간소음의 강도, 성가심 및 시끄러움을 사람들이 어떻게 인지하는지를 측정한다.

층간소음에 대한 조정위 기준과 공동기준은 서로 다른 과정을 통해 수인한도를 설정했다. 조정위 기준은 실제 층간소음 갈등이 있는 아파트에서 발생하는 실 소음을 측정했다. 이 기준을 개발한 음향 전문가에 따르면 위층 주민들이 아래층에서 이루어지는 소음 측정을 인식하지 못하는 점을 고려해 온종일 3곳에서 실제 소음을 녹음했다. 그러나 청감 실험 없이 이 전문가의 판단에 따라 소음 기준을 만들었다. 그는 〈국제표준기구〉IOC와 〈세계보건기구〉의 실내 소음 가이드라인 등 외국 기준과 기존의 청감 실험 논문을 참고하여 수인한도를 만들었다.[12]

반면, 국토부와 환경부의 공동기준은 실 소음을 사용하지 않고 재현 소음을 사용했다. 또한, 공동기준은 청감 실험을 했다(양관섭 외, 2013:69). 〈한국건설기술연구원〉이 실시한 층간소음 평가실험은 다음과 같다. 아래 내용은 〈한국건설기술연구

---

12. 조정위 기준의 경우 전문가 자신의 판단을 통해 소음 기준을 결정했다는 점에서 기술관료주의의 특성을 갖는다. 공동기준은 시민들이 참여했다는 점에서 약간 다르다. 하지만 시민들이 실험대상으로 참여한 것이지 거버넌스의 주체로 참여하지는 않았다는 점에서 이 또한 기술관료주의적 접근에 기초한다고 볼 수 있다.

원〉 보고서(같은 책)와 음향 전문가와의 인터뷰 내용을 바탕으로 작성되었다.

애초 〈한국건설기술연구원〉은 점프, 뛰기, 뒤꿈치 걷기, 공 떨어뜨리기, 의자 끌기 등 여러 가지 동작을 활용하여 재현 소음을 만들었다(〈그림 3-1〉 참조). 이 실험에는 몸무게가 23kg인 소년과 28kg인 소녀, 그리고 성인 두 명이 참여했다. 아이들은 30cm와 50cm의 높이에서 뛰어내렸다. 농구공과 골프공은 30cm, 50cm, 70cm 높이에서 떨어뜨렸다. 아이들이 1분 동안 뛰기도 했다. 〈그림 3-2〉와 같이, 위층에서 재현 소음을 틀어놓고, 아래층에서 전문가들이 층을 통해 전달된 음향을 기록했다. 이 실험에는 마이크, 주파수 분석기 및 컴퓨터가 사용되었다. 실 소음이 인공 소음보다 불규칙하고 다양하므로 음향 전문가는 녹음된 재현 소음을 다양한 주파수와 진폭(30dB(A)~50dB(A))의 소리로 변조했다. 소리의 패턴은 사람들이 소음을 쉽게 인식할 수 없을 정도로 불규칙하게 만들었다. 마지막으로 청감 실험을 위해 특정 패턴의 소리를 선택했다.

소리 시민권은 청감 실험을 통해 층간소음과 함께 만들어진다. 이 실험은 결국 '예민한 주민'과 '정상적인 주민'을 구별하게 된다. 이 실험에서 정상적인 청력을 가진 것으로 간주되는 일반인이 녹음된 소음의 강도loudness, 성가심annoyance, 시끄러움noisiness의 정도를 측정한다. 〈한국건설기술연구원〉은 무향실anechoic chamber에서 청감 실험을 했다. 실험에는 〈한국건설

그림 3-1. 소음재현실험 (양관섭 외, 2013 : 29~31). 뛰기, 농구공 떨어뜨리기, 의자 끌기, 걷기, 점프, 뒤꿈치 걷기 (왼쪽 위부터 시계 방향으로)

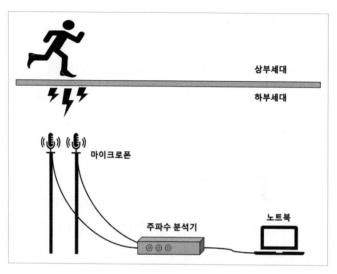

그림 3-2. 소음 측정 실험 (양관섭 외, 2013의 그림 3.14.를 수정하여 인용함)

기술연구원)에서 근무하는 20~40세 성인 여성 30명이 참여
했다. 그들을 보편적인, 정상적인 청각 능력을 지닌 일반 시민
으로 간주했다. 이들을 고용할 때 정상적 청력의 수준을 측정
하기 위한 세부 테스트는 시행하지 않았으며 단순히 그들의
나이로 청력 수준을 가늠했다. 이런 의미에서 청감 실험은 '보
편적 청력을 가진 정상 시민'의 개념을 생산한다. 이 테스트를
통해 정상적 주민과 예민한 주민, 그리고 정상적인 아파트 생
활과 비정상적인 생활이 구분된다. 소리 시민권은 이렇게 탄
생한다.

협력적 거버넌스와 소리 시민권

정부 층간소음 기준은 보상기준이지 해결책이 아니기 때문에 중앙정부와 지방자치단체는 아파트 주민들의 자발적인 노력을 지원해 왔다. 〈표 3-2〉와 같이 아파트 주민의 자율 협약은 시민단체와 아파트 주민이 핵심적인 역할을 하고 공무원이 뒤에서 지원하는 협력적 거버넌스의 산물이다(Ansell & Gash, 2007). 여기서 시민단체는 중재자 또는 촉진자의 역할을 한다. 이 자율 협약을 통해 층간소음과 소리 시민권이 만들어진다. 다음은 서울과 대구에 있는 두 아파트의 자율 협약 프로젝트를 분석한 사례들이다. 먼저 대구 녹원 맨션 사업은 국내 최초 층간소음 주민 자율 협약 사례다. 둘째, 은평구 제각말 5단지 사업은 서

	정부의 층간소음 기준	주민 자율 협약
거버넌스 방식	기술관료주의	협력적 거버넌스
주요 행위자	공무원, 전문가	공무원, 주민, 시민단체
사회통제의 유형	과학적, 계량적 통제	질적인 통제
시간적 통제	주간/야간으로 구분하여 통제	소음이 발생하는 세부적인 시간대 제시
소리 시민권	정상성에 대한 정량적 평가에 기초	정상성에 대한 정성적 평가에 기초

표 3-2. 정부 층간소음 기준과 주민 자율 협약의 비교

울시에서 이 협약을 맺은 첫 사례다.

대구 녹원 맨션 프로젝트

대구의 녹원 맨션 아파트는 2012년 자율 협약을 시행했을 당시 23년 된 아파트였다. 일반적으로 맨션은 일반 아파트 단지보다 저렴한 공동주택을 의미한다. 하지만 대구시 공무원과 아파트 관리소장에 따르면, 주민들 대부분은 중산층에 속한다고 한다. 자율 협약이 도입되기 전에는 이 맨션에서 월 5회 정도 층간소음 관련 갈등이 있었으나 협약 이후 2013년 월 1건, 2014년 0건으로 갈등이 줄었다고 대구시 공무원은 이야기했다.

녹원 맨션 아파트 관리소장은 2010년부터 2013년까지 층간 소음 갈등을 여러 차례 중재했다고 말했다. 예를 들어, 피아노 소음을 둘러싸고 층간 갈등이 발생한 적이 있었다. 저녁 8시 이후 5시간 동안 위층 피아노 소리가 나자 아래층 주민이 불평했다. 토요일 오전 9시 전에 피아노가 연주된 적도 있고 아이들이 여러 번 뛰어서 잠을 못 잘 정도였다고 한다. 그래서 큰 싸움이 났다. 그런데 이후, 아래층 주민의 딸이 오후 3시경 20분 정도 피아노를 치자, 바로 위층에서 경비실을 통해 피아노 소리를 낮추어달라는 연락이 왔다. 밤 혹은 새벽에 피아노 치는 것과 낮에 잠시 연주하는 것을 어떻게 비교할 수 있냐며 아래층 주민은 어처구니없어했다. 이처럼 층간소음 담론은 소음 유형과 시간으로 특징지어진다. 정부의 층간소음 기준은 데시벨 단위로 계량적으로 만들어졌고, 그 수치에 따라 소리 시민권이 형성되었지만, 자율 협약의 소음 기준은 질적이다. 여기서 소리 시민권은 특정 유형의 층간소음에 대한 시간제한과 관련한다.

2012년 대구시와 녹원 맨션 관리사무소는 주민 자율 협약을 만들기 위한 프로젝트를 착수했다. 2012년 7월 12일부터 9월 11일까지 대구시의 지원을 받았으며, 〈주거문화개선연구소〉라는 단체가 이 프로젝트를 주관했다. 2007년에 설립된 이 단체는 주로 층간소음 갈등을 해결하기 위한 소음평가 전문 민간 기관이다. 이 단체는 자율 협약을 도출하기 위한 표준화된 프로세스를 가지고 있다. 2012년 7월 12일 첫 번째 설명회를 개최하고 층간소음에 대한 기본 정보를 주민들에게 제공했다. 2012년 7월 12일부터 7월 21일까지 주민들에게 층간소음 유형과 이를 감소시키기 위한 생활수칙과 관련된 공개 설문 조사를 시행했다. 설문지는 〈주거문화개선연구소〉에서 만들었다.

이 연구소는 2012년 8월 22일 열린 〈층간소음분쟁조정위원회〉 회의에서 층간소음을 줄이기 위한 생활수칙을 제안하고, 주민 대표들과 논의했다. 2012년 9월 11일 두 번째 주민설명회에서 층간소음을 줄이기 위한 자율 협약으로 생활수칙을 공표했다. 이 수칙은 〈표 3-3〉과 같이 '허가,' '금지' 및 '자제'와 같은 단어를 사용했다. 녹원 맨션 입주자대표로 구성된 〈층간소음분쟁조정위원회〉가 이 수칙을 승인했지만 모든 주민의 동의를 구하지는 않았다. 관리소장에 따르면, 이 위원회의 일부 주민들은 대부분 동의했지만, 이 규약의 강제적 표현에 대해 걱정하는 사람도 있었다.

층간소음 유형	생활수칙
세탁, 청소	월~토요일 오전 8시 ~ 오후 10시만 가능
피아노 등 악기 연주	오후 10시 ~ 다음 날 오전 6시 금지
문을 세게 닫거나 아이들이 뛰는 행위	낮 12시 ~ 오후 5시, 오후 10시 ~ 다음 날 오전 6시 자제
TV, 라디오 소음	오후 10시 ~ 다음 날 오전 6시 자제
운동기구 사용	오후 10시 ~ 다음 날 오전 6시 금지
샤워, 배수	자정 ~ 다음 날 오전 6시 자제
애완동물 소음	오후 10시 ~ 다음 날 오전 6시 자제

표 3-3. 대구 녹원 맨션 자율 협약 생활수칙

연구소의 조사 설문지는 '정상적인 소리'와 '비정상적인 층간소음'을 구분하는 데 중요한 역할을 한다. 녹원 맨션 사업의 조사 설문지는 7개 문항으로 구성됐다. 그중에는 층간소음 유형과 시간이 있다. 층간소음 유형은 〈주거문화개선연구소〉가 만든 것으로, 성인 보행, 어린이 달리기, 가구 끌기, 에어컨 소음이 포함되었다. 정부의 층간소음 기준과는 달리 데시벨 단위로 설정되지 않고 〈표 3-3〉처럼 층간소음의 특정 유형과 시간에 따

라 정의된다. 이 자율 협약에 따라 층간소음의 '정상성'과 '비정
상성'이 구분된다. 〈표 3-3〉의 수칙에서 허용된 시간을 벗어난
소리는 층간소음이 된다.

정부의 층간소음 기준과 마찬가지로 자율 협약의 생활수칙
도 보통 주민과 예민한 주민을 구분한다. 주민이 이 수칙을 준
수하면 정상적인 시민이 된다. 그러나 위층 주민들이 이 수칙을
준수하더라도 일부 아래층 주민들이 여전히 고통을 토로할 수
있다. 이러한 주민들은 예민한 청취자로 간주된다. 예를 들어,
한 아파트 주민에 따르면, 오랫동안 층간소음에 노출되었기 때
문에 낮은 소음에도 매우 민감하게 반응하는 주민들이 있었다.
아파트 관리소장은 이러한 민감함은 보통 주민들과 구별된다
고 말했다.

저희들 단지에도 한 두 분 세 분 정도(예민한 분들이) 있으세
요. 그러면 제가 그 위에 분들한테 (이야기) 해요. 보통 사람들
은 이게 저 다 수용이 되는 거지만, 사람마다 다 개별적인 성향
이 있기 때문에 특별히 그러니까 어떻게 합니까? 그 이것도 만
난 게 인연인데 조금 더 주의해 주십시오(라고 합니다).

여기서 중요한 것은 이 자율 협약으로 일반 주민과 예민한
주민들 간의 경계가 만들어지고, 그 결과 소리 시민권이 형성된
다는 점이다. 〈표 3-3〉에서 보듯 층간소음 유형과 나란히 아파

트 생활수칙이 있다. 이 수칙은 소음을 줄여야 하는 의무와 권리에 대한 것이다. 결국 소리 시민권이 층간소음과 함께 공동 생산된다.

서울 제각말 아파트 프로젝트

제각말 아파트 5단지는 서울시 은평구에 있는 아파트 단지다. 서울시는 아파트 단지 내 지역 공동체 활동을 활성화하기 위한 계획의 하나로 층간소음 관련 주민 자율 협약을 추진했다. 당시 제각말 아파트의 자율 협약은 서울시의 시범사업이었다. 서울시는 이 협약을 마을공동체 활동과 연계시키려 했고, 층간소음 저감을 위한 자율 협약을 맺은 아파트에 인센티브를 제공할 계획이었다. 마을공동체 사업은 오세훈 그리고 박원순 전임 시장의 가장 중요한 사업 중 하나였다. 서울시 각 구에는 주민들이 자발적으로 마을공동체 사업을 추진할 수 있도록 돕는 공동체 기획자가 있었다. 서울시는 이 사업의 선정기준으로 우수한 마을공동체의 존재 여부를 중요시했다. 다시 말하면 제각말 아파트 단지가 이 프로젝트를 수행한 이유는 심각한 층간소음 갈등 때문이 아니라 오히려 마을공동체 활동이 잘 이루어지고 있었기 때문이다. 이 점은 대구 녹원 맨션 사례와 어느 정도 대비되는 점이라고 할 수 있다.

2013년 3월 30일, 서울시는 시민단체인 〈YMCA〉의 〈이웃분쟁조정센터〉와 첫 회의를 했다.[13] 거의 6개월 동안 〈YMCA〉

직원들은 층간소음 갈등을 포함한 다양한 이웃 갈등을 처리했다. 이 사업의 목적은 주민의 자발적 참여를 통한 마을공동체를 형성하는 것이었다. 이 프로젝트를 주도했던 〈YMCA〉 간사는 대중의 참여와 숙의가 이 프로젝트에 필수적이라고 강조했다. 40대 중반에서 50대 중반 나이의 십여 명의 주민들이 층간소음 관련 회의에 자발적으로 참석하여 합의했다.

녹원 맨션 사업과 제각말 아파트 사업을 비교하면서 서울시 한 고위 공무원은 녹원 맨션 프로젝트가 '기계적'이고 전통적(관료주의적)인 거버넌스를 반영한다고 주장했다. 즉, 지역사회의 참여와 공동체 활동이 부족했다는 말이다. 이와 대조적으로, 전통적인 거버넌스 관점에서 제각말 프로젝트는 부자연스럽게 보일 수 있다고 그녀는 말했다. 이 프로젝트는 공동체 의식을 배양하는 "주민 자율조정 모델"에 기초했다. 〈YMCA〉는 아파트 주민들의 숙의와 토론을 장려했다. 6개월에 걸친 일련의 주민 모임, 워크숍, 친목 모임, 교육 활동을 통해 주민들은 2013년 8월 26일 자율 협약을 만들었다.

대구 녹원 맨션 사업과는 대조적으로 제각말 아파트 주민들이 직접 설문지와 자율 협약을 만들었다. 설문 조사에는 층간소음 유형, 층간소음 갈등에 대한 주민의 태도와 대응, 마을

---

13. 〈YMCA〉는 오랫동안 이웃 간의 분쟁, 소비자 분쟁, 개인과 국가 간의 갈등을 다루어왔다. 이 조직은 2013년 층간소음 관련 살인사건 이후 이 갈등에 관심을 두기 시작했다.

공동체 활동과 자발적 중재를 통한 갈등 해결 방안 등 더 자세한 질문이 포함됐다. 다만, 녹원 맨션 사업과는 대조적으로 설문 조사에 층간소음이 발생하는 시간은 포함되지 않고 추후 자율 협약에 삽입되었다. 자율 협약은 "이웃 사랑해"라고 불리는 〈주민자율조정위원회〉에서 회의와 숙의를 통해 이루어졌다. 자율 협약의 문구에서 문제가 있는 또는 부정적인 언어는 최대한 변경 또는 삭제했다. 최종적으로 이 자율 협약은 주민 80%의 동의를 받았다.

제각말 프로젝트의 교육 프로그램은 주민들이 갈등관리의 전문성을 가질 수 있도록 교육했다. 주민들은 소망 나무 워크숍을 열고 평화로운 마을공동체 건설을 위한 아이디어를 종이에 적고 소망 나무에 붙였다. 일 년이 지난 후에도 이 위원회와 〈YMCA〉는 자율적 갈등관리를 위한 월별 교육 프로그램을 운영했다. 2014년 7월 15일 나는 이 프로그램에 직접 참석했다(〈그림 3-3〉 참조). 당시 〈YMCA〉 관계자들의 강연과 함께 층간소음 갈등을 중재하는 주민들의 역할극이 이어졌다.

이를 종합하면 제각말 사업은 대구 녹원 맨션 사업보다 훨씬 더 협력적 거버넌스의 요소가 강했다. 두 사업의 차이점은 어윈(Irwin, 2001)의 과학적 시민권을 시사한다. 즉, 녹원 맨션의 주민들은 전문가 설문지에 반응하는 시민reactive citizen이었고, 제각말 아파트 주민들은 직접 설문지를 만드는 등 능동적인 시민active citizen이었다. 그러나 소리 시민권에 관한 나의 접근은 어

그림 3-3. 제각말 아파트 층간소음 주민자율조정위원 심화교육

원처럼 숙의민주주의의 정도를 평가하는 것은 아니었다. 대신, 이 거버넌스 체제가 어떤 소리 지식을 생산하는지, 그리고 이 지식이 어떻게 소리 시민권을 만드는지 분석했다.

이제 제각말 프로젝트에서 나타난 층간소음과 소리 시민권의 공동생산에 관해 이야기해 보겠다. 녹원 맨션 사업과 마찬가지로 이 아파트에서도 아파트 공동주택 생활규약을 통해 소음과 시민권의 공동생산이 이루어졌다. 이 자율 협약에서는 층간소음을 아래와 같은 유형으로 구분했다. 층간소음은 유형에 따라 지정되지만, 소음 강도에 대한 제약은 없다.

· 거실, 방 등에서 아이들이 뛰거나 뛰어내리는 소리.

· 침대, 책상, 의자 등 각종 기구 이동할 때 바닥을 끄는 소리.

· 문을 강하게 닫거나 집기 등을 던지는 소리.

· 음향기기(TV, 라디오, 오디오 등), 생활기기(세탁기, 청소기 등), 운동기기(러닝머신, 골프 연습기, 헬스 기구, 줄넘기, 각종 공놀이 등), 의료보조기기(안마기 등), 악기(피아노, 기타, 바이올린 등) 등에서 발생하는 소리.

· 고성방가 및 지나치게 큰 소리로 대화하는 소리.

· 세대 내에서 사육하는 애완동물 등이 짖거나, 벽, 바닥을 긁는 소리.

· 기타 인접한 주변 세대에 피해를 준다고 관련 규정에서 인정되는 소리 등.

소리 시민권은 층간소음을 줄이기 위해 특정 행동을 제한하는 생활수칙을 통해 만들어진다. 제각말 아파트 자율 협약은 쾌적하고 편안한 주거환경 조성을 위해 주민에게 오후 10시부터 오전 6시 사이에 층간소음을 줄일 것을 요구하고 있다. 자율협약에는 층간소음을 줄이기 위한 다음과 같은 생활 규칙을 가지고 있었다.

· 거실과 방 등에서 아이들이 지나치게 뛰거나 높은 곳에서 뛰어내리지 않도록 지도한다.

· 발걸음 소리 등이 울리거나 크게 들릴 경우 소음방지전용 슬

리퍼, 소음방지 전용 양말 등을 착용하거나, 소음방지용 매트 등을 설치한다.

· 의자, 책상 등 가구 이동 시 소음방지용 캡 또는 패드 등을 붙이거나 관리 직원에게 도움을 요청한다.

문을 부드럽게 여닫도록 하며, 무거운 집기 등을 집어 던지지 않는다.

· 세탁기나 청소기 사용, 골프 연습 등 운동기 사용은 야간(오후 10:00~06:00) 사용을 자제한다.

· 음향기기, 생활기기, 운동기기, 의료보조기기, 악기 등은 지나치게 큰 소음이 발생하지 않도록 하며, 늦은 밤이나 새벽 시간에는 특별히 자제토록 한다.

· 청소기 사용은 오후 9시부터 오전 8시까지는 사용을 자제한다.

· 큰 소리로 고함을 지르거나 지나치게 큰 목소리로 떠들지 않는다.

이처럼 자율 협약에는 층간소음을 줄이기 위한 주민들의 의무가 들어가 있고 이것은 소리 시민권을 구성하는 요소가 된다. 자율 협약을 통해 주민들의 감각이 규율되면서 시민권이 만들어진다.

녹원 맨션 사업과 마찬가지로 제각말 아파트 사업의 자율 협약은 예민한 주민과 보통 주민을 구분한다. 위층 사람들이 자율 협약에 규정된 아파트 생활수칙을 지키는데도 불구하고 아래층에서 불만을 토로하는 이웃들이 있을 수 있다. 이 경우 아래층 사람들을 보통 사람들과는 다른 예민한 주민으로 간주한다. 제각말 아파트 관리소장은 위층 주민이 자율 협약을 준수하는데도 계속 불만을 품으면 아래층 주민이 "신체적인 어떤 문제를 가지고" 있거나, 정신적으로 "예민하다든지" 혹은 "보통의 평상인보다 조금 더 민감해"할 수 있다고 말했다. 결국, 자율 협약은 정상 주민과 비정상 주민의 경계를 만든다. 이러한 경계를 통해 소리 시민권이 탄생한다.

마무리

충간소음 갈등은 한국 아파트의 공동체 문화와 밀접한 관계가 있다. 물론 충간소음에 취약한 아파트의 구조적 특성도 한몫한다. 충간소음 갈등은 아파트의 증가와 함께 이웃 공동체의 문화가 사라지면서 나타난 결과다. 급속한 산업발전과 더불어 추진된 도시화로 사람들이 도시로 이주하면서, 많은 사람이 아파트에 살게 되었다. 아파트 주민들은 이웃을 잘 알지 못하고 또한 알고 싶어 하지도 않는다. 그럴 때 사람들은 충간소음에 더욱더 민감하게 된다. 아파트 주민들 간의 소통 부재는 충간소음 갈등을 심화시켜 왔다.

충간소음 갈등을 해결하기 위해 사회가 주민들의 소리와 청각을 규율할 때 시민의 권리와 의무, 즉 시민권이 만들어진다. 아파트 층간소음 갈등을 해결하기 위한 거버넌스를 통해 층간소음이 정의되고 구성된다. 동시에 정상적인 청취자로서의 소리 시민권이 만들어진다. 어떤 소리가 층간소음이 될 때 감각 권력과 정치가 작동한다. 아파트에서 발생하는 정상적인 소리를 참지 못하는 아파트 주민들은 비정상적인 청취자로 간주된다. 반면 정상적인 청취자가 특정 수준의 소리를 견딜 수 없는 경우이 소리는 층간소음이 된다. 소음을 줄이는 의무 또는 소음을 낼 수 있는 권리는 정상적인 소리와 층간소음을 구별함으로써 만들어진다. 소리는 정상성의 척도로서 예민한 주민과 정상적인 주민들, 그리고 정상적인 생활과 비정상적인 아파트 생활을 구분한다. 이러한 과정을 통해 층간소음은 소리 시민권과 함께 공동으로 생산된다.

정상 청취자와 비정상 청취자의 경계는 층간소음 기준에서 비롯된다. 기술관료주의 거버넌스에서 이 기준은 청감 실험으로 설정된 수인한도에 의해 형성되고, 데시벨의 단위로 측정된다는 점에서 정량적이다. 이와는 대조적으로, 협력적 거버넌스에서 이 기준은 자율 협약을 통해 만들어졌으며, 층간소음의 특정 유형과 시간 제약을 규정한다는 측면에서 질적이다. 결과적으로, 정상적인 청취자로서 소리 시민이라는 개념은 정부의 소음정책과 아파트 관리규약에 따라 구성되었다. 앞으로 아파트 주민들이 이러한 기준에 따라 만들어진 정상적인 청취자와 비정상적인 청취자 간 경계를 당연하게 여긴다면 소리 시민권은 주민들 스스로 아파트 생활을 규율하는 "통치성"을 발현할 것이다(Foucault, 2011).

소리 시민권 개념은 충간소음 피해자 혹은 가해자를 옹호하는 개념이 아니다. 나아가 기술관료주의이든 협력적 거버넌스든 소리 시민권을 만든다는 점에서 이 개념은 충간소음 문제를 해결하기 위한 하나의 거버넌스를 선택하기 위한 것도 아니다. 단지 이 개념은 아파트 충간소음 갈등의 거버넌스에 하나의 성찰을 제공한다. 충간소음 문제를 해결하기 위해서 어떤 거버넌스를 택하든 간에 감각의 규율을 피할 수 없다. 정상과 비정상을 나누는 권력과 정치가 작동한다. 미셸 푸코가 이야기하듯 세상에 안전한 것은 없다.

아파트 충간소음 사례 외에도 사회가 소리를 규율하는 다양한 사례를 생각해 볼 수 있을 것이다. 예를 들어 7장에서 다루는 집회 소음이 하나의 예다. 정부는 소음 측정기를 통해 집회를 감시하고 통제한다. 집회 소음 기준을 중심으로 정부는 정상적 시위와 비정상적 시위를 구분한다. 정부의 집회 소음 기준을 초과하는 시위는 비정상적 시위가 되고, 이러한 시위를 벌이는 시위대는 시민으로서 집회의 권리가 박탈될 수 있다. 이처럼 사회가 소리를 규율하는 모든 사례에서 소리 시민권은 형성될 수 있다.

2부
감각과 사물로 읽는
에너지 전환

4장

풍수와 무속신앙
그리고 풍력발전 갈등

노인들은 풍력발전기를 일제가 민족의 정기를 막기 위해
명산에 박은 쇠말뚝과 같다고 말한다.
풍력발전에서 에너지 효율이 높은 바람은 풍수에서 흉풍이다.
세찬 바람에 풍력발전기가 기괴한 소리를 낼 때,
흉풍의 기억 속에서 귀신과 도깨비가 떠오른다.
소리는 바람의 존재를 드러낸다.

2016년 겨울, 차를 몰고 풍력발전단지를 찾아 전국을 한 바퀴 돌고 있었다. 대체로 육상 풍력발전단지는 사람들이 많이 살지 않는 시골 오지에 있었기에 찾아가는 길은 순탄치 않았다. 좁은 시골길을 무작정 거의 1시간 정도 운전해서 들어가기도 했다. 인터뷰 약속은 대부분 미리 잡지 못했지만, 나는 시골 출신이라 겨울철 농한기에 시골 사람들이 어디에 있는지 잘 알았다. 마을 동네회관을 무작정 찾아가 노인 한 분을 차에 모시고 이웃 마을로 안내받은 적도 있고, 시골 동네 작은 점포에 들어가 주인 할아버지와 오랫동안 이야기를 나누기도 했다. 그런데 인터뷰를 하면서 연구 방향은 완전히 바뀌었다. 당시 주요 논점은 풍력발전단지 건설과정에서 주민 참여와 경제적 보상이었다. 하지만 인터뷰를 진행하면서 전통신앙과 관련된 매우 흥미로운 이야기를 들었다. 시골 노인들이 풍력발전기를 보고 일제 쇠말뚝, 귀신, 또는 도깨비라고 하는 것이 아닌가? 강원도 평창에서 처음 들었을 때만 해도 그냥 흘려들었는데, 다른 지방에서도 비슷한 이야기가 들렸다. 어린 시절 시골에서 살 때 많이 들었던 풍수와 무속신앙의 이야기가 한국 고유의 풍력에너지 담론으로 다시 나타났다.

기후 변화와 에너지 위기의 우려로 풍력, 태양열, 조력 등 신재생에너지 관련 전 세계적 관심이 증가하고 에너지 전환이 추진되면서 최근 한국 농어촌에서도 풍력발전단지가 대규모로 건설되고 있다. 하지만 풍력발전단지 건설과정에서 지역 주민들과 심각한 갈등이 나타나고 있다. 왜 풍력에너지에 대한 대국민 지지도는 높은데 지역 주민들의 수용성은 낮은 것일까?[1] 풍력에너지에 대한 대국민 여론과 지역 수용성 간의 간극은 에너지전환 연구의 핵심적인 주제다. 이 간극에는 감각적, 사회 문화적, 제도적 요인이 있다(김은성, 2018).[2] 이 중에서도 이 글은 풍수 및 무속신앙과 같은 한국 전통신앙과 풍력단지에 대한 주민 인식에 주목한다.

내가 전통신앙에 관심을 가진 이유는 한국 농촌 사회의 인구 연령 분포에 있다. 통계청(2017)에 따르면 2016년 65세 이상 고령 인구 비중은 전국 평균 13.2%지만 농촌의 고령 인구는 40.3%다. 대부분의 육상 풍력발전단지는 인구가 적은 농촌 마을에 있는데, 이들 지역의 고령 인구 비중은 전체 농촌의 평균보다 훨씬 높다. 게다가 최근 여론조사는 주로 온라인으로 이루어지기에 시골 노인들의 의견은 거의 반영되지 않는다. 전화 설문 조사를 통해서도 그들의 의견을 조사하기 쉽지 않다. 이

---

1. 2017년도 온라인 대국민 조사에서, 93.2%의 사람들은 풍력발전기를 지지했으며, 72%의 사람들은 자신들의 주거지역에 풍력발전단지를 건설하는 것을 찬성했다. 그래서 이 수치는 풍력발전단지 관련 낮은 지역 수용성을 반영하지 못한다(김은성, 2018; 김은성 외, 2017).

2. 풍력발전단지의 지역 수용성은 크게 장소 및 "에너지 경관"과 같은 심미적, 감각적, 공간적 요인, 지역 주민들의 믿음과 가치 등 사회문화적 요인, 마지막으로 지역 주민들의 참여 및 경제적 보상과 관련된 제도적 요인을 들 수 있다(Apostol et al., 2017; Nadai & Horst, 2010; Bridge et al., 2013; Devine-Wright & Howes, 2010; Wolsink, 2007; Bidwell, 2013; Brinkman & Hirsh, 2017; Wustenhagen et al., 2007).

는 풍력발전기에 대한 대국민 여론과 지역 여론 사이의 괴리를 암시한다.

이 글은 한국 전통신앙인 풍수 사상과 도깨비 설화를 다룬다. 풍수는 일종의 에너지인 기※가 자연을 통해 흐르기 때문에 주택, 무덤, 도시의 지리적 위치와 공간구조가 인간의 행복과 운에 영향을 미친다는 사상이다(조인철, 2008). 풍수는 한국뿐만 아니라 중국과 일본에도 널리 퍼져 있다. 도깨비는 한국 고유의 민속 신화에 등장하는 전설적인 동물이다. 도깨비는 인간을 괴롭힐 수도 있지만, 사람들이 잘 대해 주면 인간에게 행운을 주기도 한다.

풍수와 무속신앙은 풍력발전기에 대한 지역 주민의 인식에 어떤 영향을 미치는가? 산과 바람에 대한 풍수적 해석은 풍력 찬성 담론과 어떻게 다른가? 풍력발전기의 소음과 불빛으로 인해 사람들은 어떤 무속적인 존재들을 상상하고, 그 이유는 무엇인가? 풍수는 산과 바람에 대한 독특한 해석에 바탕을 두고 있으며, 이 해석은 풍력발전기에 대한 우호적인 태도와 상충한다. 풍수적 관점에서 풍력발전기는 일제 강점기에 산의 정기를 차단하기 위해 한국 명산에 박았다고 알려진 쇠말뚝과 연결된다. 풍력발전기의 소음을 듣고 불빛을 보면서 마을의 노인들은 민간설화의 귀신과 도깨비를 떠올린다. 풍수와 무속신앙이 풍력에 대한 주민들의 인식에 미치는 영향은 주민들의 연령, 공동체의 유형, 지리적 위치에 따라 다르다. 이것이 이 글의 줄거리다.

풍력발전기가 설치된 산, 발전기 터빈을 통과하는 바람, 바람에 의해 발생하는 소리, 항공기 충돌을 방지하기 위해 설치된 경광등은 풍력발전기의 감각과 물질문화를 구성하는 핵심적 요소들이다. 풍력발전기의 물질문화는 감각적, 물질적 상호작용을 통해 전통신앙과 만난다. 풍수는 한국 고유의 전통적인 물질문화에 해당한다. 무속신앙과 감각은 감각과 종교에 대한 것으로 감각학의 고전적인 주제다(Schafer, 1977; Weiner, 2014). 증기 기관차의 굉음이 근대의 시작을 알린 것처럼 풍력발전기의 소음과 불빛은 화석연료 시대를 넘어 신재생에너지 시대의 감각 풍경을 시사한다.

풍수 사상과 도깨비 설화

풍수 사상은 수천 년 전 중국의 한족으로부터 유래하여 한국과 일본 등 동아시아 지역에 전승된 전통신앙이다(Yoon, 2006). 풍수는 문자 그대로 바람과 물을 의미하며, 서양에서는 지오멘시Geomancy로 번역된다(와타나베, 2010). 풍수를 동양 지리학으로 부르기도 한다. 풍수 사상은 생존의 위협이 되는 자연재난 특히 태풍과 홍수로부터 안전하고자 하는 옛날 사람들의 소망과 지혜로부터 나타났다. 옛날 사람들의 목숨을 앗아가는 가장 큰 재난은 풍수해. 옛날 사람들이 거센 바람과 비 그리고 추위를 피할 수 있는 곳을 찾으면서 풍수가 발전했다.

풍수 사상은 자연에 대한 독특한 동양적 세계관에 바탕을 두고 있다. 자연은 기로 불리는 에너지로 구성되어 있다. 바람과 물은 바로 기의 서로 다른 형상이며 본질은 같다. 물이 증발하여 구름이 되고, 구름의 이동에 따라 바람이 형성되고, 그 구름은 또 비가 되어 물로 돌아간다. 즉, 자연이란 기의 순환으로 만들어진다. 기에는 생기生氣와 살기殺氣가 있는데, 생기는 생명을 가져오고 행운을 주는 좋은 에너지이며, 살기는 이와 반대로 사람을 죽음에 이르게 하는 기운을 말한다(조인철, 2008 ; 이지형, 2014). 생기가 모이는 곳이 바로 명당이며, 이 명당에 조상들의 묘지를 쓰거나 주택을 건설하게 되면 복을 받아 인생이 잘 풀리고 운이 좋아진다.

풍수에서 명당은 소위 기가 흩어지지 않고 모여 있는 곳, 즉 장풍득수藏風得水의 장소를 의미한다. 장풍득수란 바람은 감추고 물은 얻는다는 뜻이다. 그래서 명당은 겨울의 차가운 북서 계절풍을 막을 수 있고 농경에 필요한 용수 공급이 쉬운 곳을 말한다. 이와 반대로 살기가 있는 곳을 흉터라고 부르며, 흉터에는 악귀들이 모이고, 이곳에 살게 되면 죽거나 다치거나 하는 불상사가 일어난다. 즉, 기의 흐름은 공간의 위치와 주변 환경의 구조에 따라 달라진다. 풍수 사상에서 살기는 "가옥의 보호벽의 벌어진 틈으로부터 생기는 냉풍, 북방에서 불어오는 냉기, 물을 등지고 있는 좋지 않은 하층 토양, 습기가 많은 땅, 괴어 있는 물, 직선으로 흐르는 하천, 직선으로 난 도로, 건물"에서 발생한다(와타나베, 2010 : 28). 직선은 부정적인 의미를 지니는데 직선 영역에는 기가 모일 수 없으며, 대조적으로 〈그림 4-1〉에서 보듯 꾸불꾸불한 곡선 영역은 기가 모일 수 있는 좋은 장소다.

풍수 사상에는 산과 바람에 대한 독특한 해석이 있다. 산

그림 4-1. 풍수 지도. ⓒ 한국명당보존연구회

은 정기가 서린 공간이다. 그래서 한국에서 산을 산맥 혹은 정맥이라고 부른다. 산의 줄기를 통해 기가 흐른다. 풍수에 따르면 기는 산의 정상에서부터 산의 능선을 따라 흐른다. 산을 '용'이라고 해석하고, 능선을 '용맥'이라고 부른다. 산의 능선은 용처럼 꾸불꾸불하다. 풍수학자들은 산을 '살아 있는 생명체'로 보고, 산의 변화와 움직임을 살펴본다(조인철, 2008 : 132). 용으로서 산이 생기가 충만한지 아니면, 죽어가는 상태인지를 살펴본다. 산의 성격을 이해하기 위해서는 산줄기가 어디서 왔는지를 먼저 살펴본다. 한반도에서 산의 근원은 백두산이다. 백두산의 정기가 백두대간을 타고 남쪽으로 내려온다. 산에서 기는 능선을 타고 내려오며 특정한 공간에 기가 모여 응축되게 되는데 이 장소를 혈穴이라 부른다. 이 혈 자리가 바로 명당이다. 여기에다 묘지를 만들거나, 건물을 짓고 살게 되면 후손들이 복을 받게 된다. 이 묘지 풍수는 소위 '동기 감응' 개념에 바탕을 두고 있는데, 이 개념은 조상과 후손의 기가 서로 연결되어 있다는 개념이다. 묘지 풍수는 한국에서 가장 발달했다.

풍수 사상에서 바람은 흉풍凶風과 길풍吉風으로 나뉜다. 길풍은 기를 모이게 하는 바람이다. 즉, 조용히 머물다 사라지는 바람을 의미한다. 양지바른 명당자리에는 세찬 바람이 불지 않고, 산들바람이 머물다 간다. 이 바람이 길풍이다. 반면, 흉풍은 살을 에듯 차고 매섭고 세찬 바람이다. 겨울철 북쪽에서 불어오는 북서 계절풍이 바로 흉풍이다. 북서 계절풍은 소위 삭풍으로 불리는데 늦은 가을부터 이른 봄에 걸쳐 한국으로 부는 바람으로 칼바람이라고도 불렀다(이지형, 2014 : 13~14). 옛날 시베리아로부터 불어오는 이 차가운 바람에 많은 사람이 얼어 죽었다. 난방이 잘 안 되는 가옥에 사는 사람들은 겨우내 추위에 벌벌 떨어야 했다. 살기 위해서는 바람을 막거나 바람이 적고 양지바른 곳을 찾아야 했다. 이것이 바로 풍수의 시작이다(이지형, 2014 : 13~14).

풍수는 유교, 불교뿐만 아니라 무속신앙과도 밀접하게 연결되어 있다(Yoon, 2006). 풍수적 관점에서 나쁜 기운은 샤머니즘에서는 귀신과 같은 두려운 존재로 형상화된다. 소위 흉터에서 귀신이 자주 나타난다. 도깨비는 신적인 존재이지만 귀신과는 다르다. 귀신은 사람이 죽어서 되나 도깨비는 빗자루, 나무 부지깽이, 짚신 등 농촌 생활과 결부된 물건들을 통해 형상화된 무속적 생물이다(김종대, 2004). 밤이 되면 이 물건들이 도깨비로 변하는데, 도깨비는 정체불명의 불과 함께 나타난다. 도깨비는 인간에게 두려운 존재이지만, 항상 인간에게 해로운 존재는 아니다. 인간이 도깨비를 어떻게 대하느냐에 따라 인간에게 좋은 행운을 주기도 하고 불운을 주기도 한다. 도깨비는 심술을 부리는 존재이지만, 잘 대해주면 인간에게 보물을 준다고 한다. 풍수적 관점에서 도깨비는 살기와 생기 모두 관련되어 있다. 도깨비 터는 그곳에 사는 사람들에게 행운과 불운 모두를 줄 수 있다.

김종대(2004)의 연구에 따르면 도깨비 설화는 대한민국 서

해안과 경상남도와 전라남도 내륙, 제주도에서 전해 내려왔다. 내륙지역과 해안지역의 도깨비 신화는 대조적인 측면이 있다. 내륙지역에서 도깨비불은 비가 오는 공동묘지에서 관찰되거나 산불과 연관이 있으며 전반적으로 부정적인 측면이 있다. 늦가을과 겨울철에 쥐불놀이, 정월 대보름 불놀이로 인해 산불이 많이 났고, 도깨비가 불을 냈다고 사람들은 생각했다. 그래서 산불을 방지하기 위해서 전남내륙 지역에서는 도깨비에게 제를 지냈다(김종대, 2004).

하지만 바닷가에서 도깨비불은 풍어를 의미한다. 물고기는 불을 중심으로 모이는 습성이 있기에 도깨비불이 보이는 곳에서 그물을 드리우면 많은 물고기를 잡을 수 있다고 한다. 서남해의 경우 밀물과 썰물의 차이를 이용하여 바닷가에 돌둑을 쌓아 물고기를 가두어 잡는 방식이 있는데, 이를 독살이라 부른다. 독살로 물고기를 잡는 데는 순전히 운이 많이 작용하고 그래서 돌둑에 도깨비불이 보이게 되면 물고기를 많이 잡을 수 있다는 이야기가 전해 내려온다. 특히 이러한 도깨비 신화는 동해 인근 바닷가에는 전승되지 않는데, 이곳은 물이 깊고 독살과 같은 방식의 고기잡이가 없기 때문이다(김종대, 2004).

풍력발전기와 풍수

한국 풍력발전단지는 백두대간 주변 산악 지역과 서해, 남해, 동해와 제주도의 해안지역에 건설되고 있다. 지역 수용성이 높은 제주도와는 대조적으로 풍력발전단지 건설을 둘러싼 크고 작은 갈등들은 주로 산악지역에서 일어났다(김동주, 2017).[3] 풍력발전단지를 반대하는 이유는 풍수 외에도 경제적 보상이나 지역 주민들과의 숙의 등 다양한 이유가 있다(김은성, 2018). 에너지 전환 정책의 측면에서 보면 정치 경제학적 요인이 가장 중요할 것이다. 하지만 풍수는 서구에서는 찾아볼 수 없는 한국 특유의 에너지 담론을 만든다.[4]

농촌의 고령화와 풍수

풍력발전단지는 사람들이 많이 살지 않는 농어촌지역에 건설된다. 1960년대 이후부터 시작된 도시로의 인구이동으로 젊은 사람들은 대부분 도시로 나가고 시골에는 노인들이 많이 살고 있다. 한국은 선진국보다 고령화 속도가 빠르고, 특히 도시

---

3. 제주도에는 2011년부터 지역 수용성이 높은 지역에 육상 풍력발전단지가 조성되고 있다. 김동주(2017)에 따르면 풍력발전지구지정제도에 의해 주민들의 수요에 따라 풍력발전단지를 선정하고 있다. 일부 거버넌스의 절차적 문제로부터 완전히 자유롭지는 않지만, 이 정책의 이익공유 메커니즘은 풍력발전단지의 수용성에 크게 이바지했다. 단, 예외적으로 발전부지에 인접한 다른 마을들 그리고 토착민들과 이주자들 사이의 일부 충돌이 있었다(김은성, 2018).
4. 실제 이 연구를 하면서 대국민 설문 조사도 했는데 설문 조사 패널이 주로 도시 사람들이라서 그런지 몰라도, 에너지 담론에서 풍수가 차지하는 비중은 그렇게 높지 않았다. 하지만 이 연구는 질적 연구이고, 질적 연구의 목적은 양적 연구와 다르다. 그것은 에너지 담론의 대표적인 주장을 찾는 게 아니라, 새로운 이야기를 찾는 것이다.

보다 농촌의 고령화 속도가 훨씬 빠르다. 미국의 인구조사국에 따르면, 한국은 "노령인구가 7%에서 14%로 두 배 증가하는 데 18년이 걸렸지만, 21%에 도달하는 데는 9년밖에 걸리지 않았다"(He et al., 2016 : 12). 전체 농가 인구에서 65세 이상의 고령 농가가 차지하는 비율은 1970년 4.9%였다(김철민, 2012 ; 김은성, 2018). 그러나 2016년에는 만 65세 이상 고령 인구의 비율이 전체 농가 인구의 40.3%(전체 어촌 인구의 32.5%)를 차지했다(통계청, 2017). 이는 한국의 평균 고령화 비율(13.2%)보다 세 배 이상 높은 수치다.

실제 풍력발전기가 설치되는 농촌 내륙지역의 고령화는 위에서 설명한 농촌의 고령화 평균 비율보다 훨씬 높다. 왜냐하면, 풍력발전기는 소음공해와 부지 가격 때문에 사람들이 많이 살지 않는 농어촌지역에 건설된다. 이 지역에는 젊은 주민은 많지 않다. 내가 연구를 위해 방문한 농촌 지역의 노인 인구는 대체로 60~80% 수준이었다. 시골의 젊은 주민들은 영농후계자이거나, 도시 생활을 하다가 귀농한 사람들, 혹은 요양하기 위해 산골로 들어온 사람들이다. 농촌 마을의 토착 노인들은 풍수와 같은 전통적인 가치관을 믿는다. 그들은 풍력발전기가 일제 강점기에 명산에 박은 일제의 쇠말뚝과 비슷하다고 말한다.

일제의 쇠말뚝과 김영삼 정부의 민족정기회복사업

1985년 북한산 백운대 정상에서 풍수지리학자와 역사학자로 구성된 산악회가 45cm 크기의 쇠말뚝 22개를 뽑아냈다. 그들은 이 쇠말뚝을 우리 민족 정기의 흐름을 끊기 위한 일본의 비밀스러운 조치로 해석했다(Jin, 2008). 80대의 한 할머니는 일본인들이 쇠말뚝을 산에 박는 것을 보았다고 말했다. 또한, 한 전직 경찰관은 1943년에 쇠말뚝 박는 일에 직접 참여했다고 진술했다(이지형, 2014 : 71). 1920년대 당시 묘지 부근의 소나무를 하나만 베더라도 문중 간의 싸움이 일어날 정도로 풍수 사상이 민간 신앙으로 폭넓게 퍼져 있었다. 그래서 쇠말뚝설을 믿는 사람들은 일본이 쇠말뚝을 박아 주민들의 민족정신과 독립 의지를 말살하고자 했다고 주장한다. 그들은 이를 풍수침탈이라 불렀다.

쇠말뚝설을 한국 사람들이 광범위하게 믿게 되는 데는 김영삼 정부가 추진한 민족정기복원사업이 큰 역할을 했다.『월간조선』에 보도된 『조선일보』 김용삼 기자의 주장에 따르면 1995년 김영삼 정부가 광복 50주년을 맞아 "민족정기"를 회복하기 위해 전국 명산에 박혀 있다는 "일제 풍수 침략의 산 증거"인 쇠말뚝을 뽑아내는 사업을 전국적으로 벌였다(김용삼, 1995). 원래 이 사업은 경상북도가 광복 50주년 기념으로 추진한 것이었다. 당시 민간 차원에서 사학자와 풍수학자들이 하던 일을 경북도청의 오장홍 문화체육과장이 추진했고, 이를 당시 김용태 내무부 장관과 이이근 행정 수석이 전국적으로 확대했다. 당시 김영삼 정부의 출범과 더불어 정부의 공식행사와 언론 보도에 "민족정기"라는 단어가 빈번하게 등장했다. 김영삼 대통령의 연설문을 집필한 신우재 공보비서관은 민족정기를 복원하는 차원에서 쇠말뚝 제거사업이나 지명을 변경하는 작업을 했다고 주장했다. 『월간조선』 보도에 따르면, 내무부가 추진한 쇠말뚝 제거사업은 1995년 2월 15일 국무회의 의결을 거쳐 광복 50주년 기념 역점 추진사업으로 채택되었다. 당시 김영삼 정부는 국민의 막연한 대일 피해의식을 불식시키고자 쇠말뚝 제거사업을 했다. 당시 쇠말뚝 제거작업을 주도한 내무부 지방기획과 계장은 다음과 같이 말했다.

일제가 박은 쇠말뚝은 우리 민족의 기氣를 차단하기 위한 겁니다. 쇠말뚝 제거는 민족의 올바른 기를 되살리는 의미가 있어요. 일제가 우리 민족의 기를 말살하기 위해 지명도 멋대로 바꿨으니 원래 이름으로 바꿔 기를 회복하자는 뜻입니다. 따라서 우리는 '민족의 올바른 기를 회복한다'는 뜻에서 '민족정기'民族精氣로 씁니다(김용삼, 1995).

하지만 쇠말뚝설의 진위는 논란으로부터 자유롭지 못하다. 이영훈 등 뉴라이트 계열의 역사학자뿐만 아니라 역사학자 박유하도 쇠말뚝설을 허구라고 주장하고, 일제는 한국의 근대화를 추구했기 때문에 풍수와 근대화는 서로 맞지 않는다고 주장한다(김재중·노순택, 2005; 이영훈 외, 2019). 쇠말뚝설은 구전으

그림 4-2. 지리산 쇠말뚝(지름=11.2cm, 길이=112cm) ⓒ 법계사

로만 전해 내려오며, 실제 총독부의 지시공문이나, 행정기관의 보고서 및 관련 대장 등 문헌 기록에는 쇠말뚝에 대해 사업을 했다는 문헌 증거가 없다고 주장한다. 토지측량 과정에서 사용되는 측량용 대삼각점을 쇠말뚝으로 오해했다고도 한다. 대삼각점을 본 풍수학자들이 왜인들이 조선에 인물이 나지 못하도록 혈에다 쇠말뚝을 받았다고 엉뚱한 소문을 퍼뜨렸다는 말이다. 쇠말뚝설은 풍수와 민족주의의 과잉에 의해 만들어진 허구라는 것이다.

하지만 쇠말뚝설을 믿는 학자들은 측량용 쇠막대기도 있으나, 혈 자리에 박은 쇠말뚝도 있다고 주장한다. 실제 발견되는 일제의 쇠말뚝은 토지 측량용, 전주 지지용, 물건 운반용, 그리고 군부대가 박은 것과 전혀 다른 형태로 1m 이상 깊게 박힌 말뚝이라고 한다. 그들은 토지측량을 위해 이렇게 깊게 말뚝을 박지는 않는다고 말한다. 또한, 측량용 쇠말뚝과 풍수 침략용 쇠말뚝은 그 생김새나 사용 방법이 다르다고 주장한다. 풍수학자들은 일본 제국주의가 한국의 근대화를 추구했다는 뉴라이트적 사관을 비판하면서 조선총독부 건설의 구조와 배치도 풍수 사상에 기초했다고 주장한다.[5] 하지만 일제 쇠말뚝설이 사실인지 허구인지를 밝히는 것은 이 글의 목적이 아니다. 단지 김영삼 정부의 민족정기회복사업에 의해 많은 사람이 이 학설을 믿게 되었으며, 최근 풍력발전기를 둘러싼 사회적 갈등에서 쇠말뚝설이 재생산되고 있는 사실에 주목할 뿐이다.

풍력발전기와 쇠말뚝 그리고 에너지 민족주의

전남 화순, 경남 의령, 경북 영양, 강원 평창 등 산악지역의 능선에 건설된 풍력발전단지 인근 주민들은 풍력발전기가 일제강점기에 박은 쇠말뚝과 유사하다고 주장했다. 이러한 주장이 나타나는 이유는 낙동정맥과 백두대간 등 한국 풍수에서 매우 중요한 산악지역에 풍력발전단지가 건설되고 있기 때문이다. 평창 대관령면 수하리 주민들은 산에는 정기가 있어 산에 대

---

5. 하지만 조선총독부의 배치가 풍수와 무관하다는 주장도 있다. 일본이 경복궁 근정전 앞에 총독부를 세운 것은 기맥을 끊은 것보다 조선이 사라졌다는 메시지를 중시한 행위라고 보기도 한다(이지형, 2014 : 74).

한 "섬김의 정신"이 있는데 풍력발전기가 일제의 쇠침을 박듯이 설치되어 있다고 주장한다. 장수 풍력발전단지를 반대하는 함양 주민들은 2016년 8월 12일 기자회견에서 우리 국민에게 매우 중요한 백두대간에 풍력발전단지를 건설하는 것은 한국의 정기를 막기 위해 쇠말뚝을 박는 것과 같다고 주장했다(이종탁, 2016). 이러한 주장은 2014년 3월 발표된 아래 화순-오산 풍력발전기 반대 성명에서도 나타났다.

오산 일대는 호남정맥이 흐르는 주요 지역이기도 하며 국립공원 무등산 일대이기도 합니다. 이 아름다운 산야에 풍력발전소를 건설하고서 향후 감당키 힘든 문제가 발생되면 그 책임은 누가 지며 복원은 어떻게 할 것입니까? 일본인들은 우리나라 명산에 쇠말뚝을 박아 혈을 끊고자 했었는데, 전기를 생산한다는 명목으로 이윤을 추구하는 사 기업체가 백두대간 정맥에 거대한 쇠기둥을 세웠다가 예기치 못한 탈이 생긴다면 그 누구도 책임질 수 없을 것입니다.

경남 의령지역의 한우산에 건설된 의령 풍력발전단지 인근 주민들도 비슷한 이야기를 한다. 의령주민들은 "산 능선부를 따라 발전기 25기가 설치되는 곳에 가로세로 14m, 깊이 수 미터로 굴착해 60m의 날개가 달린 쇠말뚝을 박아 이는 일제 잔재의 대표적 만행"과 같다고 주장한다(조현열, 2015). 일제 강점기에 한우산과 인접한 자굴산에 일본인들이 쇠말뚝을 박았고, 마을 주민들이 이것들을 뺀 적이 있다고 한다. "지금 국가에서 추진하는 것이 아니고, 기업이 한우산에 풍력발전기와 같은 큰 구조물을 박는 것이 과연 타당한지"에 대해 노인들이 비판했다고 한다.

2015년 풍력발전기가 건설되는 한우산 능선 위로 길을 내는 것과 관련하여 풍력 기업인 유니슨과 의령 가례면 갑을리 주민들 사이에 심각한 갈등이 있었다. 풍력발전기를 설치하기 위해서는 대형 크레인이 올라갈 수 있는 길을 능선까지 만들어야 한다. 그런데 마을에서 한우산 능선으로의 임도^{林道}가 원래 있어서 유니슨은 이 도로를 확장해서 사용하려고 했다. 하지만 마을 사람들은 이 길을 확장하는 것을 강력하게 반대했다. 과거 태풍 매미가 한국을 강타했을 때, 산사태가 나서 6명이 죽었기 때문이다. 결국, 유니슨은 산의 뒤쪽 어귀로 새로운 길을 내 풍력발전기를 설치했다. 그런데 이 과정에서도 산의 능선에 산림 훼손이 일어났다.

한편 이 마을 노인들은 아프거나 교통사고와 같은 일이 일어나더라도 길을 잘못 내어 사고가 났다고 할 정도로 풍수적인 생각이 강했다고 한다. 우연하게도 풍력발전단지가 건설되는 동안 마을에서 두 사람이 자살했다. 마을 노인들은 이들의 죽음이 풍력발전단지 건설을 위해 산에 도로를 내고 산림이 훼손된 결과라고 보았다. 〈한우산풍력발전반대대책위원회〉의 한 관계자는 다음과 같이 말했다.

(풍력단지 관련) 공사를 하면서 동네에 젊은 두 분이 자살을 해서 공사하는 과정 안에 얼마 전에 흉흉했죠. 한 분은 좀 일정 부분 이장을 하셨던 분인데 업체 쪽이랑 좀…가깝게 지내는 그런 분이었는데 가까이 있는 분들은 풍력 그거 때문에, 주민들이 반대하고 있고 그분은 일정 부분 호의적인 생각을 가지고 있었는데, 그런데 (풍력발전과 죽음의 인과성이) 분명히 없다고 할 수는 없다고 업체에서도 인정을 해요. 그런 부분에서, 100%는 아니지만 그런 사람이 그렇게 선택하는 데에 그 영향력이 있었다. 풍력발전소 때문에, 그러면 동네 할머니는 또 그래요. 봐라, 말뚝 세워놓으면 더 할 거다. 하기도 전에 사람이 죽었는데 나무 베고 포클레인 막 긁고, 이럴 때 그런 것도 있죠. 대놓고 말은 못 하고 산을 저리 훼손을 시키니 젊은 사람들 앞으로 잘 안 될 거라는 이야기들이 나오죠.

풍수 사상에 따르면 산의 능선은 산꼭대기에서 내려오는 정기가 흐르는 맥에 해당한다. 능선을 따라 내려온 산의 정기는 특정한 장소에 모이게 되는데, 이곳을 혈이라고 부른다. 풍수에서는 이 혈 자리에 묘지와 주택을 건설하게 되면 후손들이 잘 살게 된다고 한다. 그런데 풍력발전기를 산의 능선에 세우게 되면 산의 정기가 이 혈로 전달되지 못해 마을에 불상사가 생긴다(조인철, 2008 ; 이지형, 2014 ; 와타나베, 2010 ; Yoon, 2006). 특히 의령 갑을마을은 집성촌으로 주민들은 대대로 이 마을에서 살아왔고, 한우산에 조상들의 묘지가 많이 있다. 따라서 이 마을에서 풍수 사상이 매우 강력하다.

일제 쇠말뚝설은 풍력에너지 사업에 대한 지역 주민들의 민족주의적 비판과 잘 결합한다. 의령 풍력발전단지의 사업자는 유니슨인데, 유니슨은 원래는 국내 기업이었으나, 풍력 시장의 불황으로 경영난에 빠져, 일본 기업인 도시바가 2012년 5월 유니슨의 유상증자에 참여함으로써 34%의 지분을 매입하며 최대 주주가 됐다. 세계 최대 원전기업인 도시바는 동일본 대지진 이후 신재생에너지 발전 부문을 강화하면서 풍력발전기 제조 기술을 보유한 유니슨에 투자했다. 도시바는 유니슨이 추진한 전남 영광 백수 풍력발전단지에도 65억 원을 출자했다. 2005년 경북 영덕에 국내 최초의 상업용 풍력발전단지 단지를 조성한 유니슨은 2014년 국내 풍력발전 시장 점유율이 54%에 달하는 전문기업이다(지민구, 2015). 그러나 도시바가 유니슨의 최대주주가 되면서 유니슨에 대한 비판과 함께 일제 쇠말뚝설이 에너지 민족주의 담론으로 연결된다. 의령 풍력발전단지를 건설할 때 주민들은 도시바가 유니슨의 최대주주라는 걸 알았다. 의령의 한 주민은 "자연 훼손은 우리나라에서 하고, 이윤은 일본에서 빼먹는 구조가 아니냐"이라는 이야기를 했다. 2015년 3월 9일 발표된 〈한우산풍력발전반대대책위원회〉와 〈마·창·진 환경운동연합)(2015)의 성명서에서는 에너지 자립을 강조했다.

의령풍력발전의 사업자 유니슨은 일본 국적의 기업 도시바가 최대주주로서 더 이상 우리나라 대안에너지 토종기업이 아니다. 에너지 자립이라는 미래의 국가 에너지 정책의 지향성도 사라졌다.

'에너지 자립'은 에너지 민족주의 혹은 에너지 발전주의의 표현으로 한국을 에너지 분야의 세계 강국으로 발전시키는 것을 목적으로 한다. 에너지 민족주의는 1970년대 박정희 정권의 발전 국가모델로부터 발전해 왔다(Kim, 2016b ; Kim, 2018). 천연 에너지 자원의 부족과 함께, 에너지 자립은 국가 경제 성장에서 매우 중요하다. 한국 풍력 시장이 세계화되면서[6] 에너지 정책과 정치에서 에너지 민족주의가 중요한 이데올로기로 부상했다(Chung & Kim, 2018).

쇠말뚝설은 지리적으로 내륙산간지역에 한정돼 있으며, 해상 풍력발전단지가 건설되는 부안 등 해안지역에서는 들리지 않았다. 제주도에서 풍력과 풍수의 연관성은 없었다. 그 이유

---

6. 유럽의 풍력발전 용량이 한계에 달하면서 기술력을 갖춘 외국 기업들이 동아시아에 진출하고 있다. 국내에서 외국산 풍력발전기의 전체 수는 국내산 풍력발전기의 수보다 많다. 국내 기업 중에서는 두산중공업, 유니슨, 한진이 풍력발전기를 생산한다(산업통상자원부, 2014).

는 다음과 같다. 첫째, 제주의 고령자 비율은 육상 풍력발전단지 인근에 있는 마을에 비해 낮다. 2016년 65세 이상 고령자 비율은 13.5%이고, 이 수치는 전국 평균(13.2%)에 가깝다(제주도, 2017). 하지만 육상 풍력발전단지 인근에 거주하는 노인 비율보다 훨씬 낮은 수치다. 둘째, 제주도의 풍력발전단지는 풍수에 중요한 의미가 있는 높은 산이나 "오름"이라는 언덕에 건설되지 않았으며 주로 낮은 산이나 해안가에 건설되었다(신영대, 2009). 제주도는 관광 가치가 높아 풍력발전기를 오름에 건설할 수 없다. 풍력발전단지는 경관을 해치지 않도록 오름으로부터 1.2km 이상 떨어진 곳에 건설된다. 이런 이유로 풍력발전단지에 대한 풍수적 비판은 제주도에서 찾아보기 어렵다.

풍수와 지역 공동체의 유형

풍력발전기를 쇠말뚝으로 보는 시각은 육상 풍력발전단지 인근 지역에 매우 광범위하게 퍼져 있으나, 풍력발전단지의 수용성에 풍수가 미치는 영향은 지역마다 차이가 있다. 그 이유는 바로 지역마다 공동체의 특성이 서로 다르기 때문이다. 이런 점에서 영양 풍력발전단지와 의령 풍력발전단지는 흥미로운 대조를 이룬다. 보수 성향이 강한 경북 영양의 노인들은 풍력발전기가 "일본 놈들이 찍은 쇠말뚝에 비할 바가 아니다"라고 했다. 2014년 9월 16일 〈영양의 미래를 위한 풍력발전단지 반대모임〉(이후 〈풍력단지저지영양·영덕시민행동〉)이라는 주민 단체가 〈녹색당〉 및 〈녹색연합〉과 함께 한 기자회견에서 풍력발전단지 건설과 일제 쇠말뚝설을 연결했다.

백두대간과 그곳에서 뻗어 나온 정맥들은 우리 민족에게 경제적 가치뿐 아니라 역사적, 문화적, 지리적으로 볼 때 계산할 수 없는 자연 환경적 가치를 지닌 곳이다. 따라서 백두대간 낙동정맥을 파괴하여 잃게 되는 가치를 통합적 비용으로 계산하여 경제성 분석을 한다면 대규모 풍력발전단지 개발은 참으로 어리석은 사업이라고 볼 수밖에 없다. 나아가 풍수지리적 측면의 중요성으로 인하여, 일제가 우리 민족의 정기를 끊고자 산 정상에 쇠말뚝을 박았으며, 해방 후에는 우리가 그 쇠말뚝을 일일이 찾아서 뽑아냈던 것이다.

2017년 3월 4일 〈풍력사업저지영양군민집회〉의 성명서는 "현재의 풍력 사업은 영양군의 가장 귀중한 자산을 파괴해 산등성이를 수십 미터 폭으로 깎아내리고 콘크리트를 붓고 백여 미터 쇠말뚝을 박는 것이다"라고 표현하고 있다. 이 성명서는 "산신령이 노하셨다. 풍력 사업 고마해라!"라는 제목하에 풍력 사업은 "주민들뿐만 아니라, 자연에도 엄청난 폭력이다"라고 주장한다. 여기서 산을 산신령과 같은 하나의 신비스러운 신적 존재에 비유하고 있다.

영양의 일부 노인들이 풍수 사상에 따라 풍력발전기를 일본의 쇠말뚝에 비유했지만, 적극적으로 반대하지는 않았다. 〈풍력단지저지영양·영덕시민행동〉 관계자에 따르면 그 이유는 다음과 같다. 첫째, 영농자금 등으로 지자체의 지원을 받고 있기에 풍력발전의 반대로 자신들에게 향후 불이익이 올 수 있다고 두려워했다. 둘째, 핵가족화되고 자식들도 경제적으로 어려운 상황에서 노후가 불안하기 때문에 보상금을 원하는 노인들도 있었다. 셋째, 이 지역의 노인들은 매우 보수적이며 정부와 싸우는 것을 두려워하는 경향이 있었다. 1940년대에 공산주의 빨치산 활동[7]으로 마을 사람들의 절반이 죽었기에 관청에 대한 피해의식이 매우 강했다. 〈풍력단지저지 영양·영덕 시민행동〉 관계자들은 다음과 같이 말했다.

영양 기산리 주민 1 : 그때 그런 말도 있었지. 일제가 박아 내는 말뚝도 뽑아내는데 우리 손으로 더 큰 말뚝을 박고 있다는 이야기를 하죠. 실제 그 높은 거 세우려면 아래에 어마어마하게 파거든요

영양 기산리 주민 2 : 그거 다 알면 노인들도 반대하지 잘 모르니까(반대하지 않지)

영양 기산리 주민 1 : 근데 난 또 한편으로는 우리 노인네들이

---

7. 이 사건은 1946년 10월 1일 대구에서 일어난 공산주의자들의 봉기로부터 비롯되었다.

가지고 있는 불건강성이 있어요. 건강성도 있지만, 이 독재 시대를 살아오면서 여러 가지 그런 게 있어서.

영양 기산리 주민 2 : 내가 반대한다고 전혀 되는 게 아니고 그런데 그 생각 때문에 엄청 가라앉았어요. 더군다나 이쪽 지역 사람들이 거기서 못 벗어나요.

나 : 보수적인 성향을?

영양 기산리 주민 1 : 보수라기보다는 피해의식이죠. 관에서 관 자만 붙으면.

영양 기산리 주민 2 : 나라에서 뭐 한다고 한다는데 그걸 반대하다가는 피해를 받는다. 그걸 또 교묘하게 악용해서 손해배상 가압류 공무집행방해니 업무 집행 방해니 그래 버리니까.

〈풍력단지저지영양·영덕시민행동〉은 영양 풍력발전단지를 반대하는 데 핵심적인 역할을 했다. 이 단체의 핵심 구성원들은 애초 서울 및 대구 등 도시에서 산 사람들로 도시 생활에 염증을 느껴 시골로 이주한 사람이다. 그들은 이 지역 토착민과 달리 보수적이지 않으며, 지자체로부터 농지자금 지원을 받고 있지도 않으며, 보상받을 수 있는 땅도 없었기에 강력한 반대 운동을 펼칠 수 있었다. 이들은 풍수 사상보다는 생태적, 민주주의적 가치관에 따라 풍력발전을 반대하고 있다. 이 단체의 대표는 기독교인 집사다. 그들의 생태학적 가치는 풍수와 다르다. 이들 중에는 수십 년 동안 전기 없이 생활한 사람도 있었으며, 태양열 전지로 생활한 사람도 있었다.

그들은 사실상 환경운동가들이었다. 인터뷰할 때 일반 시골 사람들과 달리 절차적 정당성과 민주주의라는 단어를 자주 구사했다. 그전에 8년 동안 영양댐 건설 반대 운동을 했다. 공무 방해에 대한 손해배상 관련 소송을 겪으면서도 결국 국토부의 영양댐 건설을 백지화시켰다. 이들은 당시 이 지역 토착 주민들로부터 빨갱이라는 소리를 들었다. 그들의 가슴에는 세월호 참사를 추모하는 노란 리본이 달려 있었다. 세월호 리본은 보수적인 박근혜 정부를 비판하는 상징으로 정치적으로 보수적인 경북지역의 시골 오지에서 이들이 세월호 리본을 달고 있는 것은 매우 보기 드문 일이다. 이들은 풍력발전단지 건설이 이 지역 영양댐 건설사업 그리고 4대강 사업과 같은 국토개발에 의한 환경파괴의 연장선에 있다고 생각한다. 국토개발사업들이 공공성의 차원에서 이루어지지 않고, 민간기업의 사익추구 차원에서 낙동정맥의 생태계 파괴가 이루어진다고 생각했다. 영양 기산리 한 주민은 다음과 같이 말했다.

저희는 댐도 4대강(사업)을 보면서 여실히 드러난 것처럼 그런데 지금 풍력발전기도 전혀 공공성이 없어요. 이름은 재생에너지고 친환경 에너지인데 내용은 사기업의 이용을 위해서 산이라는 공적인 공공자원을 사유화하는 거거든요.

요약하면 풍력발전단지 반대에 풍수가 미치는 영향은 영양과 의령에서 서로 다르게 나타났다. 풍력발전과 관계된 일제 쇠말뚝 이야기는 두 마을 모두에서 존재했지만, 풍수의 영향은 공동체의 형태에 따라 다르다. 의령 풍력발전단지가 건설된 갑을마을의 경우 집성촌으로 씨족사회의 성격을 가지며 주민들은 이 지역에서 대대로 산 토착민이다. 이에 반해 영양 풍력발전단지 인근 마을은 토착민과 귀농인들로 구성된 혼합된 마을이다. 의령지역에서는 토착 노인들이 풍력발전을 애초 반대했으나 (물론 끝까지 반대하지는 않았다), 영양 지역에서는 귀농인들 중심으로 풍력발전을 반대했다. 귀농인들은 시골로 이주한 지 한 세대가 지나지 않았기에 조상의 묘가 산에 있지 않다. 어떤 이들은 기독교인이며 묘지 풍수를 믿지 않는다. 적어도 그들에게 풍수는 풍력발전단지를 반대하는 핵심 이유는 아니다. 〈풍력단지저지영양·영덕시민행동〉 관계자들이 풍수와 쇠말뚝설을 언급한 것은 환경운동의 전략적 차원에서 지역 노인들을 설득하기 위해 풍수 담론을 활용한 것으로 보인다.

풍력발전기와 무속신앙

풍력발전기 소음과 불길한 바람 소리의 기억

풍력터빈이 세차게 돌아가면 마찰 소음과 저주파가 발생하고, 이 소리가 공기 중으로 전파가 되기도 하지만, 땅으로도 전달되어 오디오를 틀 때처럼 진동을 느끼기도 한다(박영민 외, 2015). 이 소음과 진동은 주민들에게 심각한 고통이 된다. 풍력발전기 소음이 항상 크게 들리지는 않는다. 외지인들이 밝은 날이 지역을 방문하게 되면 소음을 잘 느끼지 못한다. 하지만 지역 주민들은 상당한 스트레스를 호소한다. 주민들에 따르면, 풍력발전기의 소음이 크게 들리는 경우는 대략 세 가지다. 첫째, 바람이 세게 불 때는 오히려 그 바람이 배경 소음을 내기 때문에 소음이 크게 들리지는 않는다. 대신 풍력발전기가 설치된 능선에서는 강한 바람이 부는데, 마을 민가에서는 바람이 많이 불지 않고 고요할 때 발전기 소음이 매우 크게 들린다. 둘째, 비가 오기 전후에 수증기가 대기 중에 분포하고 있어서 음파의 전달이 더 잘되기 때문에 크게 들린다(이세연, 2009). 셋째, 활동이 잦은 대낮보다 밤에 취침할 때 소음의 고통이 훨씬 심하다.

소음 고통은 시끄러움뿐만 아니라 불규칙하고 기이한 소음의 음조에서 비롯된다(이동호, 2012:2). 풍력발전기 소음은 지역 주민들에게 여러 가지 형상으로 상상된다. 평창과 영양의 젊은 주민들은 풍력발전기가 휘 휙 하는 소리를 제트기, 톱니바퀴, 비행기, 탱크 소리라고 한다. 의령, 평창, 영양의 노인들은 풍력발전기 소음을 귀신 소리 혹은 저승사자의 소리라고 해석한다. 영암 각동마을의 한 주민은 "어떤 때는 저게 내 목숨 빼앗아갈 저승사자처럼 보여요"라고 풍력발전기 소음의 고통을 호소했다(SBS 뉴미디어부, 2015). 풍력발전기의 기괴한 소음을 귀신 소리로 인식하는 것은 많은 지역에서 광범위하게 관찰되지만, 풍력발전기를 도깨비로 해석하는 것은 흥미롭게도 전라남도(영암, 여수)와 경상남도(의령) 지역에서만 관찰되는데 그 이유는 이 지방에서만 도깨비 설화가 퍼져 있기 때문이다(김종대, 2004).

여수의 금성 풍력발전단지 인근의 한 노인은 풍력발전기 소음이 도깨비 휘파람과 비슷하다고 말했다. 비가 오면서 바람이 세차게 불 때 풍력터빈이 돌면 "오셔 오셔, 지쳐 지쳐, 끼이익" 괴상한 소리가 나고 할머니들은 겁이 나 집 밖에 나가지 못했다고 말했다. 특히 이 마을에는 홀로 사는 할머니들이 여럿 있는데 이 기괴한 소음이 나는 밤이면 무섭고 신경이 예민해져 잠을 못 자겠다고 했단다. 할머니들이 "도깨비 우는 소리가, 휘익, 휘익, 그러는 휘익, 휘익 소리를 낸다고 해요"라고 이 노인은 말했다. 그는 옛날 전기가 들어오기 전에 도깨비가 많이 나타났다고 한다. 이 노인에게서 들은 도깨비 이야기는 다음과 같다.

그전에는 요그 도깨비가 많이 났었어요. 전기가 가설된 뒤로는 안 났는디. 밤으로 날이 묵고(저물고), 저녁에 비가 오면은 불을 써가지고 씩휘이익 하면서 이래 달아나거든. 한, 두 마리가 아니고 여러 마리 있어. 이래 다닙니다. 그래갔고 우리가 무서워서 문틈으로 옛날에 창호지라고 문 안 발랐습니까? 문을 여 뚫어가고(뚫어서), 요래 채려보면, 그런 것들이 그냥 아부아서(앞으로 와서) 눈을 슥슥 민다고. … 문을 열고 여럿이 손을 서로 잡고 그 동무래 해갔고 쳐다보기도 하고 그런 때가 있긴 있었어요. 그런 뒤로 전기가 선 뒤로는 인자 그런 것도 없고 차도 많이 다니고 그런께 일체 그런 소리가 안 나요. 근데 옛날에는 그런 소리가 났었어. 그럼 뭐 인제 도깨비 소리라 그란디 휘파람 소리가 나긴 나요.

왜 풍력발전기의 소음이 귀신, 저승사자, 도깨비의 소리로 들리는 것일까? 풍력발전기의 소음은 바람에 의해 만들어지고, 그 소리는 바람의 존재를 드러낸다. 사람들은 바람이 얼굴을 스치면 그 감촉을 통해 그것을 바람이라고 인지한다. 또한, 그런 감촉이 없어도 사람들은 바람의 소리를 통해 바람의 존재를 느낀다. 거센 바람 소리와 살랑살랑 부는 바람 소리는 서로 다르고, 그래서 소리만으로 어떤 바람인지 알 수 있다. 즉, 소리는 바람의 존재를 드러낸다.

풍력발전기에서 나는 소음은 어떤 바람의 존재를 드러내는 가? 여기서 전통신앙과 풍력발전기에 대한 인식이 만나게 된다. 풍력발전기에서 소음을 많이 내는 바람은 바로 옛날 사람들이 두려워했던 '삭풍'과 유사한 세찬 바람이다. 산 정상에는 강풍이 불고 마을에는 고요할 때 소리가 크게 들린다. 풍력발전기를 통과하는 세찬 바람이 마을까지 도달하지는 않기에 촉감으로 그 바람을 인지할 수 없으나, 그 소리를 들으면서 무의식 속의 삭풍 기억을 떠올리게 된다. 그 삭풍의 기억은 오랜 역사와 문화로부터 사람들의 무의식 속에 잠재되어 있는데, 풍력발전기 소음이 그 무의식을 일깨워 저승사자, 귀신, 도깨비의 휘파람 소리로 들리게 된다. 특히, 비가 오기 전후에 풍력발전기 소음은 크게 들린다. 전통신앙에서 비와 귀신은 많이 연결된다. 비가 올 때 나쁜 귀신들이 많이 나타난다. 풍수에서 비는 음습한 기운을 의미하고, 비가 오는 전후 날씨가 어둡고, 풍력발전기 소음이 들릴 때 사람들은 이 소리를 귀신 소리, 도깨비 소리라고 상상하고 공포를 느끼게 된다.

갑을리 할머니 중에 풍력발전기를 도깨비방망이 같다고 말한 할머니가 있었다. 당시 시위를 하는 과정에서 영암에서 풍력발전기를 '저승사자'라고 묘사하는 것을 듣게 되었고, 날개가 달린 풍력발전기의 모습이 도깨비방망이와 비슷하게 느껴져 생각났다고 한다. 실제 한우산에는 도깨비 설화를 바탕으로 '철쭉 도깨비 숲'을 아래의 〈그림 4-3〉처럼 조성해 놓고 있다. 이 그림에서 보는 바와 같이 방망이를 든 도깨비의 모습 뒤로 풍력발전기가 멀리 보인다. 도깨비방망이에 있는 뾰족뾰족한 혹이 풍력발전기의 날개를 연상시킨 것으로 예상된다.

한우산의 도깨비 설화는 비, 꽃, 그리고 바람에 관한 이야기다(선이랑 환이, 2016). 여기서 한우산의 거센 바람이 바로 도깨비를 상징한다. 이 설화에 따르면, 도깨비는 인간 남녀의 사랑을 질투하여 심술을 부리는 존재다. 옛날 한우산에 한우 도령과 응봉 낭자가 살고 있었는데 서로 사랑하는 사이였다. 하지

그림 4-3. 한우산 생태공원의 도깨비상

만 한우산의 깊은 동굴에 사는 대장 도깨비 쇠목이도 아름다운 응봉 낭자를 짝사랑하여 자신이 제일 좋아하는 망개떡으로 응봉 낭자에게 사랑을 고백했다. 하지만 응봉 낭자는 거절했고, 너무 화가 난 대장 도깨비 쇠목이가 한우 도령을 죽였다. 이에 산의 정령들이 응봉 낭자를 철쭉꽃으로 한우 도령은 차가운 비로 만들어 서로를 보살필 수 있게 했다. 한편 대장 도깨비 쇠목이는 응봉 낭자를 갖고 싶은 마음에 철쭉 꽃잎을 먹었지만, 그 독으로 깊은 잠에 빠지게 되었다. 오랜 세월이 지나 깨어난 대장 도깨비 쇠목이는 자신의 죄를 뉘우치고 황금 망개떡을 빚어 한우산을 찾는 사람들에게 나눠주기도 하지만, 때로는 거센 바람이 되어 한우 도령과 응봉 낭자의 만남을 방해하기도 한다. 쇠목이는 쇠목재라는 지명에서 비롯된 이름인데, 쇠목재는 한우산과 자굴산을 이어주는 고개로 갑을마을의 뒤쪽에 있다. '재'란 사람이 넘어 다닐 수 있도록 길이 나 있는, 높은 산의 고개를 의미하는 곳으로 이곳을 사람들이 지나갈 때 거센 바람을 느낄 수 있다. 그래서 이곳이 바로 도깨비 바람을 상징하는 곳이다. 이 설화에서 도깨비는 심술궂은 바람으로 해석된다.

풍수 사상은 흥미롭게도 왜 마을 어르신들이 풍력발전기 소음을 듣고 귀신이나 도깨비를 상상하게 되는지를 잘 설명해준다. 바람이 직진으로 일정한 속도 이상의 강한 풍속을 낼 때 풍력에너지의 효율이 높다. 바람의 질이 좋다는 말은 초속 6~20m/sec의 일정 속도로 주 풍향이 변하지 않는 바람을 의미한다. 이 속도의 범위에서는 풍력 터빈이 같은 속도로 돌기 때문에 에너지의 양이 일정하다. 한편, 이렇게 직진하는 세찬 바람은 기가 달아나기 때문에 풍수에서는 흉풍에 해당한다(이지형, 2014; 와타나베, 2010). 그러므로 풍력발전에서 질 좋은 바람과 풍수적으로 좋은 바람은 서로 반대다. 머무는 바람이 아니라 세차게 나가는 바람이 풍력발전에는 좋다. 그래서 비 오는 밤 세찬 바람에 의해 풍력 터빈이 기괴한 소리를 낼 때, 주민들은 귀신 혹은 도깨비 소리를 상상하면서 공포를 느끼게 된다.

바람에 대한 풍수적 해석은 특히 제주도에서 풍력에 찬성하는 사람들의 생각과 극명한 대조를 이룬다. 〈제주에너지기술센터〉 센터장은 "바람"이 이제는 "바램"이라고 말했다. 풍력발전으로 바람에 대한 과거의 부정적인 이미지가 "돈"이라는 긍정적인 것으로 그 의미가 바뀌었다고 한다. 그는 다음과 같이 말했다.

옛날에 바람이 저희들한테 아주 나쁜 이미지였습니다. 춥고, 또 바람 하면 옛날에 (죄인들이 제주도로) 유배 왔을 때, … 뭐 바람이 엄청 불고 이렇게 했거든요. … 이제는 바람이 돈으로 돌아오지 않습니까?

제주도에 전해지는 도깨비 신화에도 불구하고(김종대, 2004:57), 〈제주환경운동연합〉의 한 활동가는 풍력과 관련한 도깨비 이야기는 들어본 적이 없다고 말했다. 그는 제주도의 풍력발전단지 건설에 수익공유 메커니즘과 지역사회 참여를 활성화했던 중심인물 중 한 명이다. 그는 제주도에 전해 내려오는 풍신 영등할망 신화에 풍력을 비유했다고 한다(김동주, 2012). '영등할망'은 제주도는 물론 경상도에도 해산물이나 농작물에 풍요로움을 가져다주는 이로운 신이다. 제주와는 대조적으로 풍력발전단지에 대한 지역 수용성이 낮은 경상도 농촌 마을에서는 영등할망과 풍력발전기를 연결하는 이야기는 찾아보기 어렵다. 따라서 내륙과 제주 간의 서로 다른 샤머니즘적 존재의 차이는 내륙과 제주도 간의 풍력발전에 대한 수용성의 차이를 보여준다.

풍력발전기 항공기 충돌 방지등과 도깨비불

풍력발전기에는 항공기와의 충돌을 방지하기 위해 야간에 약 5초 간격으로 반짝이는 경광등이 있다. 화창한 밤에는 풍력발전기 불빛이 하늘로 발산되기도 하지만, 구름이 끼는 저기압일 때 이 등의 불빛이 구름에 반사되어 번쩍인다. 이 불빛은 능선에 가려져 있어도 번개 치듯이 하늘 위로 번쩍이고 구름에 반사된다. 이 불빛이 시골 사람들에게 매우 거슬린다. 강한 빛이 규칙적으로 방안을 비추기 때문에 잠자는 데 매우 방해된다. 풍력발전기 불빛은 사람에 따라 번개, 도깨비불, 나이트클럽의 조명등과 같이 다양한 형태로 형상화된다. 도시에 살다가 귀농을 하거나 요양을 하기 위해 시골로 이주한 주민들에게는 풍력발전기 경광등 불빛이 자연광이 아니어서 매우 불편하다. 다른 한편, 어릴 적부터 시골에서 살아온 사람들에게는 과거의 추억이 떠오른다. 풍력발전기의 불빛은 어린 시절 들었던 도깨비의 불로 형상화되기도 한다. 한 예술가는 아래와 같이 말한다.

예전에 나는 한참 동안 풍력발전기를 바라보았다. 허허벌판에 난 풀이라곤 흙색 쭉정이들이 가득한 겨울이었다. 완만한 동산에 올라 저 멀리 빨간불을 깜빡이고 있는 풍력발전기 세 대를 몇 시간이고 바라보았다. 어렸을 때는 그 빨간불이 도깨비불이라 생각했다. 언젠가 나를 잡으러 올 거라고, 그래서 착하게 살지 않으면 안 된다고 믿었다. 지금은 그것이 인간을 위한 인간에 의해 만들어진 기계임을 알고 있다. 그래서 가끔씩 풍력발전기를 볼 때면 나는 사라져 버린 어린 시절의 두려움과 기대를 생각한다. 그리고 다시 오지 않을 꿈을 어린 바람개비를 날리면서 떠올린다. 그 시절의 무지가 나를 행복하게 해 주었구나 하며 (김경호, 2022).

전남의 영암 한대리 각동마을 70대 노인은 풍력발전기의 불빛을 도깨비의 불로 묘사했다. 하지만 그에게 이 불빛은 결코 아름다운 기억이나 낭만적인 것은 아니다. 이 불빛은 그들의 수면을 방해하는 괴로운 것에 지나지 않는다. 주민들은 풍력발전기의 불빛이 주기적으로 창문을 팍팍 때려서 커튼을 치지 않고서는 자기 힘들 정도라고 주장했다. 특히 새벽잠이 없는 노인들에게 풍력발전기 불빛은 반짝반짝하면서 수면을 방해한다.

영암주민 1 : 도깨비불이 반딱 반딱 하면서, 밤에 인저, 저 도로가 있으면은, 보면은, 아, 위에서 반딱 반딱 하니까.
영암주민 2 : 우리 집은 거실 창문하고 바로 막 바로라. 아주 그 불빛이 몇 개가 딱딱이 비춰버려. 저녁에는 곤욕스럽다니까. 커튼 안 치고는 못 자.

이 노인(73세 남성)은 과거 공동묘지를 지나갈 때 도깨비불을 많이 보았기 때문에, 풍력발전기 불빛을 보면서 도깨비불을 떠올렸다고 했다. 도깨비불은 과거 이장한 무덤이나 공동묘지에서 자주 관찰되는데, 시체에 포함된 인 성분이 발화하면서 나타나는 푸른 인광을 사람들이 도깨비불로 착각한 것이다(전용훈, 1999). 특히 도깨비불은 대기가 칠흑같이 어둡거나 비가 부슬부슬 내리는 날에 관찰된다. 성현이라는 인물이 1525년에 발간한『용재총화』에 나온 도깨비불 이야기는 다음과 같다.

사방을 둘러보아도 아무도 없더니 동쪽에서 불이 비치고 떠들썩하여 사냥꾼들이 사냥하는 것 같았다. 그 기세가 점점 가까워지면서 좌우를 삥 두른 것이 5리나 되는데 모두 도깨비불이었다. 하늘은 흐려 비가 조금씩 부슬부슬 내리고 있었다.

이 우화에서 도깨비불이 하나였다가 여럿으로 흩어졌다가, 빙글빙글 돌다가 위아래로 흔들리고 다시 합쳐졌다가 쫓는 순간 사라져버린다. 풍력발전기의 불빛은 구름이 많이 낀 저기압 날씨에 주민들에게 더 잘 관찰된다. 비가 오는 날의 도깨비불 설화와 잘 맞는다. 공동묘지에서 발견되는 도깨비불에 대한 두려움과 풍력발전기 불빛의 불편함이 만나게 된다(전용훈, 1999).

요약하면, 풍력발전기에 대한 노인들의 감각 경험은 무속신앙과 얽혀 있다. 노인들은 풍력발전기를 귀신, 저승사자, 도깨비 소리 그리고 도깨비불과 결합한다. 풍력발전기와 관련된 도깨비 설화가 등장한 지리적 위치는 민속학자 김종대(2004, 2012)의 연구 결과와 잘 맞았다. 경상남도와 전라남도에서만 확인되었으며, 강원도와 경상북도에서는 들리지 않았다. 전통적인 민간설화에서, 바람, 소리, 그리고 빛은 신성한 존재를 드러내는 징조다. 풍력발전기는 이 무속적 존재들의 기억을 되살린다. 그러나 시골 노인들이 풍력발전기를 정말로 무속적인 존재로 믿는다고 보기는 어렵다. 그들이 풍력발전기와 관련된 무속신앙 설화에 관해 이야기했다고 해서 그들이 풍력발전기를 진짜 귀신 혹은 도깨비로 착각하는 것은 아니다. 그들은 풍력발전기가 인간이 만든 기계라는 것을 잘 알고 있다. 무속신앙을 믿든 안 믿든 간에 노인들은 풍력발전기에 대한 불편함을 오래된 기억 속에 존재하는 무속신앙의 은유적 표현으로 번역했을 뿐이다. 그래서 이러한 감각적 인식을 비과학적이라 치부할 수 없다.

마무리

풍력과 같은 신재생에너지는 사람들에게 미래와 새로움으로 각인됐다. 하지만 이 새로움은 전통신앙과 민간설화에서 유래한 과거의 기억과 조응하면서 주민들의 인식을 형성한다. 풍력발전기의 물질문화와 농촌에서 전승되어온 전통신앙이 서로 만난다. 풍력발전기는 주민들이 산, 바람, 소리, 빛에 대한 과거의 기억을 떠올리게 한다. 풍수와 무속신앙은 서구의 풍력에너지 논쟁에서는 들을 수 없었던 독특한 이야기를 드러낸다.

풍수 사상에 근거한 산과 바람의 해석은 풍력발전 찬성 담론과 충돌해왔다. 풍력발전기는 산의 정기를 막는 거대한 쇠말뚝이 된다. 다만, 풍수 사상과 풍력에너지 반대 담론과의 결합은 높은 산이 있는 내륙지역에서 주로 나타났으며, 부안, 제주와 같은 해안지역에서는 찾아볼 수 없었다. 왜냐하면, 풍수가 높은 산과 밀접한 관련이 있고 내륙 산악지역의 노인 인구 비율이 해안지역보다 높기 때문이다. 내륙 농촌 마을 사이에도 공동체 구성과 동네 역사에 따라 풍력발전과 풍수 이야기는 서로 다르게 공명했다.

종합하면, 풍력발전의 주민 인식에 대한 풍수의 영향은 주민들의 연령, 지역 공동체의 유형, 지리적 위치에 따라 차이가 있다. 일반적으로 산에 조상의 묘가 있는 씨족사회의 성격이 강한 농촌에서 두드러진다. 그러나 영양 사례를 보듯, 노인들이 반드시 풍력발전단지를 반대하지는 않았으며, 풍수가 풍력발전단지 반대의 가장 핵심적인 요인도 아니다. 풍수를 믿지 않더라도 풍력발전단지의 건설을 반대하는 논리로 일제의 쇠말뚝 이야기를 활용할 수 있다. 그들에게 풍수는 종교적인 근본주의가 아니라, 풍력발전단지 반대를 위한 상황적 수사일지도 모른다.

풍력발전기의 소음을 듣고 불빛을 보는 노인들의 감각은 무속신앙과 깊이 얽혀 있다. 풍수는 왜 노인들이 풍력발전기 소음을 듣고 귀신이나 도깨비를 상상하는지를 잘 설명한다. 풍력에너지 효율이 높은 좋은 바람, 즉 세차고 곧은 바람은 풍수적 관점에서 불길한 바람이다(Yoon, 2006; 양삼열, 2016). 그래서 세차고 곧은 바람이 풍력터빈을 통과해 기괴한 소리를 내면 귀신과 도깨비와 같은 무속적 존재들을 떠올리게 된다. 일제 쇠말뚝설과 함께 이 무속적 존재들의 무서운 이야기들은 풍력발전단지 건설을 반대하는 데 매우 효과적인 수사들이다. 전통신앙과 에너지 전환 간의 관계는 풍력에너지만의 이야기는 아니다. 태양광단지는 풍력발전단지보다 산을 더 많이 훼손하기에 풍수와 밀접하게 연관될 수 있다. 실제 2017년 포항 북구 죽성1리 동네 주민들은 태양광단지가 마을의 기맥을 끊었다고 말했다(박다솔 외, 2017). 그리고 여수 영취산 고압송전탑 설치 반대에서도 송전탑을 일제 쇠말뚝설과 연관시키는 이야기가 등장한다. 이처럼 한국의 전통신앙은 서구의 에너지 전환 담론에서는 찾기 어려운 매우 독특한 이야기를 만든다.

5장
장소 파괴의 기억, 감각,
그리고 풍력발전 갈등

풍력발전단지는 과거에 일어난 장소 파괴의 기억을
불러일으킨다. 풍력발전기의 소음과 불빛은 자연적인 풍경을
인공적, 도시적, 산업적, 기계적 공간으로 변화시킨다.

2019년 여름 로스앤젤레스에서 열린 학회를 마치고 네바다 리노로 차를 몰고 가고 있었다. 모하비 사막을 지날 무렵 사막의 황량한 평원에 엄청난 숫자의 풍력발전기들이 세차게 돌아가고 있었다. 잠시 차에서 내려 물끄러미 수많은 풍력발전기를 바라보다 몇 년 전 전국을 한 바퀴 돌면서 찾아다닌 풍력발전단지들의 모습이 생각났다. 모하비 사막 위에 건설된 풍력발전단지는 한국 산 능선 위에 건설된 풍력발전단지와는 매우 대조적인 모습이었다. 풍력발전기의 모양은 크게 다르지 않지만, 사막과 산이라는 주변 풍경의 차이는 서로 다른 감정을 느끼게 했다. 풍력의 경제성에 대한 것만은 아니다.

그림 5-1. 모하비 사막(위)과 한국의 풍력발전기(아래)

장소, 공간 및 에너지 경관은 신재생에너지의 지역 수용성을 설명하는 중요한 개념으로 주목받고 있다(Bridge et al., 2013, Bridge, 2018 ; Pasqualetti, 2011). 신재생에너지 시설은 지역의 풍경을 변화시킨다. 주민들이 이 변화를 어떻게 느끼느냐에 따라 신재생에너지에 대한 그들의 인식이 달라진다. 어떤 주민들은 그들이 사는 마을에 애착심을 가지고 있다. 물론 동네를 떠나고 싶어 하는 사람들도 있으며, 떠나고 싶으나 경제적 이유로 떠날 수 없는 사람들도 있다. 신재생에너지 시설은 주민들의 이 애착심을 손상할 수도 있으며, 반대로 떠나고 싶은 사람들에게 새로운 애착심을 갖게 만들 수도 있다(Devine-Wright & Howes, 2010 ; Bailey et al., 2016 ; Devine-Wright & Devine-Wright, 2009 ; McLachlan, 2009). 이처럼 신재생에너지 시설의 장소성[1]은 에너지 전환을 설명하는 중요한 개념이다.

이 글은 장소와 기억 그리고 장소와 감각 간의 관계를 다룬다. 특정 장소에는 개인 또는 집단의 기억이 저장된다(Said, 2000 ; Schama, 1995). 아우슈비츠 수용소와 같은 역사유물관을 상상해 보라. 유명한 관광지이든 아니든 장소와 기억은 밀접하게 얽혀 있다. 감각은 장소 인식에 큰 역할을 한다. 보고, 듣고,

---

[1] 장소 개념은 다양하다. 장소에 대한 개인의 주관적 감정에 초점을 두는 심리학적 관점, 사회문화적으로 공간을 해석하는 문화 지리학적 관점, 그리고 사물과 인간의 상호작용과 관계를 강조하는 신유물론적 관점 등이 있다(Firestone et al., 2018 ; Rudolph et al., 2017 ; Broto & Baker, 2018 ; Hui et al., 2018).

만지는 감각적 실천 없이 장소를 인지할 방법이 있는가? 이 글은 지역 주민들의 기억이나 감각을 통해 장소가 어떻게 형성되는지 그리고 풍력발전단지가 이 장소성을 어떻게 변화시키는지를 이야기할 것이다. 첫째, 트라우마로 오랫동안 존재해 왔던 장소에 대한 나쁜 기억이 에너지 전환으로 인해 재생산됨을 살펴본다. 과거 자연재해와 국가개발사업으로 파괴된 지역의 장소 파괴place disruption의 트라우마가 풍력발전단지 갈등을 통해 사람들의 의식 속에서 재현된다. 둘째, 풍력발전기의 소음 및 불빛이 어떻게 마을의 풍경을 변화시키는지를 이야기할 것이다. 풍력발전기는 자연적인 시골 풍경을 인공적, 도시적, 산업적, 그리고 기계적 공간으로 변화시킨다.[2]

장소, 기억, 그리고 감각

풍경은 우리에게 특별한 감정을 느끼게 한다. 이를테면 도

---

2. 이 연구는 장소성에 관한 환경 심리학적 연구와 대조를 이룬다. 양적 방법론에 의존하는 환경심리학은 주로 에너지 전환으로 비롯된 새로운 풍경에 관한 현재의 감정을 조사한다(Devine-Wright & Lyons, 1997; Murphy, 2013). 사람들의 기억 속에 존재하는 장소의 역사성은 환경심리학의 연구대상이 아니다. 둘째, 환경심리학의 문헌들은 장소에 대한 주관적이고 심리적인 태도를 분석하고 풍력발전기의 소음공해 및 불빛과 같은 감각적 충격으로 인한 신체적 및 정신적 고통을 평가한다(Pohl et al., 2012; Apostol et al., 2017; Rudolph et al., 2017). 그러나 주로 이 심리적 고통의 정도를 측정하는 데 초점을 두고, 이 고통의 상징적, 문화적 의미를 탐구한 연구는 상대적으로 찾아보기 어렵다.

시와 초원에서 그리고 재난의 현장에서 느끼는 감정은 다르다. 우리가 어떤 장소를 경험할 때 그 장소는 마음 밖에 존재하는 객관적인 공간이 아니라 주관적인 감정과 결합한다(Bender, 2013). 우리의 사회–물질적 실천으로 장소는 구성되며 시간이 변화함에 따라 이 실천들이 변화하게 되면 장소의 의미 또한 변하게 된다. 장소 개념은 환경심리학, 인문지리학, 물질문화연구의 분야에서 발전해 왔다(Devine-Wright & Clayton, 2010 ; Gregory, 1994 ; Said, 1978 ; Tuan, 1977 ; Seamon & Sowers, 2008 ; Bender, 2013 ; Certeau, 1984 ; Mitchell, 2013). 일부 학자들은 장소와 공간 개념을 구분하여 다른 정의를 내리기도 한다(Tuan, 1977 ; Certeau, 1984).[3] 하지만 이 글은 두 개념을 구분하지 않으며 번갈아 가면서 사용할 것이다. 이 글에서 사용하는 장소 개념은 사회구성주의와 신유물론으로부터 나왔다. 한편으로 장소는 공간에 대한 인간의 상징적 경험을 통해 상상되며, 다른 한편으로 장소는 사물과 사람 사이의 감각적, 물질적 상호작용을 통해 형성된다(Gregory, 1994 ; Said, 1978 ; Certeau, 1984 ; Mitchell, 2013 ; Feld, 2005).

환경심리학에서 발전한 장소 정체성place identity, 장소 애착심place attachment 그리고 장소 파괴place disruption와 같은 다양한

---

3. 장소와 공간의 차이는 객관적, 물리적 공간과 구성되고 실천된 공간의 차이다. 하지만 학자마다 구성된 공간을 장소로 부르기도 하고 공간이라 지칭하기도 한다. 이 글은 둘을 구분하지 않는다.

개념이 에너지 연구에 사용되었다(Devine-Wright, 2009 ; Devine-Wright & Howes, 2010 ; Batel et al., 2015 ; Firestone et al., 2018 ; Rudolph et al., 2017). 장소 정체성은 지역의 물리적, 상징적 특성에 영향을 받는 개인의 자기 정체성이다(Proshansky et al., 1983). 장소와 정체성 및 인격은 서로 관련한다. 사람들은 사는 동네와 그들의 정체성을 서로 연결한다. 그 정체성은 사회적 지위일 수도 있으며, 문화적 가치관과 관련될 수도 있다. 장소 애착은 개인이 장소에 대해 느끼는 애착심이다(Giuliani, 2002). 이 개념은 반드시 긍정적인 것은 아니며, 어떤 경우에는 시민 참여나 친환경적 태도와 배치될 수 있다(Lewicka, 2005 ; Bailey et al., 2016). "장소 파괴"는 장소 애착심과 장소 정체성에 파괴가 일어나거나 위협이 발생하는 것을 말한다(Brown & Perkins, 1992 ; Bonaiuto, Breakwell, & Cano, 1996). 장소 파괴는 기술개발 프로젝트뿐만 아니라 홍수와 산사태와 같은 자연재해에 의해서도 발생한다(Brown & Perkins, 1992 ; Knez et al., 2018).

이 글은 에너지 전환으로 장소가 어떻게 상상되고 형성되는지를 이야기한다. 첫째, 장소 파괴의 기억을 조사하면서 장소의 역사성을 말한다(Said, 2000 ; Schama, 1995). 에너지 전환으로 비롯된 공간적 변화는 주민들에게 장소 파괴와 관련된 과거의 기억을 떠올리게 한다. 지역에서 예전에 일어난 어떤 특정 사건들에 의해 형성된 기억은 주민들에게 강력한 트라우마가 될 수 있다. 에너지 전환으로 인해 그러한 트라우마가 생각나면 주민들은 이 전환을 강력하게 거부할 수 있다. 이 글은 자연재해와 지역 개발 프로젝트에 대한 장소 파괴의 기억을 다룬다. 과거 국토개발로 인해 자연재해나 생태적 파괴가 일어나, 재난과 생태 파괴의 공간으로서 이 지역의 장소성이 형성됐다면, 풍력발전단지의 건설로 인해 주민들은 그때의 트라우마를 다시 떠올릴 수 있다.

둘째, 감각이 장소성을 형성하는 데 어떤 역할을 하는지를 말한다. 감각인류학자들에 따르면, 장소는 인간의 감각 때문에 형성된 감각 풍경sensescape이다(Bunkse, 2012 ; Howes, 2005). 펠드(Feld, 2005 : 270)가 지적한 바와 같이, "장소가 감지될 때, 감각은 (그 장소에) 위치된다 ; 장소의 의미가 이해될 때 감각이 장소를 만든다." 감각학에서 풍경은 감각 풍경과 같다. 풍경은 몸에 체현된 실천을 통해 인지되고 이 실천 속에서 여러 감각이 복합적으로 작용한다. 호위스(Howes, 2005 : 143)는 감각 풍경을 정의하면서 "환경에 대한 경험 그리고 그 환경에 거주하는 다른 사람 및 사물에 대한 경험이 감각을 구별하고, 평가하고, 결합하는 문화 속의 특정 모드에 의해 생성된다"고 주장했다. 장소성은 사물과 사람들 사이의 감각적인 상호작용을 통해 구성된다. 장소는 고정된 것이 아니며 감각적, 물질적 실천의 변화에 따라 달라진다(Mitchell, 2013). 동시에, 감각은 개인과 집단의 정체성을 구성한다(Trnka et al., 2013 ; Kim, 2016a). 결국, 감각과 장소, 그리고 사회적 삶은 함께 구성된다.

풍력발전단지가 설치되면 새로운 감각 풍경이 마을에 펼쳐진다. 풍력발전기는 산의 풍경을 바꾼다. 또 풍력발전기에 의해 소음이 발생하고 불빛이 깜박이면 마을에 대한 주민의 생각이 달라진다. 이를테면, 마을의 과거 장소성이 자연적 풍경이었다면 풍력발전기의 인공물로 인해 이 장소성이 바뀐다. 이 글은 특히 자연적인 시골 풍경이 풍력발전기의 소음과 빛에 의해 인공적, 도시적, 기계적 풍경으로 변화되는 것에 주목한다.[4] 이 새로운 장소성과 함께 주민들의 정체성과 인격도 만들어진다. 다만, 이 감각 풍경을 장소에 대한 주민들의 주관적 인식으로 보지 않는다. 또한, 장소가 이 인식을 결정한다고도 보지 않는다. 대신, 풍력발전기의 감각적 실천과 주민들의 생태적 세계관이 서로 만나 감각 풍경이 만들어진다고 주장한다.[5]

장소 파괴의 기억과 풍력발전

산사태 공간 : 의령 풍력발전단지

2014년 10월 6일, 박근혜 정부는 '육상풍력 개발사업 환경성평가 지침'을 시행하고, 생태·자연도 1등급지 내에서도 풍력

---

4. 기존 환경 관련 문헌들은 이미 시골 풍경들의 서로 다른 실재들을 탐구해왔다(Woods, 2005). 예컨대 고압선 관련 바텔(Batel et al., 2015)의 연구는 이 연구와 밀접한데, 그들은 시골과 도시 풍경 또는 자연과 산업적 공간의 대립에서 고압선이 장소성에 미치는 영향을 분석했다.
5. 이 장에서 감각 풍경 개념은 주관주의와 객관주의를 넘어서 신유물론적이다.

개발사업을 추진할 수 있도록 했다.[6] 이 지침이 시행되기 전에는 인허가 단계에 있는 육상풍력의 70%가 허가되지 않았다. 하지만 새로운 지침으로 인하여 자연훼손의 정도가 크지 않은 생태자연도 1급지에는 풍력발전단지의 건설이 가능해졌다(유선일·최호, 2014). 이에 더해 당초 3만㎡ 이하로 제한됐던 풍력발전단지 건설 허가 면적이 10만㎡로 확대됐다. 이런 규제 완화 조치로 풍력발전단지 건설이 급격히 늘었다. 2014년 말까지 국내 육상풍력 누적 설치량은 총 600MW(메가와트)였으나 2015년에 224.25MW가 새로 설치되었으며, 이는 2014년 신설된 육상풍력(47.2MW)의 약 5배 높은 수치다(한국에너지공단, 2016). 그러나 육상풍력발전의 증가와 함께 주민들의 반발 또한 증가했다. 산양 등 멸종 위기종들의 생태계에 풍력발전기가 미치는 영향 그리고 산사태와 산불 가능성에 대해 문제를 제기했다(김은성, 2018).

2016년 경상남도 의령군 가례면 갑을리에 풍력발전단지가 조성되었다. 이 마을은 한우산으로 둘러싸여 있으며, 이 산의 능선에 풍력발전기가 설치되어 있다. 2009년 의령군청이 풍력발전회사인 유니슨과 양해각서MOU를 체결하면서 이 단지의 건설이 추진되었다. 하지만 한우산은 생태 1등급 지역이라는 이유

6. 자연환경보전법에 따르면 자연생태계는 자연환경의 가치에 따라 3등급으로 분류된다. 1등급이 최고 등급이다.

로 2014년까지 풍력발전단지의 입지로 승인받지 못했다. 이후, 박근혜 정부가 풍력단지 건설에 대한 규제조치를 완화하면서 이 단지의 건설이 허가되었다. 풍력발전기를 산으로 운송하기 위해 산등성이를 따라 5m의 도로를 만들고 난 후 25개의 풍력 발전기를 건설하였으며, 이 중 17개는 마을 뒤에 위치한다(《그림 5-2》 참조).

갑을리 주민들에겐 한우산에 관한 장소 파괴의 기억이 있다. 이 기억은 산불 예방을 위해 마을에서부터 산꼭대기까지 만들어진 가파르고 경사진 산림도로, 이른바 임도^{林道}와 관련된다. 〈한우산풍력발전반대대책위원회〉 관계자는 2003년 태풍 매미 때 이 임도 때문에 산사태가 발생했다고 밝혔다.

그림 5-2. 공사 중인 의령 풍력발전단지 능선길 ⓒ 오마이뉴스

네, 지금 여기서 보셔도 산사태 난 지역이 표시가 납니다. 저기 전봇대 세워서 밑으로 쭉 되어 있죠. 거기서부터 시작해서 [산사태가] 마을 밑까지 치고 내려왔습니다. 그래서 그때 저기 보시면 임도가 나 있어요, 산사태 시작된 지형에서.…마을 주민들은 임도를 낸 이후에 산사태가 났다 이렇게 생각한 것이죠. 그래서 또 산등성이를 깎으면 그때 같은 산사태가 나지 않겠느냐는 우려가 있었던 것이죠.

2003년 당시 산사태로 주민 6명이 사망했다. 산사태는 지역 주민들에게 엄청난 트라우마가 되었고, 풍력단지로 인해 이 트라우마가 다시 살아났다. 당시 한 할머니는 산사태에 휩쓸려 남편을 잃고 본인도 상처를 입었다. 산사태에 대한 그녀의 처참한 기억이 풍력발전단지의 미래 이미지로 다시 탄생했다. 풍력발전단지가 건설되면 산사태가 다시 일어날 수 있다고 이 할머니는 말했다.

내가(매미 때) 어디까지 떠내려간 줄 압니까? 지금도 내 가슴이 벌렁거리는데, 산사태가 난 그 산 위를 다 파헤칩니까. 그럼 그때보다 더 큰 산사태가 날 겁니다. 사람이 더 많이 죽어봐야 정신을 차리겠습니까?…근데 지금 그 자리에 저놈의 풍력발전단지를 짓겠다는 거잖아요. 내가요, 지금도 비가 되게 많이 오면, 잠을 못 자요. 아들, 딸들이 나한테 집에서 자지 말고 회

관에서 자라고 매일 말해요, 불안하다고. 집이 산 바로 밑에 있
으니까 아들들도 불안해서 죽을라고 해 (김우창, 2015).

〈한우산풍력발전반대대책위원회〉의 위원장에게도 풍력발
전단지의 미래는 이 할머니가 묘사한 바와 같이 과거 산사태의
기억과 연결된다. 그는 태풍 매미의 산사태 기억을 바탕으로 풍
력발전기에 의해 발생할 수 있는 향후 산사태 시나리오를 자세
히 서술한다. 그는 다음과 같이 말했다.

이렇게 땅을 파헤치고 나무를 베면 태풍 '매미' 때보다 더 큰 산
사태가 날 수가 있죠. 저 산 정상에서 아래로 흐르는 물들을
막아줄 돌이나 바위, 나무도 없는데 그 물들이 다 어디로 가겠
어요. 바로 밑에 있는 마을, 민가로 가는 거잖아요. 태풍 매미보
다 더 큰 산사태가 날 수 있기 때문에 이 공사를 막고 있는 거
죠. 이 공사로 총 4km의 산 정상이 다 휑해졌어요. 산꼭대기가
허옇게 드러나서 민둥산이 됐는데, 여기 주민들은 그걸 가장
두려워하는 거예요. 산사태를요. 엄청난 피해를 입힌 산사태가
난 한우산에 나무를 심어도 모자랄 판인데, 산을 파헤친다는
게 도저히 이해가 안 돼요 (김우창, 2015).

산사태는 논쟁의 중심에 있었다. 애초 유니슨은 산사태가
일어난 임도를 확대하여 풍력발전설비를 운송해 공사비를 절

감할 계획이었다. 하지만 주민들은 유니슨이 산비탈을 파면 산사태가 재발할까 우려했다. 그래서 마을 사람들은 이 계획에 강력히 반대했고, 아무도 살지 않는 곳에 도로를 건설하라고 요구했다. 결국, 유니슨은 주민들의 반대로 마을 뒤편에서 산꼭대기로 가는 길을 새로 만들었는데, 사실 이곳에도 사는 사람들이 있었다.

요약하면, 풍력발전단지의 건설로 인해 과거 산사태 트라우마가 재현되었다. 다시 회상된 이 트라우마는 재난의 공간으로서 마을의 장소성을 만들었고, 주민들로 하여금 풍력발전단지 건설을 반대하게 했다. 사실 산사태에 대한 우려는 의령 풍력발전단지만의 문제는 아니다. 과거 산사태를 경험한 영양 지역의 주민들도 풍력발전단지에 의해 산사태가 발생할 가능성을 우려했다(김효인, 2018; 송윤경, 2017). 이는 육상 풍력발전단지가 당면할 수밖에 없는 문제이다. 산림청은 산사태 위험 저감을 위해 산사태 1급 위험지역[7]에 풍력발전단지 설치를 제한하는 산지관리법 시행령을 개정했다. 이러한 제한에도 불구하고 정부는 풍력발전단지 건설을 위해 도로 규제를 완화하고 풍력발전단지 후보 지역을 확대해 왔다. 에너지 효율이 좋은 바람이 많은 높은 산에 도로를 만들면 대부분 산사태의 위험이 있다. 다

---

7. 한국의 산사태 위험지도는 5개 급지로 구분한다. 1급지의 산사태 위험은 "매우 높다." 2급지는 "높음", 3급지는 "낮음", 4급지는 "매우 낮음", 5급지는 "위험 없음"이다.

만 산사태에 대한 주민들의 상상과 별개로 실제 산사태가 일어나는지는 좀 더 지켜볼 필요가 있다. 사실 산사태는 풍력발전단지뿐만 아니라 태양광단지와도 연관된다. 오히려 태양광단지는 풍력발전단지보다 더 넓은 범위에서 산림의 훼손을 장기적으로 가져온다. 실제 여름 장마 때 산사태로 인해 태양광단지가 파괴된 사실이 언론에 자주 보도됐다. 산사태는 한국과 같이 산이 국토 대부분을 차지하는 나라에서 신재생에너지 전환이 직면할 수 있는 하나의 위험이다.

생태계 파괴의 공간 : 서남해 해상 풍력발전단지

2017년 12월 20일 문재인 정부는 재생에너지 발전량 비중을 2016년 7%에서 2030년 20%까지 높이겠다는 '재생 에너지 3020 이행 계획'을 발표했다. 이 계획에 따르면 신재생에너지 신규 설비용량의 95% 이상이 풍력과 태양광으로 공급된다. 그러나 육상 풍력발전단지 건설이 증가하면서 지역 주민들의 민원이 갈수록 늘어나자 문재인 정부는 해상 풍력발전단지에 더 주목해왔다. 특히 전라북도 부안·고창 일대에 건설될 예정인 서남해 해상 풍력발전단지는 문 정부의 대표적인 관심단지 중의 하나다.

서남해 해상 풍력발전단지 관련 이 지역의 주요 이해관계자는 부안과 고창의 어업계다. 부안 사람들은 주로 고기잡이에 종사하고, 고창 사람들은 갯벌과 양식업에 의존한다. 이 지역 어민들은 서남해 해상 풍력발전단지에 맞서 〈고창부안비상대책위원회〉라는 단체를 만들어 해상 풍력발전단지의 건설을 반대했다. 이들이 반대하는 중요한 이유 중 하나는 과거 새만금 간척사업과 중저준위 방사성폐기물처리장 건설사업 등 국책사업에 의해 지역 어장이 파괴되고 공동체가 붕괴했다는 나쁜 기억 때문이다(함한희, 2002; 노진철, 2004). 이 트라우마는 주민들의 기억 속에 강하게 남아있다. 이 지역에 대한 장소 기억은 "국책사업으로 인해 피폐화되고 망가진 곳"이다(이한신, 2015).

　새만금 간척사업으로 어장이 파괴된 과거의 기억이 풍력발전단지의 장소 이미지로 다시 탄생했다. 이 사업은 1991년 11월 16일에 시작되어 2010년 4월 27일에 완료된, 세계에서 가장 긴 간척사업으로 이 지역에 33.9km의 방파제를 건설하고 갯벌과 바다를 서해안의 육지로 바꾸었다. 이에 한국과 세계 각국의 환경 단체들은 이 사업이 해양 생태계를 파괴할까 우려하여 정부를 상대로 소송을 제기했다(함한희, 2002). 〈부안수협〉 김진태 조합장은 "1970년대 계화도 간척사업으로 바다를 잃었고 1980년대에는 새만금 사업이 부안의 어업을 망가뜨렸는데 또다시 해상 풍력발전단지 조성사업이라는 미명 아래 부안의 어민들을 사지로 몰아넣고 있다"라고 주장했다(이한신, 2015). 그는 과거 이들 국책사업으로 어장이 파괴된 적이 있는 만큼 풍력발전단지 건설로 인해 이 같은 환경피해가 재발하지 않을까 우려했다. 그는 해상풍력 개발사업으로 소실되는 어업구역은 여의도

면적의 130배에 달할 것으로 추측했다. 그는 다음과 같이 성토했다.

> 부안 바다가 총 3억 5,000만 평(11억 5,700만여㎡)인데 새만금과 신항만 등으로 1억 5,000만 평(4억 9,500만여㎡)을 빼앗겼고 2억 평(6억 6,100만여㎡) 남짓 남은 상태(이다). … 해상 풍력발전단지가 또다시 1억 평을 잠식한다면 우리 어민들은 배를 머리에 이고 있으란 말인가. … 새만금 사업으로 어장이 축소되고 있고 백합과 바지락 등의 생산량은 갈수록 떨어지고 있는 상황에서 어민들의 면허권과 조업 구역의 축소를 가져오는 해상 풍력발전단지 조성사업은 또 하나의 빛바랜 청사진일 뿐(이다)(김종효, 2016).

고창 주민들도 새만금 사업처럼 해상 풍력발전단지의 건설로 갯벌이 유실될까 걱정했다. 〈고창부안비상대책위원회〉의 고창군 대표는 새만금 사업 때문에 죽은 펄이 쌓여 고기와 어패류가 산란을 못 하고 그물을 넣으면 죽은 펄에 파묻혀 어획량이 많이 줄었다고 말했다. 이를 소위 세굴 현상으로 부른다. 해상에 풍력발전기를 설치하려면 20~50m의 지반 작업을 해야 한다. 이 과정에서 발생한 진흙이 육지로 밀려와 연안을 따라 축적되면 어패류의 생태계에 피해를 줄 수 있다고 그는 주장한다. 결국, 해상 풍력발전단지의 장소성은 그의 표현에 따르면 바다의 가치가 사라진 "폐허"가 된다.

적게는 20m부터 많게는 50m까지 이번에 시추 조사하면서 이게 나왔어요. 20기를 그 뭐냐 박으면서, 그러면 20m 50m 뻘들이 다 세굴 현상이 어디로, 그것이 패이면 다 어디로든 가서 쌓일 것 아닙니까? 그 쌓인 지점이 어디로 가겠습니까? 내륙으로 다 온다고 하지 않았습니까? 그러면 거기에서 사는 어류나 패류나 이것은 지각 변동이 일어날 것 아닙니까? 거기 2차 피해가. 거기도 폐허가 되지만 다음에 와가지고 쌓이는 그 자리도, 그것도 폐허가 된다는 얘기에요. 그러면 이쪽 전라북도 앞바다 부안, 고창 이쪽 앞바다는, 많이 이렇게 다 들어선다고 하면 다 전멸을 한다. 바다로서, 그 뭐냐 가치는 다 없어진다.

고창과 부안에서 형성된 부정적인 장소성으로 인해 〈고창부안비상대책위원회〉 주민들은 환경 발전주의에 공감하는 주민들과 충돌했다. 환경 발전주의란 환경 관련 국토개발사업이 지역 경제를 발전시킨다는 논리다. 환경 발전주의는 경제발전을 통해 국가를 발전시키고자 하는 발전국가developmental state 모델을 토대로 하고 있다(김동주, 2017 ; Kim, 2016b). 앞 장에서 언급한 바 있는 에너지 민족주의와 같은 맥락이다. 이러한 환경 발전주의는 해상 풍력발전을 옹호하는 정부와 집단들의 수사에서 많이 발견된다.

사실 부안 지역에는 풍력발전단지 건설을 둘러싸고 두 개의 주민단체가 있었다. 앞서 언급한 〈고창부안비상대책위원회〉는 풍력발전단지 건설에 반대하는 단체다. 반면 〈서남해해상풍력부안피해대책위원회〉로 불리는 다른 단체는 어민보다는 식품서비스 종사자나 기업인으로 구성돼 있으며, 풍력발전단지의 반대보다는 피해 보상에 더 초점을 맞추고 있다. 풍력발전단지 설명회에서 두 단체는 충돌했다. 〈고창부안비상대책위원회〉 회원들은 "사업과 직접적으로 연관도 없는, 짠물에 발 한쪽도 담그지 않는 사람들과 무슨 설명회를 하느냐"고 〈서남해해상풍력부안피해대책위원회〉를 비난하면서," 통닭집을 운영하며 맥주를 파는 피해대책위원장을 두고 무슨 어업피해 보상을 논하느냐"고 고성을 냈다(최덕환, 2015). 〈고창부안비상대책위원회〉의 부안 대표는 "또 10년 전 방폐장 사건처럼 비상대책위원회 소속 주민과 피해대책위원회 소속 주민이 갈라져 군민들 간에 지독한 갈등을 겪을 수밖에 없다"라며 제2의 부안 방폐장 사태를 우려했다.

2003년 중저준위 방사성폐기물처분장 시설의 유치를 둘러싼 갈등은 부안의 지역 공동체를 붕괴시킨 심각한 사건이었다. 이 사건으로 2003년 당시 부안에서는 대규모 환경 시위가 일어났다(노진철, 2004 ; 김길수, 2007). 당시 부안군수는 충분한 공론화 없이 이 시설의 유치를 결정했다. 총 2천~1만 명의 지역 주민들이 183일 동안 연달아 중저준위 방사능폐기물처분장 시설의 유치를 막기 위해 시위를 벌였다(김길수, 2007). 시위를 막기 위해 인구 6만 명인 부안군에는 경찰 7천여 명이 투입됐다. 주민 42명이 체포되었고 경찰과 주민 7백 명이 상처를 입었다(같은 책). 결국, 부안이 아닌 경주에서 이 시설을 유치했다. 그러나 2003년 당시 그 부안군수가 2014년 6월 지방선거에서 다시 부안군의 군수가 되었다. 이에 〈고창부안비상대책위원회〉의 대표들은 풍력발전단지의 갈등으로 지역 공동체가 다시 파괴될까 우려했다.

나: 방폐장 사업이 지역 공동체에 많은 악영향을 주었나요?
비상대책위 부안 대표: 엄청났었죠. 지금도 그 [갈등]이 해소가 안 되고 있어요. 근데 이걸 다시 꺼내 들어가지고, 어. 부안이나 고창에 주민들이 이걸로 또다시 갈등을 일으킨다고 한다면 이 지역사회 공동체는 완전히 다시는 회복될 수 없다고 봐요.

요약하면, 부안 지역의 장소성은 물질적인 것뿐만 아니라 사회적인 특징도 포함한다. 즉, 생태 파괴와 공동체의 붕괴를 모두 포함한다. 해상 풍력발전단지의 건설이 예정된 새만금 지역에는 과거 국책사업으로 인해 어장이 파괴되고, 지역 공동체가 붕괴한 경험이 있다. 이 기억은 그들에게 강한 트라우마로 남아 있고, 지역 어업인들은 서남해 해상 풍력발전단지가 건설되는 과정에서 과거의 고난이 반복될까 두려워했다. 이러한 부정적인 장소의 이미지들은 풍력발전단지 반대의 논리가 된다.

환경심리학의 사회재현이론social representation theory은 이러한 트라우마들이 풍력발전기의 의미 구성에 어떤 역할을 하는지를 파악하는 데 도움을 준다(Devine-Wright & Howes, 2010:273). 산사태나 어장파괴의 트라우마는 풍력발전단지에 대한 주민들의 인식에 하나의 앵커링anchoring으로 작용한다. 앵커링이란 사람들이 새로운 것에 대해 인식할 때 기존에 이미 알고 있는 익숙한 지식에 영향을 받는 것을 말한다. 즉, 풍력발전기라는 처음 보는 인공물이 지역에 새로 건설될 때 사람들은 과거의 기억과 익숙한 지식을 통해 미지의 것을 해석하려 한다. 의령과 부안에서 과거에 발생한 장소 파괴의 기억들은 주민들의 마음속에 지워지지 않을 강력한 트라우마로 각인돼 있다. 이 트라우마는 풍력발전기에 대한 부정적인 장소성을 구성하고 주민들은 풍력발전단지 건설을 반대하게 된다.

풍력발전기의 감각과 인공적, 산업적, 기계적 공간의 탄생

사람들은 신체적인 감각을 통해 장소를 인식한다. 사물과 사람 간의 감각적 상호작용에 의해 장소성이 만들어진다. 이 상호작용은 몸을 통해 일어나고 그 경험이 주민들의 담론으로 표현될 때 장소성이 형성된다. 풍력발전기와 사람 간의 감각적 상호작용은 청각적이며 시각적이다. 풍력발전기의 외관, 불빛과 소음으로 인해 자연적인 시골 풍경은 인공적, 도시적, 또는 기계적인 풍경으로 변화된다. 자연과 다른 풍력발전기의 감각풍경은 새로운 장소성을 만든다.

평창 대기리 풍력발전단지 인근 수하리의 한 토박이 남성은 풍력발전기로부터 전력을 송출하는 데 사용되는 송전선 때문에 "사진을 찍을 곳이 없다"라고 주장한다. 그가 사진을 찍고 싶은 풍경은 자연 그 자체이며, 송전선은 이 자연을 가린다. 영양 기산리의 주민들도 풍력발전기가 자연풍경을 해치는 "흉물"처럼 보인다고 말한다. 풍력발전기에 의해 자연에 대한 조망권이 침해되었다. 그들은 자연을 손상된 마음을 치료하는 회복의 장소로 여기는데 풍력발전기의 소음과 불빛이 이 장소성을 해친다고 주장한다.

영양 기산리 주민: 자연이라는 게 도는 거 아닙니까? 그런데 이런 부분을 완전히 파괴하는 게 과연 사람 사는 게 이렇게 해야 하는 건가? 삭막한 그런 것도 좀 돌보고, 산도 보고 물도 보고 새도 보고 계절 변하는 것 속에서 마음을 치유하고자 하는데 윙윙 번쩍번쩍 저는 그게 아닌 것 같습니다.

풍력발전기의 불빛은 야간에 항공기와의 충돌을 방지하기 위해 설치한 경광등에서 나온다. 이 불빛은 인공적인 장소를 만든다. 맑은 밤에는 하늘로 빛이 뿜어져 나오지만, 저기압의 낮은 구름대가 있는 야간에는 빛이 구름에 반사돼 아래 지면을 비추게 된다. 평창 대관령면 수하리의 일부 주민들은 이 빛의 인공성에 대해 불평한다. 도시에서 이 동네로 병을 치료하러 온 한 여성은 풍력발전기의 불빛이 자연적이지 않다고 불평했다.

자연의 빛이 아니기 때문에… 이게 심각하구나. 소리만 나는 게 아니구나! 그걸 느꼈다니까요. 오래 살면 안 될 것 같아요.

아마도 자신의 지병을 치료하기 위해 산으로 왔고 자연 속에서 살고 싶어 했기 때문에, 그녀는 인공적인 것들에 대해 불신한다. 그래서 풍력발전기 불빛의 인공성이 그녀의 병에 해로운 영향을 미칠 것으로 생각한 것 같다. 또 다른 주민은 자연의 불빛은 지속되지만, 이 풍력발전기 빛은 5초마다 반짝반짝하고 점멸하기 때문에 스트레스를 준다고 덧붙였다. 마찬가지로, 〈풍력단지저지영양·영덕시민행동〉의 회원들은 풍력발전기 불빛의 부자연스러움과 자연광의 자연스러움을 비교했다. 달빛과 별빛만 보다가, 자연적이지 않은 풍력발전기의 불빛을 보니 매우 괴롭다고 주장한다. 이처럼 풍력발전기의 빛은 그들에게 인공적이다.

영양 기산리 주민 : 원래 없다가 자연적이지 않은 게 보이는 거자체가, 왜냐면 커튼을 안 치고 있으면 밤에 계속 반짝이니까

그것 자체가 굉장히.

영양 기산리 주민:달빛 별빛만 보다가 야광등이 번쩍번쩍하고
이러면 그러면(짜증 나요).

영양의 한 주민은 심지어 밤의 가로등 불빛조차 싫다고 말
했다.[8] 풍력발전기의 불빛은 자연의 어둠을 망칠 뿐만 아니라
인공적, 도시적 공간을 만든다. 한때 갈천2리 주민이었던 영덕
주민도 풍력발전기의 불빛 "여러 개가 동시에 번쩍거리는 것이
아니라 막 불규칙하게 번쩍번쩍거리니까 온 하늘이 그냥 나이
트의 사이키 조명처럼" 보이고 "굉장히 거슬린다"라고 말했다.
그는 풍력발전기의 "이국적인 풍경"이 오랫동안 산속에 살아온
사람들을 매우 불편하게 만든다고 덧붙였다. "나이트클럽" 조명
의 이미지는 이른바 "이국적인 풍경"과 연결돼 있다. 그에게 이
것은 도시적이며 왠지 시골에는 어울리지 않는 것처럼 보인다.

이와 같은 새로운 장소성은 풍력발전기의 감각적, 물질적
특성뿐만 아니라 풍력발전단지를 반대하는 지역 주민들의 생
태적, 자연적 세계관의 영향도 받는다. 주민들은 그들의 장소를
원시적인, 자연 그대로인 것으로 생각하고 산은 개발되지 않았
기 때문에 가치가 있다고 생각한다.

---

8. 루돌프 등(Rudolph et al., 2017)은 덴마크의 풍력발전기 사례 연구에서 풍력
발전기의 불빛이 시골 마을의 어둠을 망친다고 주장한 바 있다.

영양 기산리 주민: 대한민국이 지금 완전히 난개발로 초토화 되다시피 했는데. … 그래도 아직 이만큼 사람의 때가 덜 묻은 데가 내가 알기론 대한민국에 불과 두세 군데 남아있을까 그래요. … 적어도 여기만큼은 그냥 놔두자 말이에요. 그걸 파헤쳐서 사람 못 살게 다 버려 놓고 쫓아내고 그 짓을 몇십 년을 해왔는데 이제라도 그리고 적어도 앞으로 10년 20년 살고 다 끝날 거면 상관이 없지만 100년 200년 살아가려면 이런 곳 한두 곳은 남겨둬야 한다. 아까 우리가 이야기한 정말 보존 가치가 있다고 생각하는 게 그래서 정말 목숨이라도 걸고 지켜내야 된다고 생각하는 게 대한민국에 이만한 데가 몇 군데 없어요.

이들은 원래 서울, 대구 등 도시에 살다가 도시 생활이 싫어 영양으로 이주한 귀농인들이다. 농촌으로 귀농한 이유와 도시와 시골 사람들의 차이를 다음과 같이 말했다.

영양 기산리 주민: 도시가 자연스럽지 않다고 느꼈어요. 도시는 어쨌든 돈에 의해서 해결해야 하고 그래서 굉장히 속박당한다는 느낌이 들어서 삶의 기본조건이 해결되어야 내가 생각하는 어떤 자유라는 부분이 가능하겠다 해서 삶의 기본조건이 의식주이니까 이런 땅에 살면 어느 정도 해결되겠다 해서 같이 사는 사람이랑 몇 명 해서 들어온 거죠.

영덕 주민 : 도시와 시골에 사는 사람들하고 근본적인 어떤 그, 자연과의 교감이 조금 다른 것 같아요. … 물론 자연하고 싸우기도 하지만 자연하고 굉장히 친밀한 관계잖아요. 나물 뜯고, 올무 놔서 잡기도 하고 또 뭐 땔감도 구하고, 뭐 훼손하는 측면도 있지만, 상당히 자연과 주고받는 이런 것들이 도시인들이 보기에는 조금 이해가 못 할 수도 있어요.

풍력발전기의 소음은 또한 조용한 시골을 성가신 기계 소리가 나는 시끄러운 공간으로 변화시킨다. 평창, 영양, 영암 주민들에게 풍력발전기의 소음은 비행기, 탱크, 톱니바퀴와 같은 기계음과 관련이 있다. 풍력터빈이 계속 돌아가는 소리 가운데 불규칙한 날카로운 금속성 소음이 나기 때문에 기괴하게 들린다. 풍력발전단지가 건설되는 농촌은 원래 새소리가 들리는 한적한 곳이었다. 현지 주민들은 풍력발전기로 인해 시골이 시끌벅적한 곳으로 변했고, 이런 소음은 조용한 시골에 어울리지 않는다고 말했다. 한때 예술가들이 평창 수하리에 음향시설을 건설하려고 대지를 매입해 설계까지 완료했으나 풍력발전단지가 들어선다는 소식을 듣고 그 계획을 철회했다. 도시에서 이주한 여성 주민은 풍력발전기가 "탱크 굴러가는 소리" 같은 소음을 내기 때문에 과거 개미 소리조차 들리지 않는 조용한 시골과 극명한 대조를 이룬다고 말했다.

평창 수하리 주민1: 서울은 복잡하고 여기는 공기 좋아서 왔는데 막상 와서 보니까 저런 거(풍력발전기가) 돌아가고 보니까 밤잠을 못 자요.

나: 좀 조용한 걸 좋아하시나요?

평창 수하리 주민 1: 네. 그래서 왔는데 드르륵드르륵 탱크 굴러가는 소리 자다 말고 몇 번씩 나와 볼 때가 있어요.

평창 수하리 주민 2: 제가 여기 온 지 12년 정도 됐는데 그때는 밤 되면 개미 새끼 소리도 안 날 정도로 고요했거든요. … 지금은 그때보다는 차도 많이 다니고 그래서 덜한데, 저 풍차 소리가 갑자기 돌아가다 보니까 안 들리던 소리가 갑자기 나니까 신경이 쓰이죠.

풍력발전단지를 반대하는 영양 주민들도 이 지역은 "사람들이 와서 도시를 떠나 조용히 살고 싶어 하는 곳이다. … (여기서 풍력발전단지를 설치하려는) 주민들은 도시 생활의 문제점을 알지 못한다"라고 말했다. 특히 한 영덕 주민에게 풍력발전기로 만들어진 기계 공간은 산업화한 공간이 된다. 그는 풍력발전기의 마찰음으로 인해 '끼이이익' 톱니바퀴 소리가 난다고 말하면서, 이 소음으로 인해 공장 주변에 사는 듯한 느낌이 난다고 말했다. 이 공장의 이미지와 함께 원래 조용했던 시골은 산업화한 공간이 되었다.

아주 시끄러운 건 아닌데 이게 지속적으로 이렇게 휙휙 거리는 마찰음에다가 기계가 돌아가면서 그 끼기긱 거리는 소리, 뚝 뚝 거리는 소리, 이런 것들이 지속적으로 들리다 보니까 사는 데 불편하고 뭐 이런 건 아니지만 뭔가 모르게 기분이 좋지 않다.… 돌아가는 특유한 소리 있잖아요. 그런 묵직한 그니까 돌아가긴 하는데 날카롭지는 않지만, 굉장히 묵직한 어떤, 어 그런 소리가 나고 그, 기계, 뭐 톱니바퀴가 이렇게 하면서, 끼이이익거리는 소리, 뚝뚝 거리는 소리, 이런 것들이.… 그러니까 어떤 큰 공장 주변에 기계음이 이렇게, 휙, 이게 큰 저 바람개비가 돌아가서 이렇게 휙휙 하니까 예 그런 거죠. 아마, 은근한 소음이니까, 은근히 소음이 나는 공장 주변에 사는 듯한.

영암군 한대리는 풍력발전단지 소음으로 인한 주민들의 불만으로 가장 잘 알려진 마을 중의 하나다. 이 마을은 풍력발전단지에서 550m 떨어진 곳에 있다. 이곳 주민들은 몇 대째 이 동네에 사는 토착민들이다. 내가 면담한 사람들은 70대였다. 한 할머니는 풍력발전기에서 제트기 또는 비행기 소리가 난다고 했다.

새소리 안 들려요. 저것이 돌아가 불면 비행기 가는 소리도 안 들리는디. 비행기 소리인지 저 소리인지도 모르겠어.… 비행기 소리도 몰라.… 비행기는 잠깐 지나가 불면 그만이지만 저 소리는 하루 종일 아주.

지역 주민들은 풍력발전기가 "붕~붕," "에에에엥," "끼이이이
익"와 같은 소음을 낸다고 말한다. 이 의성어로 인해 풍력발전
기는 비행기로 상상된다. 이 비행기의 이미지와 함께 이 마을은
시끄러운 장소가 된다.

이 마을에서 풍력발전기의 기계적 소음은 주민들의 '장소
정체성'에 영향을 미친다. 장소 정체성은 장소에 의해 형성되는
개인 또는 집단의 정체성을 말한다. 일부 주민들은 풍력발전기
의 소음과 불빛에도 불구하고 경제적 보상이 미흡해 다른 곳으
로 이사 가기 어렵다. 한대리 노인들에 따르면 풍력발전단지가
건설되기 전에는 공기와 물이 좋은 산촌이었으나 풍력발전단지
건설 이후에는 소음과 저주파 음으로 인해 생활하기 어려운 곳
이 됐다고 한다. 동네를 떠났던 주민들이 마을로 다시 돌아가고
싶어 했지만, 풍력발전단지가 건설된 뒤 생각이 바뀌었다. 주민
들은 자녀들에게 귀향을 권고할 수 없다고 말했다. 풍력발전기
소음 때문에 땅을 팔 수 없고, 돈이 없어 다른 지역으로 이사
갈 수도 없다고 호소했다. 궁극적으로, 한 할머니 표현에 따르
면 어디에서도 움직일 수 없는 "묶인 돼지"가 되었다고 한다. 이
러한 장소 정체성은 기계음의 시끄러운 장소의 이미지와 함께
생성된다.

비 오고 바람 불 때는 아주 막 아주 까니 우당탕탕 하고 우리 선길(도시 사는 아들)이가 저 이사해서 방 한 칸 들여갔고 너 살라 했더니 못 살겠디야. 못 살어. 소리가 어찌 지금 자자 지글 자차 하는지. 뭐 살 동안 떨어져야지. 못 살어. 누가 여기 들어와서 살라 하것어.⋯ 여그는 어디로 가나, 오나 땅도 못 팔아묵고, 집도 못 팔아묵고, 오도 가도 못하는 신세가 돼버렸어요.⋯ 가도 오도 못하는 돼지가 되어 부렸어요.

요약하면, 지역 주민과 풍력발전기의 감각적 상호작용은 인공적, 도시적, 기계적 공간을 형성한다. 이 새로운 공간들은 풍력발전기의 소음과 불빛으로부터 비롯되었다. 자연이든, 도시이든 간에 공간은 고정적인 본질을 가지고 있지 않으며, 인간과 사물의 상호작용에 따라 변화할 수 있다. 이러한 상호작용 속에서 토착민, 귀농인, 환자들의 자연적, 생태적 세계관이 풍력발전기의 기괴한 기계 소음 그리고 인공적인 불빛과 충돌한다. 주민들은 마을을 도시로부터 탈출하기 위한 회복적 장소restorative place로 생각하기에 풍력발전기는 위협이 된다(Devine-Wright & Howes, 2010). 그들은 풍력발전기를 보고 공장 소음과 나이트클럽 조명을 떠올렸는데 이러한 상상은 도시적이며 산업화한 공간을 구성하게 한다. 이러한 장소성이 만들어지는 데는 풍력발전기의 물질적, 감각적 영향만이 아니라 자연이나 도시에 대한 주민들의 세계관도 이바지한다. 풍력발전기로 만들어진 이 새로운 장소성은 주민들의 정체성을 형성한다. 다시 말해, 풍력발전기에 대한 감각은 새로운 장소뿐만 아니라 사회적 삶을 구성한다.

마무리

신재생에너지에 대한 대중의 지지는 매우 높다. 하지만 정부가 신재생에너지 전환을 적극적으로 추진하면서 지역 갈등이 고조되고 있어 신재생에너지의 지역 수용성은 새로운 도전을 받고 있다. 그러므로 지역 사람들이 왜 그리고 어떻게 풍력발전단지 건설을 강력히 반대하는지를 알 필요가 있다. 지역 주민들은 그들이 사는 지역의 장소성을 바탕으로 풍력에너지 사업을 이해한다. 풍력발전단지는 해당 지역에서 과거의 장소성을 재생산할 뿐만 아니라, 새로운 장소성을 창조하기도 한다.

장소 파괴에 대한 기억은 장소의 재생산에 중요한 역할을 한다. 특정 지역의 주민들은 그들 지역에서 과거에 발생한 장소 파괴의 경험을 떠올리면서 풍력발전단지 건설에 대해 강하게 반발한다. 과거 산사태와 지역개발사업에 의해 초래된 생태계 파괴로 부정적인 장소성이 만들어졌고, 풍력발전단지 건설과정에서 이 장소 파괴의 기억이 주민들의 기억 속에서 다시 살아났다. 특히 산사태 가능성이 높은 산지에 풍력발전단지가 주로 건설된다는 점에서 산사태 트라우마는 서구 국가들과 다른 한국의 뚜렷한 지질학적 특징을 드러낸다.

감각은 또한 에너지 전환을 위한 새로운 장소를 형성하는 데도 기여한다. 풍력발전기 반대 주민의 감각 경험 속에서 자연과 농촌 공간은 인공적, 도시적, 산업적, 기계적 공간으로 변화된다. 자연광이 있는 장소는 인공적인 도시의 불빛을 가진 장소로, 조용하고 자연 소리가 나는 장소는 기계음으로 시끄러운 장소로 전환된다. 과거 장소의 재생산과 새로운 장소의 창조는 때때로 한 지역에서 동시에 일어나기도 한다. 예를 들어 영양 지역에는 산사태에 의한 장소 파괴의 과거 기억과 현재의 감각적 물질문화가 공존한다. 그렇게 만들어진 풍력에너지의 부정적인 장소성은 풍력단지 건설을 반대하는 중요한 동인이 된다.

풍력발전정책을 지역적 맥락에 맞추기 위해 정부는 지역의 지질·환경적 상황뿐만 아니라 지역 공동체의 인구 분포, 지역 사람들의 믿음과 문화적 가치 등을 고려해야 한다. 이것은 모두 장소성의 형성에 영향을 준다. 풍력발전단지를 계획하기 전에 정부는 부정적인 장소성이 있는 곳을 피하거나 긍정적인 장소성을 형성할 수 있는 지역을 찾아야 한다. 비용 편익 분석 및 바람의 질 평가 외에도, 후보 지역 마을에 장소 관련 취약성이 역사적으로 어떻게 존재해 왔는지를 검토해야 한다. 다만 장소와 관련한 갈등이 불가피할 경우 지역 주민들의 정책 참여 과정에서 해당 지역의 장소성과 관련된 다수의 관점이 공평하게 논의될 수 있도록 해야 한다.

정부는 신재생에너지 관련 공공 협의와 지역사회의 참여 과정에서 풍력발전단지의 장소성을 고려하면서 담론전략을 신중하게 고안해야 한다. 예를 들어, 에너지 정책의 주요 구호 중 하나인, 환경 발전주의의 미사여구가 반드시 풍력발전단지의 지역 수용성을 개선하는 만병통치약은 아니다. 생태적 가치관과 장소 파괴의 트라우마를 가진 지역 주민들에게 환경 발전주의를 이해시키기는 쉽지 않다. 나쁜 기억과 감각 경험에 기반을 둔 부정적인 장소성이 그들에게 훨씬 더 와닿는다. 영양의 사례에서 보듯, 풍력발전이 생태계를 파괴한다고 생각하는 일부 주민들에게 에너지 전환을 통한 지속 가능한 개발이라는 수사는 그렇게 효과적이지 않다. 주민들에게 기후변화에 대응하는 계몽적 태도를 요구하고 지역의 발전과 국가 성장을 홍보하기 전에 그들의 장소 인식에 내재한 가치관을 자세히 살펴보아야 한다.

6장
한국 사회운동의 물질문화

시위 인공물은 시위자의 정체성, 운동 문화, 그리고
시위 공간을 형성하는 능동적인 주체다. 시위자가 촛불을
들 때와 쇠파이프를 들 때 서로 다른 존재가 된다.
쇠파이프는 남성적이고 위계적인 운동 문화를 만든다.
촛불은 들고 달리거나 폭력을 행사하기 어려우므로
평화적, 민주적, 정적인 시위를 만든다.

내가 대학을 다녔던 1980년대와 오늘날의 시위 풍경은 너무나 다르다. 시위 참여자, 시위에 사용되는 용품과 음악, 그리고 집회 장소 등 시위를 구성하는 모든 것이 변했다. 대학 시절 시위 현장을 뒤덮었던 돌, 화염병, 쇠파이프는 이제 찾아보기 어렵다. 2000년대 이후 평화시위가 정착하면서 등장한 촛불은 한국 집회의 상징이 되었다. 2016년 말 몇 달 동안 비폭력 시위로 진행된 박근혜 대통령 탄핵 촛불 집회는 사회운동사에서 매우 드문 사건이었다. 물론 시위 현장의 폭력이 완전히 사라지지는 않았다. 최루탄은 찾아보기 어렵지만 2015년 11월 고 백남기 농민 사망 사건 때처럼 물대포는 여전히 남아있다. 집회는 허용되지만 차벽으로 둘러싸여 저지되기도 한다. 집회에서 사용되는 인공물은 시위 참여자들의 단순한 도구가 아니다. 인공물의 변화와 함께 시위 참여자들도 달라졌다.

이 글은 1980년대부터 2000년대까지 한국 사회운동의 물질문화를 살펴본다. 흔히 사회운동은 시위 참여자와 조직, 그리고 그들의 정치 신념과 사상에 의해 추동된다고 생각하기 쉽다. 물론 사회운동에서 이 요소들의 중요성은 아무리 강조해도 지나치지 않다. 하지만 시위에서 사용되는 인공물도 사회운동의 문화를 만들어내는 데 중추적인 역할을 한다(Reed, 2005 ; Johnston, 2009). 사회운동의 물질문화는 거리, 광장, 대학 등 물질 공간 속의 시위 퍼포먼스를 통해 만들어지고, 이 퍼포먼스에서 시위대와 인공물은 능동적인 주체가 된다. 시위가 일어나는 동안 인공물은 시위대와 경찰의 감각과 감정을 자극한다. 시위 퍼포 먼스는 시위 공간을 형성하고 때때로 시위대와 경찰 사이의 공간 투쟁을 만든다.

이 글은 시위 참여자, 인공물, 시위 공간의 관계를 분석하여 사회운동 문화의 담론성, 신체성, 물질성, 공간성에 대해 논한다. 첫째, 시위의 상징 그리고 시위 참여자들의 감정과 감각이 형성되는 데 있어 인공물의 역할을 다룬다. 시위대의 감정은 시위 인공물과의 감각적 상호작용을 통해 형성된다는 점에서 감각적이며 물질적이다. 여기서 감정과 감각의 이분법은 사라진다. 둘째, 인공물과 시위 문화의 관계를 다룬다. 인공물이 시위 조직의 계층적 문화와 시위 현장에서의 성별 역할 분화에 어떻게 이바지하는지를 살펴본다. 시위 문화의 계층성과 젠더성은 시위 인공물의 물질적 실천에 따라 달라진다. 셋째, 인공물과 시위 공간의 연관성을 말한다. 시위 공간의 역사적 변화를 살펴보면서 시위 공간이 인공물의 존재와 사용에 어떻게 영향을 미치는지를 살펴본다.

사회운동의 물질문화

사회운동 연구는 지난 수십 년 동안 자원 동원이론, 프레임 이론, 신사회운동 이론 등 다양한 이론의 출현과 함께 발전해 왔다(Goodwin & Jasper, 2015 ; Benford & Snow, 2000). 이 이론들은 시위 참여자들이 전략적인 행동을 하기 위해 조직, 지식, 자금, 미디어 같은 자원을 어떻게 동원하여 사용하는지, 사회운동의 이슈와 지식 프레임이 어떻게 구성되는지, 그리고 정체성 정치 같은 새로운 정치적 변화가 사회운동에서 어떻게 나타나는지를 다루었다(Carty, 2015). 그러나 사회운동의 물질성, 즉 사회운동에서 인공물의 역할을 다루는 연구는 상대적으로 찾아보기 어렵다(Goodwin & Jasper, 2015).

물론 최근 자원 동원이론은 사회운동에서 인터넷과 소셜미디어와 같은 디지털 기술의 역할에 새롭게 주목했다(Enjolras et al. 2013 ; Carty, 2015). 디지털 기술은 아랍의 봄처럼 리더 없는 leaderless 사회운동을 낳았다. 그러나 이 이론에서 디지털 기술은 시위 참여자들을 효율적으로 동원하기 위한 통신 수단으로 간주된다. 이 기술은 단순히 중립적인 도구로 취급되거나(Carty, 2015 : 5), 시위 참여자들이 사용하는 정치, 경제, 물질 자원의 한 종류에 불과하게 여겨진다. 그러나 사실 인공물은 시위에서 도구 및 자원 이상의 역할을 한다.

사회운동 관련 문화연구는 시, 노래, 그림, 영화, 심지어 티셔츠와 같은 인공물들이 어떻게 사회운동 문화의 형성과 사회정치적 변화에 이바지하는지 연구했다(Reed, 2005 ; Johnston 2009). 특히, 시위 음악은 가장 많이 연구된 심미적 문화 인공물 중 하나다(Denisoff & Peterson, 1972 ; Eyerman & Jamison, 1998 ; Halker, 1991 ; Roscigno & Danher, 2004 ; Roy, 2010). 아이어맨과 제이미슨

(Eyerman & Jamisen, 1998)은 사회운동의 의미와 집단 정체성을 형성하는 데 있어 시위 음악의 역할을 다루었다. 그러나 이 연구들은 사물의 비담론적 퍼포먼스에 초점을 둔 최근 물질문화 연구와는 다소 동떨어져 있다.

물질문화연구는 크게 두 부류로 나뉜다. 하나는 물질문화에 대한 후기구조주의 접근이다. 1980년대 물질문화연구에서 후기구조주의의 영향력은 매우 컸다. 후기구조주의는 물질문화를 텍스트와 담론으로 간주하고 인공물의 상징적이고 담론적인 의미를 분석한다(Hodder, 2002 ; Olsen, 2013 ; Tilley, 1990). 후기구조주의는 사물과 언어의 차이를 인정하지 않는다. 도나 해러웨이(Haraway, 1997)에 따르면, 사물은 "물질-기호학적 혼성물"material-semiotic hybrid이다. 존 오스틴의 언어행위 이론(1962)에 따르면, 언어는 물질적 효과, 즉 수행성을 만든다(Butler, 1990). 사물은 언어의 수행적 결과다. 언어에 따라 물질적 실재가 만들어진다.

다른 하나는 물질문화에 대한 신유물론 접근이다. 레비 브라이언트(2000)는 후기구조주의가 틀린 것은 아니지만, 과잉된 주장이라고 말한다. 최근의 물질문화연구는 사물과 언어를 구별하며, 후기구조주의의 이른바 '언어적 전환'linguistic turn을 극복하려고 시도한다. 신유물론자들은 비담론적인 물질적 실천을 더욱더 주목한다(Pickering, 2010 ; Hicks, 2010). 사물의 상징적·담론적 의미보다는 언어로 표현하기 쉽지 않은 사물과 인간 간의 감각적·감정적 상호작용을 다룬다.

물질문화는 사물, 신체, 또는 공간의 퍼포먼스로부터 비롯된다. 여기서 퍼포먼스 개념은 사회운동 문화에서 인공물의 역할을 이해하는 데 매우 중요하다(Juris, 2015). 퍼포먼스 이론에 따르면, 퍼포먼스는 집단적 의미, 정체성, 자아selfhood를 형성한다(Flynn & Tinius, 2015). 행위자는 퍼포먼스의 원인이 아니라 효과다. 행위자는 퍼포먼스를 통해 나타난다. 이를 상연enactment이라 부른다. 사물은 항상 존재하는 것이 아니라 시간이 지나면서 창발한다(Hicks, 2010:81). 동시에, 행위자의 능력은 인간과 사물의 관계로부터 나온다(Latour, 2005; Law, 2010). 이를 관계적 행위력relational agency이라 부른다. 이 개념에는 주체와 객체의 선험적인 구분은 없다. 주체와 객체는 퍼포먼스의 결과일 뿐이다. 카렌 바라드(Barad, 2007)에 따르면 "행위력은 내부 작용1, 상연의 문제이며, 그것은 어떤 것 혹은 누군가에 의해 소유되지 않는다"(Jones & Boivin, 2010). 행위력은 "주체와 객체의 어떤 특성이 아니며, 주체와 객체는 고정적인 실체로 존재하지 않는다"(같은 책:351). 신유물론 학자들은 인공물을 "사람과 사물 간 관계의 거미줄에서 존재하는 능동적인 주체"로 본다(Mitchell, 2013:391).

---

1. 내부 작용(intra-acting) 개념은 상호작용(interaction) 개념과 대비되는데, 상호작용은 독립적으로 존재하는 행위자를 선험적으로 전제한다면, 내부 작용은 이것을 전제하지 않는다. 내부 작용은 행위력을 현상(실천, 퍼포먼스)의 결과로 간주한다. 현상이 원인이고, 주체와 객체 등 행위자는 그 현상의 결과다.

마지막으로, 퍼포먼스는 공간을 형성하고 변화시킨다(같은 책:394). 이를테면 공간은 고정적이거나 객관적으로 존재하지 않으며 퍼포먼스를 통해 구성되고 퍼포먼스의 변화에 따라 끊임없이 재구성된다. 특정한 공간은 특정한 물질적 실천과 밀접하게 얽혀 있다. 다시 말하면, 사회-물질적 실천으로 형성된 공간은 다른 형태의 사회-물질적 실천을 제약한다. 그런 점에서 공간과 인공물은 모두 정치적이다.

물질문화를 연구하는 학자들은 그동안 사회운동의 인공물에 대해 별로 관심이 없었던 것 같다. 이에 이 글은 물질문화이론의 관점에서 사회운동 문화의 다양한 측면을 이야기한다. 첫째, 사회운동 문화의 담론성과 신체성을 살펴보기 위해 인공물의 상징적 의미와 감각적, 감정적 영향을 다룬다. 인공물은 시위의 상징적 의미를 구성한다. 이를테면 폭력시위, 평화시위, 합법시위, 불법시위, 정상적이거나 비정상적인 시위 개념은 인공물에 의해 상징된다. 시위 퍼포먼스는 시위대, 청중 및 전경들로부터 이른바 정동을 만들어낸다. 1장에서 언급한 바와 같이 스피노자의 정동 개념은 정신과 몸, 인간과 비인간 사이의 이분법을 극복하는 개념이다. 이 정동은 인간 자신의 주체성의 결과가 아니라 몸과 사물 간의 관계적 효과다(Navaro-Yashin, 2009). 신유물론적 관점에서, 정동은 주관과 객관 그리고 언어와 물질의 경계를 넘는다(Deleuze & Guttari, 1987 ; Navaro-Yashin, 2009). 이 글은 인공물의 정동에 대한 감각적 분석을 통해 시위 문화의 신체성corporeality을 말한다.

둘째, 이 글은 인공물과 시위 문화의 연관성을 말한다. 시위 문화는 단순히 운동가들의 정치 사상뿐만 아니라 시위 퍼포먼스에 사용되는 인공물을 통해 형성된다. 시위 문화의 물질성은 인공물의 행위력과 관련이 있다. 인공물과 시위 참여자들은 시위 퍼포먼스를 통해 관계를 맺으며 각각의 의미, 정체성, 또는 행위력을 구성한다. 운동가들은 인공물을 사용하면서 체현되고, 인공물은 시위 퍼포먼스를 통해 행위를 할 수 있는 능력을 부여받는다. 인공물에 의한 시위 참여자들의 체현embodiment은 시위 참여자들의 정체성과 시위의 의미를 변화시킨다. 인공물의 물질정치는 시위의 퍼포먼스 속에서 특정 시위 참여자들의 권력을 강화하거나 반대로 다른 행위자들이 시위할 수 없도록 저지하는 방식으로 이루어진다. 이 물질정치는 시위 문화에 필수적이다. 이 책의 물질정치에 대한 접근은 다원주의적 접근으로 여러 인공물의 물질적 정치를 서로 비교한다. 그래서 신유물론의 존재론적 정치ontological politics와는 결이 다르다. 존재론적 정치는 하나의 사물이 가진 존재론적 다양성으로부터 유래한 정치적 효과를 의미하며 여러 다른 사물 간의 정치를 의미하지는 않는다(Mol, 1999).

이 글은 폭력의 정도의 측면에서 어떻게 서로 다른 인공물이 시위 퍼포먼스와 조직문화를 만들어내는지를 말한다. 폭력과 시위 문화 간의 관계를 조사한 또 다른 연구자인 권인숙

(Kwon, 2005)은 1980년대 민주화 운동가들이 군사주의와 남성성을 가지고 있었다고 지적했다. 그녀는 1980년대 학생운동 단체의 성차별을 분석하면서 투쟁이 더 격렬해질수록 시위 일선에의 여성 참여는 더욱 조직적으로 위축되고 심지어 금지됐다고 주장했다. 다만, 그녀의 연구는 시위 문화의 물질성, 즉 폭력에 있어서 인공물이 수행하는 역할에 대해 명시적으로 초점을 맞추지 않았다. 그녀의 연구에 덧붙여, 이 글은 시위 문화와 관련된 다양한 인공물이 운동단체의 조직문화와 어떻게 결합하는지를 설명한다.

셋째, 이 글은 사회운동 문화의 공간성을 논의하기 위해 시위 퍼포먼스에서 인공물과 시위 공간의 관계를 다룬다. 공간 연구의 초점 중 하나는 공간이 어떻게 정동을 생산하는가이다(Navaro-Yashin, 2009 ; Bender, 2013). 예를 들어, 우리가 멀리 버려진 마을, 그리스의 유적지, 혹은 몽골의 광활한 평원을 방문했을 때, 서로 다른 풍경은 우리에게 각각 새로운 느낌을 준다. 인간이 어떤 장소를 느끼고 경험할 때, 그 장소는 객관적이지도, 주관적이지도 않다(Bender, 2013). 공간 연구의 또 다른 초점은 공간의 의미가 실천에 따라 어떻게 변하느냐에 있다. 서르토(Certeau, 1984)에 따르면, 공간은 실천에 따라 역동적이고 유동적이다. 공간은 소위 실천되는 장소다(같은 책 : 177). 마찬가지로, 미첼(Mitchell, 2013 : 394)은 "공간 개념은 살아있는 환경의 상대적으로 중립적인 공간에서 상징적으로 그리고 종종 정치적으로 충전된 퍼포먼스 공간으로 변화된다"고 주장한다. 사회운동의 측면에서 인공물과 인간은 시위 퍼포먼스를 위한 물질적 공간을 차지하면서 시위 공간을 형성한다. 공간을 차지하는 인간과 사물의 상호작용은 공간의 의미를 만든다(Jansen, 2001). 시위 공간의 의미는 고정되지 않는다. 시위 종료 후 시위 참여자와 인공물이 자리를 떠나거나 서로 다른 인간과 인공물이 공간에 들어오면 그곳의 의미가 바뀌거나 사라진다. 시위 공간은 시위에 참여하는 인간과 그들의 인공물에 항상 얽혀 있으며, 그들 밖에 존재하지 않는다.

이 글의 초점은 시위 공간의 가용성availability과 이동성이 시위 인공물의 역사적 출현에 어떤 영향을 미치는가이다. 시위 공간은 특정한 인공물의 존재와 퍼포먼스를 강화한다. 특정 인공물은 특정한 시위 공간을 필요로 하고 그 공간을 강화한다. 이 글은 1980년대부터 2000년대까지 시위 공간의 변화와 그 이동성을 살펴보고, 시위 공간과 인공물의 출현 간의 관계를 살펴본다. 특히 인공물의 출현과 관련하여 유동적인 시위 공간과 안정적인 시위 공간을 서로 비교한다. 두 공간의 차이는 시위대의 이동 여부와 관련한다.

한국 시위 퍼포먼스의 역사 : 1980년~2000년대

1979년 10월 김재규에 의해 박정희 대통령이 암살된 후 전두환 장군은 쿠데타를 일으켜 국가 권력을 장악했다. 민주주의를 원하는 전국적인 시위가 발생하자 전두환 정권은 계엄령을 선포하고 탄압했다. 1980년 광주에서 발생한 대규모 시위를 전두환 정권은 군대를 동원하여 무력으로 진압한 후 1983년까지 어떤 종류의 시위도 허용하지 않았다. 그러자 학생들은 순식간에 끝나는 기습시위를 벌였다. 이런 시위를 '동을 튼다'라고 한다. 이를테면 학생들은 반정부 구호를 외치고 재빨리 도망치거나 경찰에 붙잡혔다. 시위대는 전위적인 게릴라 같았다. 이 기습시위는 대규모 학생들을 동원하기 어려우므로 소규모 학생운동 단체 중심으로 이루어졌다.[2]

1983년 12월 2일 공표된 '학원자율화조치' 이후 전두환 정부는 대학 내 집회를 허용했다. 하지만 경찰이 자주 대학 내에 진입했고 학생들은 교문 밖으로 진출할 수 없었다. 그래서 격렬한 시위가 교문 앞에서 벌어졌고, 사수대라고 알려진 전투 학생 단체들이 학생들의 시위에서 중추적인 역할을 했다. 1987년 전국단위 학생운동 단체인 〈전국대학생협의회〉(이하 〈전대협〉)가 출범한 뒤 사수대가 조직화하면서 이 조직은 군사 조직을 방불케 하는 강한 기강을 갖추게 되었다.[3] 1987년부터 1989년까지

---

2. 또 다른 기습시위의 형태는 도서관, 강당 등 고층 건물 옥상에서 메가폰을 이용해 반정부 연설을 외치는 것이다. 시위 참여자들은 때때로 경찰을 피해 밧줄을 사용하여 높은 건물 외벽에 매달려 시위를 했다. 이 밧줄 행위는 시위대가 붙잡히기 전에 시간을 벌기 위해 행해졌으며 학생들의 관심을 끌었다.

3. 한국의 학생운동은 두 파로 분류된다. 민족 해방파는 분단된 한국의 통일을

〈전대협〉은 평화시위를 추진하려 했기 때문에 사수대의 역할이 크지 않았다. 그러나 1989년 대학생 임수경이 방북한 뒤 이른바 민족해방 차원에서 통일운동이 전개되자, 시위 진압이 심해졌다. 이때 사수대는 학생시위의 중심이 되었다.[4] 사수대는 화염병을 만들어 사용법을 평소 연습하고 시위 현장에서 경찰에 투척했다. 사수대의 대원들을 급히 소집하기 위해 사이렌이 사용되었다. 이를테면, 사이렌이 울리면 무기를 든 사수대원 약 500명이 재빨리 학생단체의 사무실에 모였다. 1980년대 시위의 절정은 1987년 대학생 박종철의 죽음으로 촉발된 대규모 시위였다. 이 시위에서 또 다른 학생 이한열이 최루탄에 맞아 숨졌다. 이후 다수당의 대통령 후보인 노태우는 대통령 직선제 지지를 선언했고 결국 민주주의가 성장할 수 있는 길이 열렸다.

1990년대 시위에는 학생들의 폭력 시위와 시민단체의 평화 시위가 공존했다. 시민단체의 성장은 1990년대 한국에서 가장 두드러진 사회 변화 중 하나였다. 학생운동 단체와 대조적으로 시민단체들은 폭력 시위를 하지 않았다. 그들은 집회의 개최 계획을 사전에 경찰에 통보하고 승인을 받았다.[5] 평화시위를 하면서 노인이나 주부 등 시위 참가자도 다양해졌다. 독립 음악 가

우선시했고 민중 민주파는 사회적 불평등에 더 초점을 맞췄다. 〈전대협〉은 전자가 주도한 단체다.

4. 이 시기 가장 유명한 사수대는 전남대학교의 〈오월대〉, 조선대학교의 〈녹두대〉였다(Kwon, 2005).

5. 1989년 〈경제정의실천시민연합〉은 처음으로 경찰에 시위를 사전에 통보했다.

수, 대중가수, 댄스그룹들을 초대하여 공연을 하기도 했다. 〈한국환경운동연합〉은 당시 김영삼 전 대통령을 풍자한 가면을 쓴 탈 공연을 했다.

그러나 이러한 평화적인 시위는 폭력 시위의 종식을 알리는 신호가 아니었다. 학생들은 집회에 대한 사전 승인을 경찰로부터 받지 않았다. 폭력 시위는 여전했으며 사수대는 더욱더 조직적으로 움직였다. 1989년 '화염병 사용 등의 처벌에 관한 법률'이 만들어지면서 화염병 제조에 필요한 기름과 페인트 시너를 구입하기가 어려워지자, 사수대는 쇠파이프를 더욱더 자주 사용하기 시작했다. 또한, 경찰이 도로를 아스팔트로 교체하는 바람에 도로 바닥을 깨서 돌처럼 던질 수 없었다. 1980년대 학생들이 돌과 화염병을 주로 시위에 사용했을 때는 정면 대결은 드물고, 먼 거리에서 돌과 화염병을 던졌다. 그러나 1990년대 시위에서 학생들이 쇠파이프를 주로 사용할 때는 근접한 거리에서 경찰과 물리적으로 충돌하면서 인명피해가 발생했다.

1990년대 가장 강렬했던 학생시위는 1991년 명지대 학생 강경대가 시위 도중 사복경찰의 쇠파이프에 무자비하게 폭행당해 사망한 후 일어났다. 이후 강기정을 포함한 여러 대학생들과 시민단체 인사가 연달아 분신했다. 지금도 기억나는 것은 시내에서 시위가 벌어진 후 어두운 밤 텅 빈 거리 위에서 거센 바람에 흩날리던 유인물이다. 1993년 〈한국대학생총연합회〉(이하 〈한총련〉)가 〈전대협〉을 계승했다. 1996년 연세대 교정에서 열린 범민족대회를 경찰이 강제 해산하자 〈한총련〉 소속 학생들이 대규모 폭력 시위를 벌였다. 대학 건물과 집기들이 파괴되었고, 경찰은 5,500명의 학생을 체포했다. 이 시위 이후 〈한총련〉은 세력을 잃기 시작했다. 1997년에는 전남대와 한양대에서 운동권 학생들이 무고한 사람(이종권, 이석)을 경찰 프락치로 오인하고 구타 치사한 사건이 일어났다. 게다가 1998년 〈국제통화기금〉IMF 금융위기에 따른 경제위기의 여파로 학생들의 취업이 어려워지자 운동권 학생들이 제기하는 정치적 문제에 대해 일반 학생들의 관심이 점차 줄어들기 시작했다. 이러한 시대적 변화와 함께 학생운동은 서서히 퇴조하기 시작했다.

1998년 김대중 정부(1998~2003)가 경찰의 최루탄 사용을 금지하자 폭력적인 시위는 보다 평화로운 시위로 대체되었다. 1999년 5월 김대중 정부는 폴리스 라인police-line에 관한 법률을 만들어 시위를 할 수 있는 공간을 허용했다. 동시에 폴리스 라인은 시위대가 주어진 공간 외에 다른 제한된 공간으로 넘어갈 수 없도록 했다. 폴리스 라인은 그런 의미에서 시위는 막는 것이 아니라 관리하는 것이라는 새로운 생각을 낳았다. 시위관리는 집회 규제의 새로운 개념이었다. 노무현 정부(2003~2008)도 경찰과 시위대 간 물리적인 충돌을 피하려고 했다. 정부는 강제진압을 최대한 피하면서도, 채증 카메라와 소음 측정기를 이용해 불법 시위의 증거를 수집하고 이 증거를 바탕으로 처벌하는 증거 기반evidence-based 집회 규제를 했다(Kim, 2016c).

2000년대 대부분의 시위는 경찰의 사전 승인을 통해 합법적으로 평화롭게 일어났다. 폭력 시위가 완전히 사라지지는 않았지만 폭력의 정도는 급격히 약해졌다. 학생, 노동자, 시민 등 다양한 사람들이 참여했기 때문에 시위는 조직적이지 않았다. 음악, 디지털 이미지, 피켓 및 손팻말과 함께 시위는 전보다 시각적이고 청각적이었다. 시위 현장은 즐기는 장소가 되었다. 웅장한 전통적인 시위 음악 외에도 대중음악, 독립 음악, 힙합도 연주되었다. 플래시몹은 2000년대 중반에 시위의 형태로 등장했다. 외부 공연회사[6]가 집회 음악과 댄스 공연을 사전에 기획했고 사회운동 단체들과 전문적인 네트워크를 구축했다.

2008년 미국산 쇠고기 수입 반대 시위가 시위 퍼포먼스에서 중요한 유산을 낳았다. 2008년 시위 이후, 촛불시위는 대중 시위의 표준 모델이 되었고 경찰은 차벽의 사용을 늘렸다. 폴리스 라인과 마찬가지로, 차벽의 목적도 시위 그 자체를 막는 것이 아니라 청와대와 같은 제한구역으로 시위대가 행진하는 것을 막기 위한 것이었다. 차벽은 1990년대 초에 처음 나타났지만 2008년 시위에서 많이 알려졌다.

인공물의 상징적 의미와 감각적, 감정적 영향

---

6. 예를 들어 공연기획사 '판'은 〈민주노총〉과 협력했다.

시위하면서 느끼는 감정은 시위 참여자뿐만 아니라 인공물과의 감각적 상호작용을 통해 만들어진다. 그런 점에서 이 감정은 영적이라기보다 감각적이며 물질적이다. 1980년대 시위대가 사용한 가장 유명한 인공물로는 돌과 화염병이 있다. 화염병은 유리병, 휘발유, 그리고 면으로 만들어진다. 페인트, 모래, 또는 설탕이 첨가되면 불을 진화하기가 더 어렵다. 〈그림 6-1〉과 같이 화염병은 경찰로부터 일정한 거리를 두어 시위 공간을 확보하고 경찰을 공격하는 강력한 무기였다. 학생들은 1984년 광주에서 처음으로 화염병을 시위에 사용했다(Kwon, 2005:25). 시위대가 화염병에 불을 붙여 경찰을 향해 던졌을 때 공중으로 날아가는 화염병은 마치 꽃처럼 보여 "꽃병"이라고 불렀다. 한유진과 이서하(1992:42)는 학생운동에 관한 소설에서 화염병에 대한 시각적인 묘사를 했는데, 약 100개의 화염병이 학생들의 발아래에서 하얀 목련 같은 목화꽃을 피웠으며, 내일은 목화꽃이 진달래처럼 불타오를 것이라고 했다. 화염병의 시각 효과는 경찰과 학생 모두에게 공포를 불러일으켰다. 이러한 공포 감정은 감각적이고, 신체적이며, 물질적이다. 1989년 5월 동의대 시위 당시 학생들의 화염병과 경찰의 과잉 시위 진압으로 학생 시위대를 체포하기 위해 도서관에 돌진했던 6명의 경찰관이 사망했다. 이 사건은 1989년 화염병의 사용, 제조, 소지를 처벌하는 새로운 법을 제정하는 계기가 되었다.

1980년대 시위 참여자들은 쇠파이프보다 돌과 화염병을 주로 시위에 사용했다. 그러나 1989년 '화염병 사용 등의 처벌에 관한 법률'이 제정된 후 1990년대에는 쇠파이프가 화염병을 대신하는 중요한 인공물이 되었다. 흥미롭게도 경찰이 화염병과 쇠파이프에 대해 느끼는 두려움은 감각적으로 달랐다. 화염병에 대한 공포는 시각적이지만, 쇠파이프에 대한 공포는 시각적이면서도 청각적이었다. 학생들이 시위 현장에서 쇠파이프를 도로 바닥에 질질 끌고 다니거나 도로를 쿵쿵쿵 찍을 때 들리는 쇠파이프 소리를 전경들은 매우 두려워했다.

1980년대 경찰들이 사용하는 가장 대표적인 인공물은 최루탄이었고 시위 군중을 겁주고 해산시키는 데 사용했다. 최루탄은 시위 참여자들에게 꽤 고통스럽다. 최루가스를 흡입하면 숨쉬기가 매우 어렵다. 한 운동가는 1980년대 시위를 "오감의 정치"라고 불렀는데, 최루탄이 모든 감각을 자극했기 때문이다. 최루탄은 학생 운동가들에게 공포, 분노, 그리고 심지어 단결의 복잡한 감정이 넘쳐나게 했다. 시위대가 최루탄을 들이마실 때 첫 번째 경험은 공포였는데, 최루탄이 눈을 따갑게 하고 앞을 못 보게 하기 때문이다. 가장 무서운 순간은 방독면을 쓴 백골단이라는 이름의 전경들이 최루탄 가스를 뚫고 학생 무리 속으로 돌진해 몽둥이로 때리는 순간이었다. 학생들은 달아났고, 그 두려움은 분노와 결합했다. 한편 최루탄으로 인한 눈의 고통을 덜기 위해 다른 동료 시위대의 눈가에 치약을 묻혀줄 때 서로 강한 연대감이 생겨났다.

그림 6-1. 화염병, 최루탄, 쇠파이프. ⓒ 경향신문

2000년대에 촛불과 차벽이 등장했다. 그전에 촛불은 제사나
종교적 미사에 자주 사용되던 것으로 희생이나 자기 헌신을 상

징했다. 2002년 촛불은 미군 장갑차에 의해 살해된 두 어린 여학생의 희생을 애도하기 위해 처음으로 대규모로 사용되었다. 촛불시위의 절정은 2008년 미국산 쇠고기 수입 반대 시위였다. 이 시위에서, 사람들은 바다의 물결처럼 촛불을 들어 올리고 내렸다. 때때로 촛불을 중심으로 시위대가 모여 대화를 나누거나 노래를 부르면서 그들 사이의 사회적 관계가 형성되었다.

촛불집회는 야밤에 사람들의 감정을 건드리는 강한 시각적 효과를 가지고 있다(〈그림 6-2〉 참조). 한 독립 언론 기자는 촬영할 때, 마치 촛불 속으로 빨려 들어가는 듯한 짜릿한 경험을 느꼈다고 한다. 야간에는 먼 거리에서도 촛불이 보이기에 시위 규모를 가늠하기가 더 쉬웠다. 촛불 몇 개만 있으면 시위는 애절하고 진솔해 보인다. 하지만 촛불이 많아지면 매우 웅장해 보인다. 촛불은 사람들을 동원하고 시위 참여자들의 집단 정체성을 구축하는 데 영향을 준다(Leach & Haunss, 2009). 어떤 의미에서 촛불과 군중은 비슷한 면이 있다. 촛불처럼 시위 참여자 한 사람, 한 사람은 약하지만, 그들이 단결하면 힘이 세진다. 시위 참여자들에게 수많은 촛불은 군중처럼 보인다. 카네티(Canetti, 1962:77)의 표현대로 "불과 군중 사이의 유사점이 그들의 이미지를 밀접하게 동화시키고, 그들은 서로에게 들어가 서로를 지지할 수 있다."

분노와 공포를 불러일으키는 화염병과 달리 촛불은 애도와 동정의 감정을 자아낸다. 촛불은 주먹 흔들기와 머리띠로 상징되는 과거 시위보다 더욱 경건하고 감상적인 느낌을 준다. 촛불은 자기성찰을 하게 한다. 촛불을 든 사람들은 정직하고 따뜻해 보인다. 존재론적 관점에서 시위 참여자는 촛불을 듦으로써

그림 6-2. 촛불시위. ⓒ 오마이뉴스 & 참여연대

그런 존재가 된다. 이처럼 촛불은 시위 참여자의 인격과 정체성의 형성에 이바지한다. 인격은 물질적이다. 즉 인격은 인간 그 자체에 귀속된 것이라기보다 사물과의 관계 속에 퍼져 있는 소위 "분산된 인격"distributed personhood이다(Gell, 1998). 촛불은 감정을 자극하고 일체감이나 공동체 의식을 형성하는 데 효과적이다. 한 운동가는 다음과 같이 말했다.

촛불이라고 하는 게 사람들로 하여금 뭔가 정서적인 다가감이 훨씬 더 쉬운 거잖아요. 그런 측면들이 사실 좀 효과적인 부분이 분명 있었을 거란 생각이 드는데. 그러니까 그러다 보니까 그게 계속 뭔가 정착이 된 것 같아요. 그런 효과들로 인해서 대중들과 거리감을 줄여주고 그런 어쨌든 이제 평화적인 느낌도 약간 들고, 이런 것들이 그렇게 또 일반 시민들을 의식하고 또 참여하는 일반 시민들을 또 손쉽게 같이 할 수 있는 어떤 기제로써 정착이 되어 버린 것 같다는 생각이 들어요.

촛불의 감각 효과는 촛불의 평화적 의미와 상보적이다. 촛불의 감상적이고 평화로운 특성 때문에, 촛불시위는 좀처럼 폭력적으로 변하지 않는다. 한 운동가에 따르면 시위에서 촛불문화의 정착은 한국 정치에서 투표의 중요성에 대한 국민의 인식이 높아지는 것과 일치한다. 민주적인 선거를 통해 두 차례나 진보적인 정부를 수립할 수 있었기 때문에 평화적인 시위를 통해 대중의 관심을 끄는 것이 매우 중요하다고 느꼈다고 그는 말했다.

촛불은 정치적으로 진보적인 시위대의 도구로 묘사된다. 그러나 2008년 촛불집회가 열리기 전까지는 촛불의 이미지가 반드시 그렇지는 않았다. 2002년 대규모 촛불시위가 처음으로 일어났을 때 촛불은 주한미군에 대한 진보적인 입장보다는 소녀들의 죽음에 대해 명복을 비는 것을 의미했다. 2004년 노무현 정부와 〈열린우리당〉이 사립학교법 개정안을 공표했을 때, 심지어 보수적인 〈한나라당〉 소속 의원들과 사립학교 재단 이사회(예를 들어, 〈연세재단〉) 등도 촛불시위를 했다. 그때 당시 촛불은 진보 시위대만의 것이 아니었고, 보수집단의 시위대도 대중의 폭넓은 지지를 얻기 위해 촛불의 평화적인 이미지를 활용하려고 시도했다.

2008년 광우병 촛불시위 이후 촛불은 반정부, 반미, 친북, 좌파, 노무현 전 대통령의 지지자 등을 상징하게 되었다. 시위 참여자들은 촛불 시민이라는 별명을 얻었다. 한 독립 언론 기자는 2008년 시위에서 촛불은 국민 목소리의 상징적 도구였다고 말했다. 촛불을 국민의 확성기라고 표현하면서 시위대가 소리를 지르면서 촛불도 들었다고 그는 말했다. 그러나 〈전국학부모단체연합〉 같은 보수단체들에게 촛불은 진보적인 시위대의 도구였다. 촛불시위에 맞서던 보수단체들은 촛불 시민들이 친북 단체와 동등하다는 내용의 피켓을 들고 시위를 벌였다. 촛불이 진보적 인공물로 정치화된 셈이다.

2000년대 경찰은 시위대의 이동을 통제하기 위해 차벽을 사용했다. 차벽은 시위 참여자들이 집회 제한구역으로 행진하는 것을 막는 역할도 했다. 차벽은 1990년대 초에 처음 등장했고, 최루탄 사용이 줄어들면서 더욱더 많이 사용되었다. 한 운동가에 따르면 1991년 명지대생 강경대의 장례식이 치러지던 연세대 인근 이화여대 주변에서 차벽을 본 기억이 있다고 한다. 당시 차벽은 컨테이너와 쓰레기 트럭으로 구성되었다. 2005년 부산 벡스코에서 열린 〈아시아태평양경제협력체〉(이하 APEC) 정상회의 때도 컨테이너 벽이 등장했다. 경찰은 벡스코로 가는 수영강 다리에 컨테이너 10개를 이용해 담을 쌓았다. 당시 시위대는 APEC과 한국군의 이라크전 참전을 반대했다. 시위대가 밧줄로 컨테이너를 무너뜨리려 하자 경찰관들이 컨테이너 위에서 물대포를 쏘았다.

자동차와 컨테이너 벽은 2008년 미국산 쇠고기 수입 반대 시위에서 매우 유명해졌다. 차벽은 광화문 거리 이순신 장군 동상 인근에 높이 2.7m, 폭 20m 크기의 2단 컨테이너로 만들어졌다. 컨테이너 벽은 대통령의 이름을 지칭하는 '명박산성'이라 불렸다(〈그림 6-3〉 왼쪽 이미지 참조). 차벽도 거리를 에워쌌다. 시위대가 차벽을 넘어오자 경찰이 소화기나 물대포를 쏬다.

2008년 시위 이후 새로운 차벽이 거리에 등장했다(〈그림 6-3〉 참조). 경찰은 2005년 경찰의 진압 과정에서 농민 2명이 숨진 뒤 신형 차벽용 버스를 처음 고안했다. 한 운동가에 따르면

이 버스는 리모컨을 이용해 형태를 바꿀 수 있어 영화 트랜스포머에 나오는 자동 로봇처럼 보였다(성현석, 2009). 가로 8.6m, 높이 4.1m의 큰 벽을 1분 안에 펼칠 수 있었다. 강화유리보다

그림 6-3. 차벽 ⓒ 오마이뉴스

150배 강하고 미끄러운 폴리카보네이트로 만들어졌기 때문에 시위대가 차벽을 오르는 것은 불가능했다. 과거의 컨테이너 벽보다 차벽의 기동성이 훨씬 증가했다. 한 운동가는 다음과 같이 이야기했다.

2m 정도의 벽이 쫙 쳐지는 거예요. 그러니까 이제 몇 대가 저쪽 광화문 저기 사거리를 네 개면 다 막아 버릴 수 있는 거예요. 쫙 맞춰 가지고. 진짜 착착 착착 퍼지는 거야 이게, 와… 신기한 거야. 우리, 그러니까 쟤네한테 그런 기술은 계속 갈수록 놀랍게 발전하는 거죠. 그래서 이제 옛날 같은 명박산성을 볼 수가 없어요.

물에 젖은 미끄러운 벽을 넘기가 어렵기 때문에 시위대는 차벽을 보면 무력감을 느낀다. 차벽이 있는 시위 공간은 경찰에 포획당한 공간으로 보인다. 시위 관련 문화공연기획사 관계자는 차벽이 공간적 고립감을 준다고 말했다. 한 운동가도 차벽이 세워지면 시위대의 마음속에 또 다른 벽이 하나 더 쌓이게 된다고 말했다. 차벽이 시민들과 대통령 간의 소통을 단절시킨다는 것이다. 대표적으로, 2008년 시위에서 명박산성이라 불린 컨테이너 벽은 시민 사회와 정부 사이의 단절을 상징했다. 〈그림 6-3〉에서 보는 바와 같이 이 벽에 걸린 현수막은 "이것이 MB(이명박)식 소통인가?"라고 묻는다. 즉, 시위 참여자들은 차벽이 시민들의 목소리를 막았다고 생각했다.

요약하면, 인공물은 시위 퍼포먼스에서 시위 참여자들의 집단 정체성뿐만 아니라 시위의 상징적인 의미를 형성하는 데 이바지한다. 화염병과 쇠파이프는 폭력적인 것으로 간주되는 반면 촛불은 평화적인 것으로 여겨진다. 촛불은 진보적 인공물로, 차벽은 정부와 진보적 시민 사이의 소통을 단절시킨다고 해석된다. 또한, 인공물들에 의해 시위 참여자들의 감정이 만들어진다. 촛불과 화염병은 시각적이지만, 쇠파이프는 청각적인 효과도 강하다. 최루탄은 모든 오감을 결합하고 공포나 단결의 감정을 일으킨다. 차벽은 공간적 고립감을 유발한다. 시위 참여자들의 정동은 감각적이고, 신체적이고, 물질적이다. 이 정동으로 인해 시위 참여자의 인격과 정체성도 형성된다. 쇠파이프를 들 때와 촛불을 들 때 시위 참여자는 서로 다른 존재가 된다.

인공물과 시위 문화

시위대의 인공물은 시위 퍼포먼스를 형성하면서, 특정한 시위 문화를 제한하거나 강화한다. 이런 의미에서 사회운동 문화는 이념적인 것을 넘어 물질적이다. 1980년대부터 1990년대까지 학생운동 단체에는 위계적이고 남성적인 문화가 있었다. 〈전대협〉과 같은 민족해방계열의 많은 학생 운동가들은 북한의 김일성 주석을 숭배했다. 따라서 권위주의적이고 국가주의적인 성격을 지닌 북한의 수령체제가 학생운동 단체의 문화에 영향을 미쳤다(Kwon, 2005: 23). 〈전대협〉은 위계적이었고 학생들은 〈전대협〉 고위 간부에 대해 공손한 표현을 썼다. 일부 간부들은 경찰로부터 자신들을 보호하기 위해 학생 경호원을 두기까지 했다.

특히 사수대는 학생운동 단체의 남성스럽고 군사화된 문화를 구축하는 데 핵심적인 역할을 했다. 사수대는 위계질서를 갖춘 군대나 유사 군사 조직과 비슷했다. 중대, 소대, 분대 등의 군사적인 조직으로 구성되어 있었으며, 사수대장이 대원들을 통제했다. 그들은 평소 전투기술을 연습했다. 거리 시위에서는 사수대장이 학생시위를 지휘했다. 일반적으로 학생회장들도 시위 도중 사수대장의 지시에 반대하지 않았다(한유진&이서하, 1992: 103). 사수대의 남성스럽고 군사적인 문화는 폭력 경찰과 싸워야 한다는 이유로 정당화되었다.

게다가, 사수대의 군사 문화는 남학생들의 의무적인 군 복무와도 어느 정도 관련이 있다. 내가 1980년대 후반부터 1990년대 초반까지 대학을 다닐 때 군대식 문화가 대학에도 많이 퍼져 있었다. 복학생들은 군 복무를 통해 군사 문화를 배웠다. 심지어 운동권 학생들도 그러한 군사 문화로부터 완전히 자유롭지는 않았다.[7] 물론, 군사 문화가 그 당시 학생 운동권 단체의 조직문화를 모두 대변하지는 않는다. 사수대와 달리 노래패는

---

7. 한 활동가는 군사 문화는 당시 노조에도 광범위하게 있었다고 한다.

더 많은 여성이 참여하고 있었으며 더욱더 민주적이었다.

학생단체의 조직문화뿐만 아니라 시위 퍼포먼스도 사회운동 문화의 형성에 큰 영향을 준다. 권인숙(Kwon, 2005)에 따르면 학생운동 시위 현장에는 성별에 따른 역할 분화가 있었다. 남학생들은 돌멩이, 화염병, 쇠파이프 등을 이용해 몸싸움을 벌였고 여학생의 역할은 남학생들을 따라다니며 응원하고 정치 구호를 외치며 응원하는 것이었다. 따라서 그러한 분업화는 남성 시위 참여자들을 돌보는 것으로서의 여성성을 낳았다.

사수대의 군사적·남성적 문화는 학생운동 단체에 만연한 군사 문화뿐만 아니라, 이 시기 학생시위의 물질문화에서도 비롯된다. 돌, 화염병, 쇠파이프의 사용은 1980년대부터 1990년대까지 학생운동 단체의 위계적·남성적 문화에 이바지한다. 시위 문화에 대한 인공물의 영향은 인공물의 종류와 인공물이 시위 퍼포먼스에서 사용되는 방식에 따라 다양했다. 1980년대 학생들이 화염병과 돌을 주로 사용했을 때 시위 간부의 호루라기 명령에 따라 화염병이나 돌을 던지기도 했지만, 시위의 퍼포먼스는 늘 그렇게 체계적이거나 조직적이지는 않았다. 돌과 화염병이 종종 교문 근처에 걸려 있는 현수막에 의해 차단되기도 했다.

화염병 사용을 강력하게 처벌하는 법률이 1989년에 제정됨에 따라 1990년대 들어 학생들이 쇠파이프를 주 무기로 사용하면서 시위는 더욱더 조직적으로 되었다. 화염병과 쇠파이프의 시위 퍼포먼스의 차이를 살펴보면, 화염병은 경찰과 학생 사이의 거리가 약 20~50m가 되어야 효과를 볼 수 있다. 반면, 쇠파이프는 가까운 거리에서 정면충돌을 일으켜 종종 심각한 사상자를 낸다(《그림 6-1》 참조). 실제 쇠파이프가 화염병보다 훨씬 더 위험했다. 화염병은 먼 거리에서 던지기에 과녁을 빗나갈 수 있지만, 쇠파이프를 든 시위대는 경찰과 가까운 거리에서 싸우기 때문에 서로 피해가 크다. 쇠파이프를 든 사수대원들은 겁도 없고 뛰어난 전투기술을 가졌으며 매우 조직적이었다. 화염병보다는 쇠파이프를 이용한 시위대가 더 많은 전략이 필요했다. 쇠파이프는 시위대를 조직적으로 동원하는 데 더 효과적이었다. 대조적으로, 많은 시위 참여자가 동시에 화염병을 던지기는 어려웠다. 학생들은 화염병을 한 번 던진 직후 다시 뒤돌아가서 다른 화염병을 집어 들어야 했다. 손에 들 수 있는 화염병 수도 제한적이었다.

1990년대 학생들이 시위 현장에서 쇠파이프를 많이 사용하면서 학생단체의 남성중심적 문화는 과거보다 심화했다. 심지어 사수대에는 엄격한 규칙이 있었다. 한 운동가에 따르면 대략 10개의 규칙 중 사수대장의 쇠파이프를 만지면 안 된다는 규정도 있었다고 한다. 이 특별한 쇠파이프가 사수대장 소유임을 알아볼 수 있도록 실로 장식되었다고 한다. 이 사례가 입증하듯, 학생조직의 계층 문화는 쇠파이프의 사용 정도에 따라 증가했다. 쇠파이프로 인해 학생들의 조직문화는 더욱 남성화되었다. 1980년대에는 여학생들이 가끔 돌을 던지기도 했으나 1990년대 여학생들이 쇠파이프를 들고 경찰과 정면 대결하는 것은 사실상 불가능했다. 이처럼 시위가 격렬해질수록 학생운동조직은 더욱더 남성적으로 변하고 여성은 주변화된다.

화염병 및 쇠파이프와 대조적으로 촛불은 덜 조직적이나 민주적이며, 평화적인 시위와 관련한다.[8] 그리고 더 다양한 사람들이 촛불시위에 참가하게 한다. 촛불시위는 촛불의 시각적 효과로 인해 주로 밤에 열렸기 때문에 운동가들뿐 아니라 직장인도 참가할 수 있었다. 이는 주로 대낮에 시위가 벌어졌던 1980년대와 1990년대의 시위와 대비된다. 촛불시위에서 시위대의 인적 구성은 더 다양하고 그래서 덜 조직화되었다. 일반 시민들은 평화적인 시위를 선호하고 밤에만 주로 참여할 수 있어서 촛불의 물질적 조건은 당시의 사회적 상황과 잘 맞는다. 2000년대 시위는 오락이나 문화축제로도 역할을 했다. 한 운동가는 2008년 촛불시위는 1987년 시위와 현저하게 다르다고 말했다.

---

8. 평화시위도 시위 주최 측과 참석자 간에 구분이 여전히 있었다. 2000년대 대부분의 시위는 참가자들을 활동적인 주체보다는 청중으로 대상화하는 경향이 있었다. 시위는 참가자들이 스스로 발언할 수 있도록 했지만, 참가자들은 적극적으로 연설하는 것을 꺼리는 경향이 있었다. 2008년 미국산 쇠고기 반대 시위와 2009년 용산 철거 반대 시위는 참가자들이 적극적인 주체가 되려고 시도한 이례적인 현상이었다.

2008년 광우병 때는 온 거리가 그런 축제 비슷하게 87년 6월하고 모인 인원은 비슷하지만, 그때는 성토하고 최루탄 돌 이런 게 날아다녔지만, 여기는 축제 유모차도 나오고 노래하는 사람도 있고 촛불도 있고 퍼포먼스도 하고, 이런 게 다 대중화를 위해서 많은 사람이 시위에 참여할 수 있게 그런 의식을 바꿔서 촛불에 반영시킨 것 같은 그런 측면이 있네요.

2008년 촛불시위 참가자들은 노동운동 시위와 촛불시위를 차별화하려고 시도했다. 실제로 〈민주노총〉이 주최한 노동자들의 시위에는 촛불이 거의 사용되지 않았다. 촛불 시위대는 스스로 운동가들이 아니라고 선언하기도 했다. 2008년 시위에서 시위 참여자들은 그들의 시위를 평화적인 것으로 묘사하려고 시도했다. 그만큼 촛불은 평화 시위대의 정체성에 필수적이었다. 흥미롭게도, 시위 참여자들이 촛불을 들었을 때 시위는 평화로웠다. 경찰과 물리적으로 대치했을 때는 촛불을 들고 싸울 수 없다. 이처럼 시위대의 행위력은 촛불과 같은 인공물의 영향을 받는다. 이것이 바로 신유물론자들이 이야기하는 관계적 행위력이다.

집회에서 촛불시위의 등장은 일몰 후 문화행사를 제외한 옥외집회를 제한해 왔던 '집회 및 시위에 관한 법률'이 2009년 개정된 탓도 있다. 사실, 2008년 광우병 사태 당시 야간시위는 불법이었다. 그래서 시위 주최 단체들은 촛불시위를 촛불문화제라고 불렀지만, 경찰은 이를 받아들이지 않았다. 당시 야간시위의 허용에 대한 법적 논란이 일어났으며 결국 2009년 9월에 야간시위가 허용되었다.

요약하면, 인공물은 시위 문화의 형성에 매우 중요하다. 인공물은 시위 퍼포먼스의 조직화 및 체계화, 시위 참여자들의 역할 분화, 시위대의 구성, 시위대의 조직문화에 영향을 미친다. 시위 문화는 단순히 시위대에 의해서만 만들어지지 않으며 시위 퍼포먼스에 사용된 인공물에 의해서도 영향을 받는다. 쇠파이프는 돌이나 화염병보다 더 조직적인 시위를 쉽게 한다. 쇠파이프는 더 남성적인 시위를 만든다. 반대로 촛불은 덜 조직적이면서도 더욱더 다양한 참여자들이 참여하는 더 대중적이고 민주적인 시위를 만들어낸다. 인공물은 시위 참여자의 정체성을 형성하고 변화시키는 능동적인 주체로서 작용한다. 인공물과 시위대 사이의 상호작용을 통해 그들의 존재는 공동으로 구성된다.

인공물과 시위 공간

시위 퍼포먼스는 시위 공간을 형성하고, 시위 공간은 이 퍼포먼스에서 다른 인공물의 출현을 제한한다. 시위 공간은 고정되거나 객관적으로 존재하는 것이 아니라, 시위 참여자와 그들의 인공물에 의해 생산된다. 사회-물질적 실천이 변화하게 되면 시위 공간도 변화하게 된다. 물론 시위 공간은 이러한 물질적 실천에 의해서만 구성되지 않으며, 집회 장소에 대한 정부의 법적 규제의 영향도 받는다.

시위 공간은 법적 규제의 시대적 변화에 따라 바뀌었다. 1980년대 초반 전두환 정권의 철권통치하에서 시위할 수 있는 공간이 없었다. 그래서 학생들은 순간적으로 시위를 벌이는 기습시위를 벌였다. 기습시위는 가장 기동성이 높은 시위방식이다. 학생들은 빨리 움직여야 하기에, 사용할 수 있는 무기는 단순히 그들의 목소리, 문서, 배너, 메가폰으로 제한적이었다. 학생들은 거리나 대학에서, 많은 사람이 시위를 볼 수 있는 장소와 시간을 골랐다. 거기서 갑자기 '학우여! 독재 타도, 독재정권 물러가라'와 같은 구호를 외치고 유인물을 공중에 던진 뒤 달아났다. 때때로, 메가폰을 사용하여 모임의 신호를 보내거나 대중의 관심을 끌기도 했다. 이런 시위방식에서는 경찰과 시위대 사이에 명확한 전선이 존재하지 않기 때문에 돌멩이, 화염병, 촛불, 최루탄, 차벽이 사용되지 않는다. 이른바 '동을 튼다'로 지칭되는 이 기습시위에서 시위 공간은 순간적으로 생겼다가 사라진다.

1980년대 초 대학자율화조치에 따라 학교 내에서 시위가 허용되었지만, 거리에서는 집회가 금지되었기에 교문 앞에서 경찰과 시위대의 대치가 이루어졌다. 다만, 대학 내의 공간이 시위 공간으로 제공됨에 따라 시위 퍼포먼스와 인공물에 변화가 생겼다. 교내 집회에서는 문화제가 열려 독재를 비판하는 풍자극과 노래가 공연되었다. 1980년대 시위 음악들은 시위 참여자들을 선동하고 단합시키기 위해 사용되었다. 집단 공연을 통해 학생들을 모았다. 1984년 〈민중문화운동협의회〉와 같은 문화운동 단체가 설립되었다. 확성기는 공연과 선동적인 연설을 방송하는 데 사용되었다. 시위를 하기 전 문화제가 열렸고, 이후 학생들은 교문 밖으로 진출을 시도했다. 하지만 경찰은 교문에서 학생들의 행진을 막고 최루탄을 발사했으며 학생들은 맞서 싸우고 돌을 던졌다. 그래서 이 시위를 '교문 박치기'라고 불렀다.

1980년대와 1990년대에 학생들의 시위는 경찰과 시위 참여자들 사이의 일종의 공간 투쟁이었다. 이 시위 공간은 안정적이지 않았으며 거리에서 벌어지는 시위대와 경찰의 싸움에 따라 이동했다. 돌과 화염병, 쇠파이프, 최루탄 등이 존재한다는 것은 전선의 존재를 의미했으며 경찰과 시위대의 싸움에 따라 이 전선은 계속 움직였다. 시위대의 최전방은 경찰과의 어느 정도의 거리가 필요하다. 그 거리가 확보되지 않으면, 1987년 시위 때 연세대 학생 이한열이 사망한 것처럼 심각한 부상이나 사망으로 이어질 수 있다. 특히 1990년대 쇠파이프 시위에서 경찰과 시위대 간 좁은 대치로 인해 큰 인명 피해가 발생했다.

1990년대 이후 시민단체의 평화시위는 경찰의 사전 승인을 받아 거리나 광장에서 합법적으로 허용되었다. 이는 거리에서 안전하고 정적인 시위 공간의 탄생을 의미한다. 1980년대 대학 내에서만 허용되었던 시위 공간이 거리로 확대되었다. 시위 공간의 이동성 또한 줄어들었다. 이러한 시위 공간의 변화는 인공물 및 물질문화에서 다양한 변화를 가져왔다. 1980년대와 대조적으로, 1990년대의 시위는 고성능 오디오 시스템과 무대를 잘 갖추었다.

1980년대 및 1990년대와 달리 2000년대의 촛불과 차벽은 시위 공간의 안정성과 관련되어 있다. 합법적으로 허용된 장소에서 시위했기에 더 정적인 시위를 할 수 있었다. 시위 참여자들이 손에 촛불을 든 채 1980년대와 1990년대처럼 거리를 달리면서 시위를 하는 것은 상상할 수 없다. 그렇게 한다면 촛불이 꺼질 것이다. 이처럼 촛불은 시위 참여자들을 뛰지 않게 만든다. 반대로 시위 참여자들이 뛰려면 촛불을 버려야 한다. 이는 신유물론에서 지적하는 것처럼 비인간 인공물이 인간의 행위력에 영향을 주는 것을 말한다. 인간과 비인간은 서로 어셈블리지를 이루고, 그들의 행위력은 어셈블리지의 결과다. 촛불은 그래서 정적인 시위에서만 가능하다. 정적인 시위가 촛불의 효과를 극대화한다. 시위 현장에 촛불이 많이 모이면 촛불은 강력해지고 웅장해 보인다.

특히 차벽은 안정적인 시위 공간이 없다면 아무런 소용이 없다. 컨테이너 벽은 사실상 움직일 수 없었기 때문에, 1980년대 초의 기습시위가 일어났을 때는 무용지물이었을 것이다. 어디에서 기습시위가 벌어질지 모르는 상황에서 차벽을 세운다는 것은 불가능한 일이다. 게다가 컨테이너 벽은 적어도 시위 하루 전에 설치되어야 한다. 시위에 대한 사전 정보가 없으면 경찰은 컨테이너 벽을 미리 세울 수 없다. 한 운동가는 다음과 같이 말했다.

> (1980년대)에는 집회 시위가 안정적으로 이루어지지 않(았어 요). … 빨리 기동적으로 이동해야 하니까 (차벽을) 들여놓을 필요가 없었고 그런데 이젠 한쪽에 고정된 그런 공간에서 집 회하고 그러니까 이걸 가리는 효과도 있고 거리로 진출하는 효과, 차단할 수 있는 벽으로써도 그때 활용하기 시작을 하게 된 거죠.

1990년대 초 합법적으로 시위가 허용되지 않았다면 차벽이 등장할 수 없었을 것이다. 시위 참여자들은 어디에서 시위가 발 생할지, 어떻게 진행할지를 놓고 경찰과 협상을 벌였다. 따라서 경찰은 이 정보를 가지고 시위가 일어나기 전에 차벽을 설치할 수 있었다. 1990년대 시위는 경찰의 승인하에 거리나 광장에 안 정적인 시위 공간을 얻었다. 차벽은 일종의 진지전을 가능하게 하는데, 경찰과 시위 참여자들 사이의 경계선은 시위가 일어나 기 전에 결정된다.

요약하면, 시위는 시위대와 인공물들이 경찰에 대항하는 시위 공간을 형성하는 공간적 투쟁이다. 시위 인공물은 특정한 유형의 물질적인 시위 공간을 만든다. 시위 공간은 인공물을 담는 용기가 아니라, 인공물과 함께 탄생하고 사라진다.[9] 1980년대 초 대학자율화조치 전 기습시위에서는 시위 공간이 순간적으로 생겨났다가 사라지기에 경찰과 시위대 사이에 전선이 존재하지 않았다. 그래서 당시 화염병, 쇠파이프, 차벽, 최루탄은 등장하지 않았다. 촛불과 차벽도 안정적인 시위 공간이 마련될 때 더 자주 사용된다. 화염병과 최루탄은 차벽이나 촛불보다 더 기동적인 시위를 가능하게 한다.

마무리

시위 인공물은 시위 현장에서 도구 이상의 역할을 수행한다. 첫째, 시위대의 감정은 그들 자신의 주체로부터 나오는 것이 아니라, 인공물과의 감각적 상호작용을 통해 형성된다는 점에서 순수하지 않으며 물질적이다. 더욱이 인공물은 문화적 상징으로 시위의 정치적 의미를 형성하기도 하고, 촛불시위처럼 진보적인 시민과 같은 집단적 정체성을 형성하기도 한다. 때때로 시위 인공물의 상징적 의미는 그들의 감각적, 신체적 효과와 상보성을 갖는다.

---

9. 레비 브라이언트(2020)는 이러한 공간을 토폴로지 공간이라고 부르며, 뉴턴 공간 개념과 차별화했다.

둘째, 특정 시위 인공물은 특정한 시위 퍼포먼스 및 사회적 관계를 형성하게 하며, 반대로 이와 충돌하는 다른 유형의 퍼포먼스와 관계를 막는다. 그런 점에서 시위 인공물은 정치적이다. 시위 인공물은 시위조직의 문화, 시위대의 구성, 시위대의 역할 분화 등의 측면에서 시위 문화에 큰 영향을 미친다. 시위 문화는 시위 인공물의 종류와 이 인공물들이 시위 퍼포먼스에 동원되는 방식에 따라 다양하다. 이처럼 시위 문화는 인공물과 시위 참여자 사이의 감각적, 물질적 상호작용으로 형성된다. 시위 참여자와 인공물의 관계 속에서 인공물은 일종의 능동적 주체로서 소위 관계적 행위력을 발휘하면서 시위 문화를 만든다. 동시에 시위 참여자들의 인격과 정체성도 이러한 인공물의 영향을 받아 형성된다.

셋째, 시위 공간은 항상 존재하는 장소가 아니라 인공물과 시위 참여자들 간의 상호작용을 통해 만들어진다. 특정한 인공물과 시위대가 시위 공간을 형성하면 이 공간은 다른 인공물과 시위대의 출현을 제한한다. 그런 점에서 시위 공간도 정치적이다. 시위 공간의 안정성과 유동성은 시위 장소의 본질적이고 고정적인 특성이 아니라 시위 참여자와 인공물의 상호작용, 즉, 시위 퍼포먼스에 달려 있다. 차벽과 촛불 등의 예에서 보듯이 인공물의 존재와 사용은 시위 공간의 가용성 및 이동성과 밀접하게 얽혀 있다.

이 글은 인공물의 역할을 과장하면서 사회운동의 사회적,

제도적, 정치적 요인들을 과소평가할 의도는 결코 없다. 전통적인 사회운동 연구는 그 나름의 가치가 있으며, 실제로 '집회 및 시위에 관한 법률' 등 제도적 요인이 시위 퍼포먼스에도 큰 영향을 미쳤다. 이 글은 시위 퍼포먼스에 초점을 두고 있기에 상술하진 않았지만, 시위 참여자들이 폭력 시위와 평화 시위를 하는 데는 그 당시의 사회적, 제도적, 정치적 배경 원인이 분명히 존재한다. 그래서 이 글의 내용을 폭력시위는 무조건 나쁘고 평화시위는 무조건 옳다는 식으로 이분법적으로 이해해서는 안 된다. 한국 사회운동사에서 폭력이 등장한 것을 몰역사적으로, 당위적으로 비난해서는 안 된다.

다만, 내가 주장하고 싶은 것은 정치 사상과 이데올로기에 따라서만 사회운동 문화가 형성되는 것이 아니라, 오히려 반대로 시위의 퍼포먼스의 결과로 그 문화가 만들어질 수 있다는 것이다. 시위 인공물은 시위 참여자의 필요에 따라 사용되는 단순한 도구가 아니다. 오히려 인공물을 사용하면서 시위 참여자의 생각 및 행동 그리고 정체성이 만들어진다. 그래서 나는 사회운동 연구의 수행적 전환performative turn을 제안한다. 사회운동 단체의 정치 전략 및 지식적, 이데올로기적 측면보다 시위 참여자, 시위 인공물, 시위 공간이 어떻게 상호 작용하면서 사회운동의 물질문화를 형성하는지를 주목할 필요가 있다.

7장

집회 감시 채증 카메라와
소음 측정기의 감각 권력

감각 권력은 감각적 상호작용을 통해 실행되며,
인간과 비인간 사물을 포함한 정치적 행위자들의 관계를 통해
흐르는 생산적 힘이다. 감각에 따라 권력은 다르게 작동한다.
집회 채증 카메라와 소음 측정기의 감각 권력은
서로 다른 물질정치를 행사한다.

2015년 4월 16일 서울시청 앞 세월호 1주기 추모 시위에 3만 명이 넘는 인파가 몰렸다. 땅거미가 내려앉은 서울광장에서 촛불집회를 마치고 시위대는 청와대로 행진을 시도했다. 경찰은 버스로 차벽을 설치하고 모든 도로를 봉쇄했다. 나는 시위대 뒤쪽에 서 있었는데, 저 멀리 어둠 속 버스 위에서 사진을 찍는 수많은 사람을 보았다. 처음에는 이들이 취재 기자들이라고 생각했다. 그러나 그들은 경찰관들이었다. 시위대의 행진이 차벽에 막히자 일부 시위 참여자들은 버스를 밀고 발로 찼다. 그러자 버스 위에서 수많은 카메라 플래시가 터지고, 경찰은 확성기를 이용해 "이 시위는 불법이며 당신들의 불법행위가 촬영되고 있다"라고 소리쳤다.

이 글은 집회 감시를 위한 채증 카메라와 소음 측정기 같은 인공물과 시위 참여자들의 감각적 상호작용을 다룬다. 경찰은 채증 카메라를 이용해 시위대의 불법행위 증거를 수집하고 소음 측정기로 집회 소음을 측정하면서 필요하면 시위 참여자들에게 확성기 소리를 줄여달라고 요청한다. 시위 통제에 카메라가 널리 사용되고 있으며 소음 측정기를 통한 음향 감시도 증가하고 있다. 한국정부는 2004년 '집회 및 시위에 관한 법률'의 개정을 통해 시위 감시용 소음 측정기의 사용을 허용했다.[1] 카

---

1. 독일은 시위 규제에 카메라를 사용하고, 미국과 일본 모두 시위를 규제하기 위해 소음 측정기를 사용한다.

메라는 감시장치로 잘 알려진 인공물이다. 일례로 CCTV를 들 수 있다(Gillom & Monahan, 2013). 비디오 레코더 또한 시위 참여자들을 체포하는 데 사용된다(Fernandez, 2008). 다만, 폐쇄회로 텔레비전, 인터넷 및 클라우드 컴퓨팅과 같은 보안 감시기술에 관한 논의에서 물질성에 관한 관심은 크지 않으며 사물보다는 정보의 통제가 주된 관점이었다. 더불어 소음 측정기는 시위 통제의 용도로는 잘 알려지지 않았다.

이 글은 첫째, 2000년대 이후 카메라와 소음 측정기가 시위 통제에 왜 많이 사용되었는지를 다룬다. 2000년대 이후 민주주의의 발전과 인터넷 또는 소셜네트워크서비스 기술의 성장으로 정부의 시위 통제는 강압적이고 폭력적인 진압체제에서 감시적인 체제로 변화되었다. 둘째, 시위 감시의 맥락에서 감각과 권력의 관계를 말한다. 특히 카메라의 시각 권력과 소음 측정기의 소리 권력을 매우 다양한 측면에서 비교하면서 감각의 차이에 따라 권력의 작동방식이 어떻게 달라지는지를 설명한다.

감시와 감각

카메라와 소음 측정기의 감각 권력은 미셸 푸코의 미시 권력micro-power, 통치성governmentality, 권력-지식power-knowledge 같은 개념들과 관련된다. 미시 권력은 물리적 힘의 전개를 통해 작동하는 사법적 권력judicial power과 대조된다.[2] 미셸 푸코(Foucault, 1995)는 벤담의 파놉티콘 감옥 분석을 통해 미시 권력의 물질적, 공간적 측면을 분석했다. 미시 권력은 이 감옥의 공간 배치로부터 나왔다. 감시탑에서 간수는 죄수를 관찰할 수 있지만, 죄수는 간수가 자신들을 관찰하는지를 알 수 없다. 그래서 간수가 죄수를 관찰하든 하지 않든 간에 죄수는 간수가 자신을 관찰하고 있다고 생각하고 자신을 통제하게 된다. 이처럼 행위자가 스스로 자신을 규율하는 것을 푸코는 "통치성"이라고 불렀다.

하지만 현대의 감시기술은 벤담의 파놉티콘 감옥과는 다르다. 그러므로 이 파놉티콘 모델은 우리 사회의 모든 유형의 기술적 감시를 설명하는 데는 한계가 있다(Wright et al., 2010). 푸코 이후 많은 후학은 시놉틱 감시synoptic surveillance(Mathiesen, 1997; Elmer, 2012 : 28), 대항 감시counter-surveillance(Monahan, 2006, 2015) 및 역감시sousveillance(Mann et al., 2003)와 같은 다양한 형태의 감시를 제시했다. 시놉틱 감시는 파놉티콘과 공간적으로 반대되는 것으로 리얼리티 텔레비전처럼 많은 감시자가 소수를 관찰하는 방식이다. 페이스북과 같은 플랫폼도 다수가 개인의 삶을 엿보는 시놉틱 감시이다. 그러나 시놉틱 감시는 하향식 통제라는 점에서 파놉티콘과 일맥상통한다(Doyle, 2011).

---

2. 물론 미시 권력은 거시적인 제도 속에서도 나타날 수 있다. 이때의 미시 권력은 사법적 권력과 같다(Foucault, 2001).

대조적으로, 역감시(Mann et al., 2003)와 대항 감시(Monahan, 2006, 2015)는 정부 또는 기업 감시에 대한 저항이다(Fernandez, 2008; Fernandez & Huey, 2009; Juris, 2008). 역감시는 "감시자를 감시하는 것"이다(Mann et al., 2003:332). 이를테면 시민들은 카메라와 같은 소형 휴대용 감시 장치로 경찰이나 보안요원을 촬영하고 감시한다. 대항 감시에는 여러 가지 전략이 있다. 감시카메라를 비활성화하고 파괴하거나, 감시 경로를 그리거나, 인터넷에 감시 정보를 유포하거나(Monahan, 2006:515), "감시를 피하려고 위장"anti-surveillance camouflage을 할 수도 있다(Monahan, 2015). 한편, 시각만이 감시에 활용되는 것은 아니다. 원격 도청을 위해 파라볼릭parabolic 마이크와 반사경을 사용하는 경찰의 오디오 감시, 즉, 소위 파라볼릭 감시도 있다(Marx, 1988:212). 이것은 청각을 활용한 감시이다. 최근 바이오센서와 같은 새로운 기술을 활용한 의료 및 환경오염 감시도 등장하고 있다(Wright et al., 2010).

이 글은 우선 푸코의 미시 권력 이론을 이용하여 2000년대 이후 시위 통제용 인공물로 카메라와 소음 측정기가 출현한 이유를 설명할 것이다. 2000년대 들어 한국에 평화 시위가 자리 잡았지만, 시위 규제가 사라지지는 않았다. 경찰은 시위 감시를 위해 카메라와 소음 측정기를 사용하기 시작했다. 정치적 자유의 증가는 시위 규제의 종식을 뜻하지 않으며 사법적 권력이 미시적 권력에 의해 부분적으로 대체되거나 보완되었다는 것을 의미할 뿐이다. 푸코가 말하듯, 미시 권력은 자유를 제거하는 것이 아니라 특정한 방식으로 자유를 제한하거나 지향하게 될 때 나타난다(Foucault, 1994: 342). 카메라와 소음 측정기의 감각 권력은 미시 권력으로서 통치성을 유발한다. 카메라와 소음 측정기 때문에 시위 참가자들의 자기 검열과 자율 규제가 증가한다. 더욱이 카메라와 소음 측정기의 감각 권력은 이른바 지식 권력[3]을 생산한다(같은 책). 이 인공물의 감각적 데이터는 정상적 시위와 비정상 시위의 경계를 만드는 지식이다. 한국 정부는 시위의 정상성을 평가하는 척도로 집회 소음 기준을 사용한다.

또한 이 글은 감시 유형의 측면에서 카메라와 소음 측정기가 어떻게 다른지 그리고 서로 다른 권력관계를 어떻게 생성하는지를 논의할 것이다. 시놉틱 감시와 파라볼릭 감시의 차이점은 감시에 활용되는 감각, 인공물의 수, 감시 대상의 차이에 있다. 카메라는 시놉틱 감시의 형태로 작동하여 개별 시위 참여자들을 감시하기 위해 매우 많은 카메라를 사용한다. 시위대는 어떤 카메라가 자신들의 행동을 촬영하는지 볼 수 없다. 그러나 소음 측정기는 파라볼릭 감시로 작동한다. 시위를 전체적으로 감시하기 위해 하나 또는 몇 개의 소음 측정기만 사용한다. 감

---

3. 지식과 권력은 서로의 외부에 존재하지 않는다는 점에서 지식-권력이다. 권력 밖에 존재하는(즉, 권력이 배제된) 객관적 지식, 혹은 이데올로기에 오염된 지식이 있는 것이 아니라, 지식과 권력은 서로 분리가 불가능하다. 그렇기 때문에 '지식-권력'이다. 지식의 진위와 무관하게 모든 지식은 권력적이다.

시자는 쉽게 눈에 띈다. 또한, 이 글은 시위대가 휴대전화를 이용해 경찰의 폭력 장면을 촬영해 인터넷이나 소셜네트워크서비스SNS에 유포하는 역감시도 다룬다.

나는 물질문화연구와 감각사회학[4] 이론을 바탕으로 푸코의 감시이론을 보완한다. 물질문화연구의 관점에서 문화는 상징적 담론뿐만 아니라 사물과 인간 사이의 비담론적이고 감각적인 상호작용으로 형성된다(Olsen, 2013 ; Hicks & Beaudry, 2010). 특히, 카메라와 소음 측정기의 비교는 소리 연구 문헌과 감각사회학에서 얻은 통찰로부터 비롯되었다. 이 문헌들은 세계를 이해하는 데 있어 시각의 지배를 비판한다(Bijsterveld, 2008 ; Howes, 2005 ; Howes & Classen, 2014 ; Pinch & Bijsterveld, 2012 ; Sterne, 2012 ; Thomson, 2004 ; Vannini et al., 2011). 소음 측정기는 푸코와 기타 기존 감시연구 학자들이 논의한 시각적 감시와는 현저하게 다른 새로운 감시 방식을 드러낸다(Burri et al., 2008 ; Goodwin, 1994, 1995 ; Grasseni, 2007 ; Mann et al., 2003). 사실상 푸코의 관점주의perspectivism 이론은 서로 다른 감각들이 어떻게 다른 형태의 감시를 생산하는지에 관해 적절한 설명을 제공하지 않는다.

감각 권력은 인공물을 통해 작용한다. 카메라의 시각권력

---

4. 감각의 사회학자들은 법, 정치, 민주주의의 감각적 차원을 연구해 왔다(Howes & Classen, 2014 ; Panagia, 2009 ; Ranciere, 2004 ; Hartley, 2000 ; Lacey, 2013). 예를 들어, 법원의 공간적 위치, 설계, 건축 재료 및 법정의 냄새는 특정한 엄숙함과 권위를 가지고 있다(Howes & Classen, 2014). 또한, 감각경험은 공동체, 국가 및 시민권과 같은 집단의 정체성을 구성한다(Trnka et al., 2013).

은 시위대를 감시하고 촬영하는 능력에 달려 있다. 소음 측정기의 소리 권력은 시위 소리를 측정할 수 있는 능력에서 비롯된다. 감각 권력은 인간에 의해 소유된 것이 아니라 인간과 사물 사이의 감각적-감정적 상호작용을 통해 실행된다. 인공물의 감각 권력이 시위 참여자의 감각적 경험을 통해 전달될 때 통치성의 효과가 시위 참여자들에게 나타난다. 시위 참여자는 자신을 둘러싸고 있는 수많은 경찰 카메라들을 보면서 카메라의 시각 권력으로 인해 위축된다(〈그림 7-1〉 참조). 시위 참여자는 경찰이 시위대 확성기의 볼륨을 낮추라고 메가폰을 들고 소리를 지를 때 소음 측정기의 감각 권력을 감지한다. 시위 참여자의 감각경험은 때때로 상호 감각적이다. 시위 참여자가 경찰 트럭의 화면에 표시된 집회 소음 수치를 볼 때 소음 측정기의 소리 권력은 시각을 통해 침투된다(〈그림 7-2〉 참조). 한 인공물의 감각 권력은 인간의 감각 경험을 통해 다른 인공물에 전달된다. 이를테면 소음 측정기의 소리 권력은 경찰 메가폰의 소리 권력을 강화하지만, 시위대 확성기의 소리 권력은 감소시킨다.

카메라와 소음 측정기의 감각 권력은 군중에 대한 서로 다른 통제를 가능하게 한다. 나는 시위 감시를 위한 청각과 시각의 역할을 비교하기 위해 카메라와 소음 측정기에 의해 수집된 증거, 논쟁, 처벌 간의 관계를 분석했다. 카메라에 의한 시청과 소음 측정기의 청취의 차이는 다양한 형태의 권력-지식을 낳는다. 채증 카메라로 수집한 증거들은 시위 참여자들의 사진과 말의 기록이다. 반면에 소음 측정기로 수집된 증거는 데시벨 단위의 소음 수치이다. 이 수치는 과학적이지만 불확실성을 가지고 있다. 시각과 청각의 차이, 그리고 생산되는 지식의 차이는 감시의 차이를 낳는다. 이 글은 감시 유형, 감시와 처벌의 시기, 시위 참여자에 가해지는 처벌, 그리고 감시 대상의 측면에서 채증 카메라와 소음 측정기를 비교한다.

둘째, 같은 형태의 감각 권력을 조사함으로써 '사물의 통제'와 '말의 통제'를 구별한다. 여기서 비디오카메라와 소음 측정기의 소리 권력을 비교한다. 이 분석은 물질문화에 대한 후기구조주의 접근법(Hodder, 1985, 2002, Moore, 1986 ; Olsen, 2013 ; Tilley, 1990)과 차별화되는 물질문화연구의 최근 흐름과 맞닿아 있다.[5] 최근의 물질문화연구는 사물의 비담론적이고 물질적인 실천에 초점을 둔다. 소위 신유물론자들은 사물의 의미를 사회적 관계로만 축소하는 것을 꺼려왔다. 나아가 사물이 무엇을 의미하는지보다 사물이 무엇을 하는지에 관심을 둔다(Hicks & Beaudry, 2010). 이러한 맥락에서 소음 측정기는 고유한 형태의 감시를 만든다. 오늘날 시위 통제에 소음 측정기를 사용하는 것은 1960

---

5. 물질문화에 대한 후기구조주의 접근은 사물의 상징적, 담론적 의미를 분석한다. 그래서 사물이 어떻게 서술되는지 그리고 어떤 상징적 의미를 생산하는지를 분석한다(Olsen, 2013 ; Hodder, 2002). 후기구조주의는 텍스트와 물질의 분리를 기각한다. 주디스 버틀러(Judith Butler)는 "기호화의 과정은 항상 물질적"이라고 말했다(Olsen, 2013에서 재인용).

년대와 1980년대 시위 음악 규제와는 사뭇 다르다. 둘 다 청각과 관련이 있지만 소음 측정기는 음량을 통제하는 반면, 시위 음악 규제는 가사 내용을 통제한다. 음량은 음파 에너지와 관련이 있다는 점에서 소음 측정기를 활용한 시위 통제는 '사물의 통제'라고 부를 수 있다. 이와는 대조적으로, 과거의 시위 음악 규제는 노랫말을 통제했기에 '말의 통제'에 해당한다.

셋째, 공간은 물질문화연구에서 핵심적인 개념이다(Mitch-ell, 2013). 이 글은 집회의 크기 즉, 시위 공간의 규모에 영향을 미칠 수 있는 이른바 '공간 권력'spatial power과 관련하여 카메라와 소음 측정기의 효과를 비교한다. 이 개념은 감시 인공물의 공간 설계와는 무관하다. 그래서 벤담의 파놉티콘의 경우처럼 감각 권력이 공간 설계로 어떻게 구성되는지를 여기서 다루지 않는다. 대신 인공물의 감각 권력이 시위 공간에 어떤 영향을 주는지를 다룬다. 인간은 그들의 감각을 통해 공간을 인지한다는 점에서 물질적 공간과 감각의 개념은 매우 밀접하다. 시위에서는 시위대가 감각적으로 감지되는 거리까지만 시위 공간이 된다. 카메라는 원거리 촬영이 가능하기에 시위 공간의 크기에 거의 영향이 없는 반면, 소음 측정기는 확성기의 음향 신호가 얼마나 멀리 이동하는가와 관련이 있기 때문에 시위 공간의 크기에 영향을 준다. 소음 측정기는 청각적 공간으로서의 시위 공간을 형성한다.

	카메라	소음 측정기
감시 유형	시놉틱 감시	파라볼릭 감시
감각 권력의 유형	시각 권력 (카메라) 소리 권력 (비디오 레코더)	소리 권력
감시의 시간대	집회보다는 행진을 감시	집회만 규제
영향을 받는 집단	모든 개별 시위 참여자 (개인 단위)	시위 주최 조직 (집단 단위)
공간 권력	집회 규모에 영향 없음	집회 규모에 영향 있음
소리 권력의 효과	말의 통제	사물의 통제
지식–권력	확실한 증거 (사진이나 말 등)	과학적 증거이지만 불확실함 (데시벨 수치)
처벌	사후 소환	사후 소환보다는 실시간 개입

표 7-1. 채증 카메라와 소음 측정기의 감시 차이

시위 통제를 위한 미시 권력의 출현

1980년대 전두환(1981~1988) 군사정권 치하 시위는 매우 폭력적이었다. 군정이 대학 밖의 가두시위를 허용하지 않았기 때문에 대부분 거리 시위는 불법이었다. 1987년 민주화 이후 성장한 시민단체들은 점점 더 평화적인 시위를 벌였다. 그러나 1990년대에도 폭력적인 학생시위는 존재했다. 오히려 1980년대의 학생시위보다 더 격렬했다. 〈한총련〉과 같은 전국단위 학생단체가 학생회를 장악하면서 학생시위는 조직적이고 위계적이 되었다(Kwon, 2005). 학생운동 단체들은 경찰의 폭력에 대응하기 위해 사수대라고 불리는 전투조직을 설립했는데, 이들의 전투력은 막강했다. 앞 장에서 서술한 바와 같이 격렬한 시위는 시위 경찰과 시위 참여자들 사이의 싸움뿐만 아니라 돌, 화염병, 최루탄과 같은 사물들 사이의 싸움이었다. 김대중(1998~2003) 정부가 1998년 경찰의 최루탄 사용을 금지하자 화염병의 사용이 줄어들고, 시위가 한층 평화로워졌다.[6]

2000년대에 들어서면서 학생 및 노동자뿐만 아니라 일반 시민들도 시위에 참여했다. 시위 참여자가 다양해지는 만큼 시위의 조직성은 떨어졌지만, 더 평화롭고 유쾌한 방식으로 변했다. 음악 그룹과 인기가수들이 초대되는 등 시위는 음악회나 문화 축제와 비슷했다. 고성능 확성기와 비디오 시스템이 등장했다. 음악은 장르 면에서 더 부드럽고, 더 서정적이었으며 더 다양했다. 때론 힙합 공연도 열렸다. 촛불시위의 등장으로 야간에 시위가 열렸으며, 노동자들도 퇴근길에 시위에 참여했다.

'집회 및 시위에 관한 법률'(이하 집시법)은 한국 시위 퍼포먼스에 많은 영향을 주었다. 1962년 박정희 정부 때 처음 제정된

---

6. 1997년 69,160개의 화염병이 사용되었다. 대조적으로 2001년에는 약 2,000개가 사용되었다(윤승모·허문명, 2001).

이 법은 10번 이상 개정되었다(이선엽, 2008). 이 법은 시위 장소와 시점, 시위 참여자의 최소 인원수와 그들의 인공물을 통제한다. 1989년에는 화염병의 제조, 소지, 사용을 처벌하는 조항이 도입되었다. 1999년 김대중 정부(1998~2003)는 집회 공간을 설정하는 폴리스 라인의 설치를 도입했다. 2004년 노무현 정부(2003~2008)는 시위에 사용되는 확성기 소음을 규제하는 법 조항을 집시법에 포함했다. 야간 옥외 시위를 금지하는 조항이 2009년 헌법소원으로 개정되어 자정 전까지 야간시위가 허용됐다.

집회 규제는 2000년대에 평화적인 시위의 등장과 함께 크게 변화되었다. 2000년대 이후 시위 통제는 관리기반 규제와 증거기반 규제로 특징 지어질 수 있다. 시위를 강압적으로 진압하기보다는, 폴리스 라인과 차벽을 통해 제한된 공간 내에서 시위를 허용하고 관리했다(한기덕, 2012). 집회 규제의 목표는 시위를 완전히 차단하는 것이 아니라, 시위 공간을 제공하되 그 공간을 넘어서지 못하게 막는 것이었다. 강제적인 진압을 최대한 피하고 대신 증거에 기초해 불법 시위 참여자들을 처벌하고자 했다. 1980년대와 1990년대에는 경찰이 시위 현장에서 시위 참여자들을 체포했다. 하지만 2000년대에는 불법 시위의 증거 없이 시위 참여자를 체포하고 처벌하기는 어려워졌다. 그래서 경찰은 불법 시위를 감시하고 관련 증거를 수집하기 위해 카메라나 소음 측정기를 사용했다.

한편, 인터넷과 소셜네트워크서비스 기술의 발전과 휴대전화의 폭발적인 사용은 경찰을 향한 역감시 또는 대항 감시의 증가를 가져왔다(Mann et al., 2003). 시위 참여자들은 휴대전화를 사용하여 경찰의 폭력적인 행동을 촬영하고 인터넷과 소셜미디어를 통해 동영상을 유포했다. '미디어 몽구'라고 불리는 유명한 블로거는 2005년부터 각종 반정부 시위에 참여하여 역감시의 역할을 해왔다.7 그는 2008년 미국산 쇠고기 수입 반대 시위 그리고 2015년 세월호 시위 등 많은 시위에 참석했다. 그는 경찰의 물대포 사용과 같은 극적인 순간을 촬영하여 자신의 블로그와 소셜네트워크서비스에 올렸다. 오늘날, 수많은 사람이 이와 같은 역감시에 참여하고 있다. 역감시는 시위 통제의 변화에 이바지했다. 경찰의 폭력적 진압이 감시기반 규제로 대체되면서 경찰과 시위대는 감시 전쟁을 벌인다.

감시기술이 널리 쓰이면서 경찰과 시위대는 스스로 자신의 행동을 규제하고 관리하게 되었다. 그들의 자율 규제는 미셸 푸코가 말한 미시 권력이 행사되고 있음을 입증한다. 시위 현장에서의 과도한 힘과 물리적 폭력이 감시를 통한 미시 권력에 의해 대체되면서 푸코가 말한 바와 같이 우리 사회는 주권 사회에서

---

7. 미디어 몽구 웹사이트 : http://mongu.net/ 그는 2005년 황우석 사건 때부터 이 일을 시작했다. 당시 자택 근처 서울대병원에 입원한 황우석 교수의 사진을 우연히 찍어 인터넷에 올리자 많은 주목을 받았다고 한다. 시위 현장에서 촬영 카메라가 박살이 난 적이 있는데 공지영 작가가 신형 카메라를 사주기도 했다.

규율 사회로 변화되고 있다. 오늘날 카메라와 소음 측정기는 시위 통제의 핵심적인 수단이 되었다. 시위 장소, 시위대의 퍼포먼스, 시위 인공물의 출현을 감시하고 제한함으로써 사회운동의 물질문화를 구성한다.

채증 카메라의 시각 권력

카메라는 집회 감시에 오랫동안 사용됐다. 하지만 1994년 1월 경찰이 불법 시위를 기록, 촬영, 처벌하는 증거수집 활동에 관한 규칙을 만들기 전까지, 법원은 사진을 법적 증거로 인정하지 않았다(경찰청, 2012). 하지만 그 이후에도 시위 현장에서 언제 촬영하는 것이 적절한지를 두고 오랜 공방이 이어지기도 했다. 1998년 9월 대법원은 영장 없는 촬영은 법 위반의 증거 보존이 시급하거나 필요한 경우에만 한정해야 한다고 결정했다.

2001년 경찰은 촬영된 사진으로 사람들의 신원을 해독하기 위한 증거 해독 프로그램을 만들었다. 2001년부터 2014년 9월까지 총 34,033명의 데이터가 이 프로그램의 데이터베이스에 입력됐고, 2014년도에도 이 중 5,167명의 자료가 남아 있었다(박정협, 2014). 노무현 정부(2003~2008)는 2005년 한미 자유무역협정 반대 시위에서 두 사람이 사망하자 2006년 11월 불법 폭력 시위에 대한 무관용 정책을 선언했다. 이에 불법 시위에 대한 증거수집을 위해 시위 현장에서 카메라가 많이 사용되었다(국무조정실, 2006). 이명박 정부(2008~2013)는 무관용 정책을 유지했으며, 시위 통제를 위한 카메라의 사용은 더 확대되었다. 대통령 직속 〈국가경쟁력강화위원회〉(2008)는 고성능 카메라를 이용한 증거 수집과 섬세한 분석을 강화하고, 증거 분석을 위한 경찰 내 조직을 신설하자는 내용을 담은 집회·시위 선진화 방안을 2008년 발표했다.

2014년 박근혜 정부(2013~2017)는 의무경찰이 휴대전화와 같은 개인기기로도 촬영을 할 수 있도록 증거수집 지침을 개정했다. 정치 운동가들은 채증 카메라의 사용이 남용되면 시위대의 인권이 침해될 수 있다고 우려했다. 2014년 4월 국가인권위원회는 불법 시위와 같은 특수한 경우에만 카메라로 증거를 수집할 수 있도록 제한한 1998년 대법원의 결정을 경찰이 지키라고 권고했다.

채증 카메라는 2000년대 시위 통제의 가장 중요한 장치 중 하나가 되었다. 이 시기, 경찰은 폭력적 충돌을 물리력으로 진압하는 것을 부담스럽게 생각했다. 그 이유는 시위대가 휴대전화를 이용해 경찰의 폭력 진압을 촬영하고 대중에게 공개할 수 있기 때문이다. 이는 역감시(Mann et al., 2003)에 해당한다. 따라서 경찰은 시위대의 법적인 시위를 보장하면서도 비폭력적인 방법으로 시위를 통제하기 시작했다. 카메라는 시위를 통제하는 합리적인 방법으로 인식되었다. 카메라로 수집한 증거물은 시위가 끝난 뒤 시위대를 기소하는 근거로 활용되지만, 실제 시위에 직접적으로 개입하는 데는 거의 활용되지 않는다. 그런데도, 시위 현장에서 카메라가 감각 권력을 행사함으로써 효과적인 시위 통제가 가능했다.

채증 카메라를 활용한 촬영은 집회와 시위의 전 과정 동안 광범위하게 이루어지지만, 집회 이후 시위대가 거리를 행진하면서 경찰과 대치할 때 가장 효과적이다. 카메라는 경찰과 시위대 간 물리적 충돌의 순간을 포착한다. 촬영되는 동안, 시위 참여자는 법을 어길 수 있는 용의자로 인식된다. 시위 참여자는 카메라를 보면 위축된다. 이것이 바로 감각 권력의 효과이다.

〈그림 7-1〉에서 볼 수 있듯이 채증 카메라의 감시 유형은 시놉틱 감시에 해당한다. 많은 카메라가 있으면 시위 참여자는 어떤 카메라가 자신을 촬영하고 있는지 알지 못한다. 많은 카메라

그림 7-1. 채증 카메라 ⓒ 민중의 소리

에 의해 시각적 감시를 느낀 시위 참여자는 자신을 규제하기 시작한다. 그들은 푸코가 "통치성"이라고 부르는 미시 권력을 순간적으로 자신에게 행사한다. 한 인권단체 활동가는 자신의 감시 경험을 다음과 같이 이야기했다.

> 집회 채증 카메라의 가장 큰 효과는 과거에는 현장에서 참가자들을 직접적으로 현행범으로 연행을 하는 것이었다면 이제 사후적으로 소환하는 역할을 하는 가장 큰 근거가 되는 게 채증 카메라가 되는데, 내가 언제든지 소환될 수 있다는, 내가 얼굴 노출되고 내가 무엇을 하는 것이 기록에 남으면 언제든지 나는 소환될 수 있고, 그 소환이라고 하는 것 자체가 벌금과 연동이 되고 벌금 액수가 상당히 크거든요, 지금. 그 부담감을 늘 안고 있어야 되는 거예요. 그러니까 행동의 제약 그리고 그 감시 시선을 계속 의식하게 되는 것. … 실제로 집회 참가자들은 자신을 보호할 수 있는, 카메라로부터 자신을 보호할 수 있는 시설이 별로 없어요.

시위 도중 시위 참여자들이 경찰에 강하게 반발하더라도 경찰은 대응하지 않고 대신 카메라를 시위대에게 들이댄다. 시위대는 누가 촬영하고 있는지, 어떤 카메라가 합법적인 도구인지 알지 못한다. 어떤 경찰은 기자나 시위대처럼 옷을 입고 지정된 개인 카메라를 사용한다. 박근혜 정부가 개인 휴대전화를 채증에 사용할 수 있도록 허용했기 때문이다. 시위 참여자는 시위 현장에서 항상 감시의 시선을 느낀다.

아마도 카메라의 감각 권력의 가장 중요한 효과는 시위대를 개별적으로 고립시키는 것이다. 시위에 여러 명이 같이 참가하더라도 동료 중 소수만이 경찰의 소환 대상이 될 수 있다. 소환장을 받으면 시위 현장에서의 시위대와 달리 개인은 고립되고 무력해진다. 과거에는 시위 현장에서 경찰이 시위대를 체포하면 다른 시위 참여자들이 화를 내고 동료 시위 참여자들이 체포되는 것을 막으려고 했다. 시위 참여자들은 경찰서를 방문하여 체포를 비판하기도 했다. 이것은 시위대의 협동심과 연대감을 낳았다. 그러나 이제 경찰은 시위 현장에서 시위 참여자들을 거의 체포하지 않는다. 대신 몇 달 후 소환장을 보낸다. 과거 시위 현장에서 있었던 시위 참여자들 간의 연대는 오늘날 사후 소환 대상인 시위 참여자들에게는 무용지물인 경우가 많다. 불법 시위의 벌칙을 개인이 부담해야 한다. 물론 민노총과 같은 일부 단체들은 시위 중에 발생한 벌금을 조합원들 대신에 배상하기도 한다. 1일 찻집과 같은 행사를 통해 후원금을 모으기도 한다. 그러나 일반 시위 참가자들에게 이런 후원은 불가능하다. 한 학생에 따르면, 불법 시위로 처벌을 받은 그의 친구는 집안이 가난했기 때문에 벌금을 내는 대신 강제 노동을 했다고 한다. 정치단체의 후원이 없이 불법 시위로 상당한 벌금을 물은 사람들은 시위 참여를 꺼릴 수 있다. 이 같은 자기 검열은 오래 지속되는 효과가 있다. 시위 참여자가 스스로 감시하도록 함으로써, 카메라는 사회적 비난을 불러일으킬 수 있는 물리적 진압을 피하면서도 시위 참여자를 효과적으로 통제한다.

카메라로 수집한 증거로 인해 소환장을 받은 여러 학생을 인터뷰했다. 한 학생은 군 복무 중이던 2011년에 소환장을 받았다. 그러나 경찰이 보여준 그의 시위 사진은 소환장을 받기 2년 전에 촬영된 것이었다. 그의 첫 번째 시위였고, 이후 바로 군대에 갔기에 경찰이 사진 증거로 그를 식별하는 데 오랜 시간이 걸렸다. 하지만 그가 상시적인 시위 참여자가 아니라는 점을 고려할 때, 경찰이 시위 사진으로 그의 신원을 찾기 위해 2년 동안이나 시도했다는 사실은 매우 놀랍다. 그의 가족과 친척들이 도와 결국 그는 기소유예 처분을 받았다.

학생회장 출신 한 학생은 2011년, 2013년 두 차례 소환장을 받은 경험이 있다. 소환장은 그가 사진 찍힌 지 2~4개월 후에 보내졌다. 그는 처음에는 이 사진을 부인했지만, 경찰이 휴대전화 추적을 통해 자신의 위치를 추적했기에 다시 부인할 수 없었다. 첫 번째 위반에서 그는 벌금을 내지 않았지만, 두 번째 경우에는 상당한 벌금을 내야 했다. 또 다른 학생은 2014년 세월호 참사 관련 시위에서 청와대 근처에서 체포됐다. 경찰서에서 그는 묵비권을 행사했지만, 나중에 경찰이 사진을 보여주자 너무 이미지가 선명해서 그의 사진임을 부인할 수 없었다.

세 학생 모두 정치단체의 지원 없이 벌금을 냈다. 이러한 경험들이 있고 난 뒤, 학생들은 처벌을 피하려고 자신들의 행동을 규제하기 시작했다. 그들은 시위에 덜 참가하거나 중단했고 일부는 정치조직을 떠났다. 시위에 계속 참석하는 학생들은 휴대전화를 끄고 마스크를 착용하는 등 익명성을 높였다.[8] 이를 "감시를 피하는 위장"(Monahan, 2015)이라고 부른다. 그들은 시위에서 앞에 나서는 것을 꺼리게 되었다. 한 학생은 다시 시위에 참석했을 때 카메라로 인해 많은 스트레스를 받았다고 말했다.

(예전에는) 뭔가 적극적으로 뭔가 앞으로 나가려 하고 그러려고, 했었다면 지금은 뭔가 어떤 단체 같은 데에 가려고 하면 뭔가 꺼려지고. 왜냐하면, 그런 데 가서 하면 깃발도 들고 앞에 가서, 짜고 그렇게 하니까, 채증당할 확률이 높잖아요? 그런 느낌도 좀 있고 그래서 보통 갈 때도 소속으로 가지 않고 혼자 가고 그런 게 좀 있는 거 같아요.

비디오 레코더는 시위대의 행동을 촬영하는 데 사용될 뿐만 아니라 시위대가 외치는 발언을 녹음하는 데 사용된다. 그래서 시각적인 권력 외에도, 비디오 레코더는 청취할 수 있기에 소리 권력을 가진다. 다만, 이 권력은 음량과 같은 물질적인 것

---

8. 2003년 10월 30일 헌법재판소는 집회에서 마스크 사용을 금지하는 법안을 정치적 자유에 대한 침해로 기각했다. 대조적으로 독일은 집회에서 마스크 사용을 금지하고 있다.

을 규제하지 않으며 시위대의 발언 즉 비물질적인 것을 통제한다. 욕일 수도 있고, 반정부 발언일 수도 있다. 2015년 경찰은 '웨어러블 바디 카메라' wearable body camera를 채증용으로 도입하겠다고 공표했다. 이 장치는 경찰 유니폼에 부착하여 경찰관을 위협하는 사고 현장을 기록하는 등 검거를 정당화할 수 있는 정보를 수집한다(박임근, 2015).

소음 측정기의 소리 권력

2004년 노무현 정부는 집시법을 개정하여 집회 소음에 대한 규제를 마련했다. 이 법은 집회 주변 지역의 주민과 상인을 보호하기 위해 시위 확성기의 지속적인 사용으로 발생하는 소음 수준을 제한한다. 법적인 소음 제한기준은 낮에는 80dB, 밤에는 70dB이다. 주택가와 학교 인근 지역에서는 낮에는 65dB, 밤에는 60dB로 소음 기준이 설정됐다. 2006년 한미자유무역협정 반대 시위에서 두 명이 사망하자 노무현 정부는 총리실 산하에 〈평화로운 집회 시위 문화 정착을 위한 민관위원회〉를 설립했다. 이 위원회는 민간위원 11명과 공무원 11명으로 구성되었다. 2006년 3월 17일, 이 위원회는 평화적인 집회 및 시위를 위한 약 30개의 계획을 제안했다(국무조정실, 2006). 이 계획에 녹음기 및 고성능 확성기 시스템에서 발생하는 장시간 반복 소음의 통제를 강화하는 집회 소음 규제가 포함되었다. 그러나 2006

년 5월 19일, 36개 인권단체는 이 위원회의 계획이 집회의 자유를 제약한다고 비판했다. 소음 규제는 폭력 시위를 겨냥하지 않고, 집회를 금지하기 위한 것이라고 그들은 주장했다(같은 책).

이명박 정부(2008~2013)는 이 규제를 더욱더 강화했다. 2008년 대통령 직속 〈국가경쟁력강화위원회〉(2008)는 집회 및 시위 선진화 계획을 수립했다. 시위 중 확성기 소음으로 인한 시민 불만을 최소화하기 위해 집회 소음의 법적 제한 수준을 강화하는 법 개정안을 이 계획에 포함했다. 2014년 박근혜 정부(2013~2017)가 마침내 이 법안을 제정했다. 2014년 12월 22일, 경찰은 주간 65dB, 야간 60dB, 주중 75dB, 광장이나 시장과 같은 지역에서는 50dB의 소음 기준을 공포했다. 소음평가는 10분마다 평균 1회로 확정되었다. 박근혜 정부는 시위를 적극적으로 통제하기 위해 이 규정을 사용했다.

집회 소음 규제는 '말'보다는 '사물'을 통제하는 일종의 '물질적 규제'다. 과거 1970~80년대 시위 음악 규제와는 확연히 다른데, 당시에는 소음을 규제하지 않았으며 가사 내용 때문에 음악이 금지됐다. 이것은 '말의 통제'이며 질적 규제다. 2000년대 들어 집회 소음 규제는 질적 규제에서 소음의 정도를 제한하는 일종의 양적 규제로 바뀌었다. 물론 이러한 변화가 시위 언어를 규제하지 않는 것은 아니다. 소음의 양적 규제는 시위 언어에 대한 질적 규제보다 더 은밀하다. 많은 진보 운동가들은 집회 소음 규제가 진보적 시위를 향해 편향되어 있고 보수적 시위에 유

그림 7-2. 집회 소음 측정 ⓒ 민중의 소리

리하다고 말한다. 이를테면 경찰이 진보적 시위 때는 소음 규제를 하지만 보수시위 때는 하지 않는 경향이 있다(강민수, 2014).

집회 소음 규제는 시위 음악의 힘을 약하게 만든다. 로이(Roy, 2010 : 13)의 주장대로, "음악의 음질은 적어도 가사만큼이나 중요하다. 왜냐하면 연주자들과 청취자들은 일반적으로 가사 단어보다 소리에 더 많은 관심을 기울이기 때문에, 소리의 영향이 단어보다 더 깊고 덜 의식적이다." 실제로 대규모 시위에서 시위 참가자들은 익숙하지 않은 음악의 가사를 정확하게 따라 부르지 못하지만, 그 음악의 리듬은 사람들의 감정을 자극한다. 시끄러운 음악은 감정적으로 강력할 수 있으며, 조용한 음악은 시위 참여자들에게 제한된 영향을 끼친다.

경찰은 시위 현장에서의 소음과 연설이 법적 소음 기준보다 더 크다고 판단할 때, 확성기의 볼륨을 낮추거나 사용을 중지하도록 요구한다. 〈민주노총〉 관계자에 따르면 경찰은 〈민주노총〉 집회에서 확성기 소리를 낮추라고 요구한 적이 있다. 주최 측이 즉시 경찰의 명령을 따르기를 거부하면, 경찰은 확성기를 압수하거나, 오디오 시스템에 연결된 회선을 끊기도 한다. 따라서 확성기의 볼륨이 시위 주최자와 오디오 엔지니어의 걱정거리가 되었다. 〈민주사회를 위한 변호사 모임〉(이하 〈민변〉)의 한 변호사에 따르면 소음 측정기는 결국 시위대를 불안하게 하여 음악, 연설, 구호를 낮추도록 유도한다. 소음 측정기는 시위에서 소리의 미시 권력을 촉진하는데, 시위 주최자의 감정과 행동을 조절하여 그들이 스스로 자신들을 규율하도록 한다.

경찰은 시위대가 모여 있는 동안에만 소음 측정기를 사용하고 확성기를 설치한 시위 주최자만 규제의 표적으로 삼는다. 소음 측정기는 확성기가 소음원에서 특정 거리에 위치할 때만 정확한 결과를 제공한다. 민원인들이 경찰에 신고를 하면 집회 소음평가가 이루어진다. 소음평가는 민원인 건물 외벽에서 1~3.5m 거리에서 10분간 평균 소음 데시벨을 측정하는 방식으로 진행된다. 다만 경찰은 민원이 없어도 집회 소음을 측정할 수 있고, 이 경우 소음 측정기의 위치가 특별히 정해져 있지 않다. 경찰은 소음 불편이 예상되는 곳에 소음 측정기들을 배치한다. 다만, 시위가 유동적이면 소음원과 소음 측정기 간의 거리가 계속 변화되기에 정확한 소음 측정이 어렵다. 그래서 집회 소음 규제는 고정된 공간에서 집회가 열릴 때만 적용되고, 시위대가 거리를 행진할 때는 사용되지 않는다.

소음 측정기는 최소한 네 가지 측면에서 시위를 통제한다. 첫째, 소음 측정기의 감시 유형은 하나의 소음 측정기가 많은 시위 참여자를 감시한다는 점에서 시놉틱 감시보다 파놉틱 감시에 더 가깝다. 둘째, 시위 전체의 소음을 감시하지만, 확성기를 사용하는 사람들이 주요 감시 대상이다. 시위에 참여하는 모든 개별 시위 참가자를 향하는 채증 카메라의 시각 권력과 달리, 소음 측정기의 소리 권력은 주로 시위 주최자들에게만 영향을 미친다. 한 학생은 다음과 같이 말했다.

실제로 시위 참가자가 느끼기에도 집회가 소음이 있다고 해서 두려움을 느낄 이유는 없어요, 왜냐면 법적인 책임이 없어요. 집회 주최자나 신고자가 제일 문제인 거고 그게 개인의 책임을 시위 참가자에게 걸고 하는 게 아니에요.

셋째, 소음 측정기의 소리 권력은 집회의 위치와 물질적 공간에 영향을 미친다. 확성기 소음의 법적 제한은 학교, 주택가 또는 시장 근처 등 어디에서 시위가 발생하느냐에 따라 달라진다. 학교와 주택가는 시장보다 소음 법적 기준이 더욱더 엄격하다. 박근혜 정부는 주택가와 학교 근처의 소음 기준을 병원단지와 공공도서관 근처의 소음 기준만큼 강화했다.

소리 권력은 또한 집회의 규모에 영향을 준다. 소리는 거리와 밀접한 관계가 있다. 확성기 소음 제한기준은 집회 소리가 얼마나 멀리 전달될 수 있는지를 결정한다. 작은 메가폰에서 나는 소리가 최대 50m까지 이동할 수 있다고 할 때 반경 50m가 시위 공간이 된다. 그 너머에는 주최 측의 연설이 잘 안 들릴 것이다. 이처럼 소리는 공간을 만든다. 〈민변〉의 한 변호사는 집회 소음 규제는 결국 정부가 단지 작고 평화로운 시위만 허용하겠다고 천명한 것이라고 주장한다. 한 정치 운동가는 이 집회 소음 규제를 더욱 엄격하게 집행하면 고성능 확성기를 사용하는 대규모 시위에 상당한 영향을 미칠 수 있다고 주장한다. 물론 경찰이 이 규제를 항상 시행하지는 않는다. 왜냐하면 시위 참여자들의 강한 반발에 직면할 수 있기 때문이다. 집회의 규모가 커질수록 집회 소음 규제는 더 큰 저항을 수반한다.9

넷째, 소음 측정기는 정상 시위와 비정상 시위 간의 개념적 경계를 만든다. 박근혜 정부는 소위 '비정상의 정상화'를 위해 소음 규제를 활용했다. 시위 소음의 수치에 따라 시위가 정상적인지 비정상적인지가 결정된다. 물론 '정상 시위'와 '비정상 시위'의 구별은 논란의 여지가 있다. 경찰과 정부에게 비정상적인 시위는 교통혼잡과 소음 장애를 일으키는 시위이다. 하지만 시위

---

9. 〈민주노총〉 관계자는 경찰이 집회 규모와 상관없이 소음 측정기로 자신들의 집회에 간섭한다고 주장한다.

참여자들에게 시위는 집회결사의 자유이며 인권의 표현이다. 한 활동가는 다음과 같이 말한다.

집회에서 나오는 소리는 그건 되게 절박한 목소리거나 권리로서 당당한 요구이거나 사회가 해결해야 되는 문제들을 제안하거나 고민을 함께 나누자는 도움의 요청이거나, 사실 그런 맥락들이고 그런 의미고 일종의 호소, 요청, 이런 것들이어야 하는데 그것을 듣기 싫은 소음으로 만들어버린다는 거예요. … 비정상의 정상화는 여러 분야에서 다 비웃었던 것 같은데. 그러니까 도대체 이게 그 뭐죠 정부가. 그 박근혜 정부가 비정상이라고 보고 있는 것이 도대체 무엇이냐 라는 것을 이제 드러내는 건데. 그러니까 집회 자체가 사실상 굉장히 해악으로 보고 있는 거잖아요. … 집회는 교통에 불편함을 주고 소음을 유발하고 심지어는 경제적인 어떤 비용을 초래하는 행위라는 이야기들을 끊임없이 하고 있어요. … 그게 비정상이라는 거예요. 집회 때문에. 그러니까 집회가 왜 권리이고 집회가 계속 왜 일어날 수밖에 없느냐에 대한 국가적 성찰이 없이 집회하는 사람이 문제고. 그러니까 집회하는 사람들을 일반 시민들에 굉장히 분리시키고 집회는 사회적인 해악이고 그다음에 저것들은 불온한 것이기 때문에 그것을 정상으로 돌리겠다는 것은 처벌을 하겠다는 거죠. 예, 그래서 계속 고립시키겠다는 거고 권리로서 행사를 못 하겠다. 못 하게 만들겠다라고 하는 것들을 그 비정상의 정상화라고 하는 건데 그 정상화가 마치 이제 법치주의 외피를 쓰고 있어요.

이 대목에서 3장 아파트 층간소음 사례에서 언급한 바 있는 소리 시민권을 생각해 볼 수 있다. 정부가 집회 소음 기준을 토대로 정상 시위와 비정상 시위를 나누면서 소리 시민권을 만든다. 정부는 비정상적 시위에 참여하는 시민들은 그들의 정치적 권리가 제한될 수 있다고 주장한다. 한편, 진보적 정치 운동가들은 비정상적인 시위라는 개념을 비판하면서, 시위가 시끄러운 것은 당연하다고 주장한다. 〈민변〉의 한 변호사는 시위 중에 소음을 측정하는 것은 시장에서 소음을 측정하는 것과 같다고 한다. 시장이 시끄러운 것은 당연하다. 그런데 박근혜 대통령은 정상성과 비정상성을 뒤집고 있다는 것이다.

소음 측정기에 의해 생산되는 지식권력은 과학적 소음 평가의 데시벨 수치에서 비롯된다. 하지만 시민단체 관계자들은 이 소음 영향평가가 결코 중립적이거나 객관적일 수 없다고 비판한다. 이철우 〈4·9통일평화재단〉 이사장은 소음을 측정하는 위치와 그 주변의 환경에 따라 수치는 다를 수 있기 때문에 신뢰성이 떨어진다고 주장하면서 증거의 불확실성을 지적했다. 한 정치 운동가는 청와대 앞 교통으로부터 발생하는 배경소음이 집회 소음의 법적 기준보다 크다고 주장했다. 그는 또한 경찰 확성기의 소음이 때때로 시위 참여자들의 확성기 소음보다 더 크다고 말한다. 따라서 그는 집회 소음 규제는 표면적으로는 합리적이고 과학적이지만 시위 참여자들에 대한 깊은 증오심을 감추고 있다고 주장한다. 〈한국환경운동연합〉의 한 활동가는 2011년에 비슷한 경험을 한 적이 있다고 말했다. 시위 당시 소음 측정기가 두 대 있었는데 하나는 집회 소음 측정기였고 다른 하나는 원래 거리에 있던 교통 소음 측정기였다. 집회 소음의 수치는 교통 소음 측정기에서도 관찰되었다. 경찰이 확성기로 경고 방송을 했을 때, 이 확성기의 소음이 교통 소음 측정기에 표시되었고 시위 소음보다 더 컸다. 그가 이 사진을 찍어 트위터에 올리자 많은 사람의 관심을 끌었다.

이처럼 집회 소음 측정은 과학적 불확실성이 크기 때문에 사실상 소음 측정을 통한 법적 규제 사례는 채증 카메라에 비해 적다. 한 〈민주노총〉 관계자에 따르면 〈민주노총〉 조합원들은 몇 년 동안 집회 소음 규제와 관련한 법적 소송에 휘말린 적이 거의 없었다. 2004년에서 2014년까지 10년 동안 총 56명만이 소음 관련 법적 제재를 받았다(유대근, 2014). 이는 경찰이 시위 참여자들을 처벌하기 위한 수단이 아니라 시위 현장에서 개입하기 위한 도구로 소음 측정기를 사용한다는 것을 의미한다. 이는 카메라와 소음 측정기의 주요 차이점이다.

마무리

오늘날 경찰은 카메라와 소음 측정기를 시위 통제를 위한 감시도구로 사용하고 있다. 이러한 인공물을 활용한 시위 통제 방식은 2000년대 이전의 방식과 현저하게 다르다. 우리 사회는 규율사회로 진입했으며 카메라와 소음 측정기에 의해 실행되는 미시 권력은 시위 참여자들의 '통치성'을 만든다. 그러나 이 두 인공물은 서로 다른 감각을 시위 통제에 활용한다는 점에 커다란 차이가 있다. 권력과 감각은 밀접한 관계가 있으며 감각에 따라 미시 권력의 작동방식은 달라진다. 미셸 푸코는 시각에 의해 비롯되는 미시 권력을 잘 고찰했으나, 서로 다른 감각에 따른 미시 권력의 차이는 주목하지 않았다. 카메라와 소음 측정기는 아래와 같은 여러 측면에서 서로 다르다.

첫째, 카메라는 소음 측정기보다 사용 범위가 넓다. 카메라는 집회 및 행진에서 모두 효과적인 도구다. 특히 시위대가 행진하면서 경찰과 대치할 때 시위 통제에 매우 효과적이다. 이에 반해 소음 측정기는 집회에서 사람들이 모여 연설을 하고 주최자가 확성기를 사용할 때만 효과적이다. 카메라와 달리 소음 측정기는 사람들이 이동할 때는 소음 측정이 불확실하기에 쓸모가 없다. 이 같은 사실은 2000년대 이전 소음 측정기가 시위 통제의 도구로 등장하지 않은 이유를 설명한다. 왜냐하면, 1980년대와 1990년대의 시위는 돌과 화염병을 던지면서 시위가 기동적이고 역동적이었기 때문에 소음 측정기는 쓸모가 없었기 때문이다. 소음 측정기는 가두 행진을 하지 않을 때만 사용할 수 있다.

둘째, 채증 카메라의 감시 유형은 소음 측정기와 구별된다. 채증 카메라의 경우 많은 카메라가 개별 시위 참여자들을 관찰하기 때문에 시놉틱 감시다. 이에 반해 소음 측정기의 경우 하나의 측정기가 전체적인 집회의 소음을 감시하기 때문에 파라볼릭 감시다. 소음원과의 거리와 주변 환경의 차이에 따라 소음 수치가 변동되기 때문에 많은 소음 측정기를 동시에 사용하는 것은 불가능하다. 이처럼 시각과 청각의 물질적 조건 때문에 감시의 방식은 달라진다.

셋째, 정치 운동가들은 소음 측정기에 의한 감시보다 카메라로 감시되는 것을 더 우려한다. 그 이유는 소음 측정기는 개인들을 시위 조직으로부터 격리하지 않기 때문이다. 집회 소음 규제는 시위 주최자만을 대상으로 하지만, 채증 카메라에 의한 감시는 개별 시위 참여자를 대상으로 하고 있다. 카메라는 모든 시위 참가자를 개별적으로 감시하는 일종의 권력을 행사하는 반면, 소음 측정기는 시위 주최 조직에만 권력을 행사한다. 따라서 채증 카메라가 훨씬 더 강력한 규제라고 할 수 있다.

넷째, 채증 카메라와 달리 소음 측정기는 집회의 위치와 규모와 관련된 공간 권력을 행사한다. 확성기 소음의 법적 제한 수준은 주택 및 시장과의 거리에 따라 달라지기에 시위 장소의 선택에 영향을 준다. 나아가 소리의 크기는 그 소리가 이동하는 거리와 관련되어 있기 때문에 소음 측정기는 결국 집회의 크기를 통제한다. 집회 소음 기준을 엄격하게 적용하면 사실상 대규모 시위는 불가능해진다. 하지만 대형 시위에서 경찰이 확성기 소음을 통제하면 오히려 시위대의 큰 반발을 불러오거나, 시위대가 경찰의 요구를 듣지 않을 가능성이 크기에 사실상 소음 측정기는 소규모 시위를 통제하는 데 주로 사용된다.

다섯째, 소음 측정기뿐만 아니라 비디오 레코더도 시위 참여자들의 구호를 녹음하는 데 사용될 때 소리 권력을 행사한다. 그러나 이 경우 규제 대상은 욕설과 정치적 진술과 같은 발화들이다. 따라서 소음 측정기와 비디오 레코더의 소리 권력은 서로 다르다. 비디오 레코더에 의해 작동하는 소리 권력은 비물질적인 것, 즉 언어를 통제하는 반면, 소음기의 소리 권력은 음량 즉 물질적인 것을 통제한다.

여섯째, 채증 카메라와 소음 측정기는 서로 다른 지식 권력을 만들어낸다. 소음 측정의 데시벨 수치보다는 채증 카메라의 사진이 사법적 증거로 주로 기능한다. 채증된 얼굴 사진은 과학적인 것은 아니나 그것의 증거력에 대한 심각한 논쟁을 초래하지 않는다. 하지만 소음 측정기에 의해 만들어진 지식, 즉 소리와 진동공학에 기초한 데시벨 수치는 과학적 불확실성으로 인해 논쟁을 일으킬 수 있다. 그러므로 소음 측정기로 측정된 과학적 증거들은 카메라로 수집한 시각적 증거들보다 법적으로 덜 효과적이다. 그래서 소음 측정기는 불법 시위 참여자의 사후적인 법적 처벌보다는 시위 현장에서 실시간으로 시위에 간섭

하는 데 주로 사용된다.

결과적으로, 한국 정부는 시위에서 인간과 사물 사이의 감각적 상호작용을 규제함으로써 시위를 관리한다. 정부는 카메라와 소음 측정기를 이용해 시위 참여자의 감각적 경험을 조절하여 그들의 행위를 통제한다. 감각 권력은 물질적 사물을 통해 흐른다. 사물에 의해 촉진되는 감각 권력은 정치적 효과를 만든다. 하지만 감각 권력을 거시적 정치체제의 부정적 힘force으로만 환원할 수는 없다. 감각 권력은 사람을 통제하고 그들의 행동을 제약하는 데 관여하지만, 인간과 비인간 사물을 포함한 정치적 행위자들의 관계를 통해 흐르는 생산적 힘[10]이기도 하다.

---

10. 여기서 "생산적 힘"이라는 용어는 미셸 푸코로부터 나왔다. 푸코가 "권력이 생산적"이라고 할 때는 두 가지의 의미가 있다. 첫째, 억압, 금지, 강제, 부정과 반대되는 의미이다. 권력은 인간들을 억압하는 것만이 아니라, 그들의 실천 속에서 능동적으로 실천된다. 인간들의 자유를 금지하는 것이 아니라, 자유를 주되 특정한 방향으로만 향하게 한다. 둘째, 권력이 주체를 "생산"한다는 의미이다. 주체는 권력의 원인이 아니라 효과다. 주체가 권력을 행사하는 것이 아니라, 권력에 의해 주체가 구성된다.

8장
농산물 경매의 감각과 인공물

시장 거래에서 경제적 행위력, 권력, 그리고 가격은
감각적이며 물질적이다. 디지털 시장 장치들은 시장 거래에서
감각적 상호작용의 양식을 변화시켜, 시장 참여자들의
권력관계를 변화시킨다. 전자거래에서도 시장 참여자들은
원자화되지 않으며 서로 감각적으로 교류하는
사회적 존재들이다.

나의 고향 거창은 한때 사과로 유명했다. 높은 일교차로 인해 사과의 당도가 높았다. 지금은 기후변화로 인해 예전 같은 맛은 아니지만 말이다. 내 고향은 거창읍에서 10리 정도 떨어진 남상면 대산리다. 어린 시절 우리 집은 정부로부터 천변을 불하받아 개간하여 과수원을 만들었다. 농촌 마을에서 가족은 노동력의 원천이었다. 초등학교 시절이라 별로 도움이 안 되었지만, 과수원에서 농약을 치는 아버지를 보조하며 농약 줄을 잡아당겨 주기도 하고, 온 가족이 모여 과일 감싸는 봉지를 폐지로 풀칠하여 만들던 기억이 난다. 과일 농사의 수지는 매해 달랐다. 거창 공판장에 도매로 헐값에 넘기지 않기 위해 할머니가 읍내 노상에서 궤째 과일을 판 적이 있었다. 나는 손님이 손수레로 과일을 집에 운반하면, 따라가 손수레를 다시 끌고 돌아오는 일을 했는데, 당시 몹시 부끄러웠다. 그때 아마 12살이었다. 가을바람에 흰 머리카락 흩날리며 길가에 앉아 계시던 할머니의 모습이 눈앞에 선하다.

2016년 어느 날 자정 무렵 가락시장에 도착했다. 농산물 경매가 어떻게 일어나는지 직접 관찰하기 위해서다. 경매사가 경매를 준비하고 경매 부스 주위로 70여 명의 중도매인이 모여들기 시작했다. 알아듣기 어려운 빠른 경매 구호를 외치며 경매사가 경매를 시작하자, 중도매인들은 무선 응찰기 버튼을 누르며 입찰에 들어갔다. 컴퓨터 모니터에 올라온 입찰가격들의 순위가 계속해서 바뀌고 있었다. 모니터를 응시하던 경매사가 낙찰

버튼을 누르자, 경매 부스 위의 거래 전광판 화면에 경락가격과 낙찰자의 일련번호가 떴다. 가락시장에서 농산물 경매는 다음 날 아침까지 밤새도록 이렇게 이어졌다.

이 글은 시장 거래에서 감각과 인공물의 역할을 살펴본다. 수지 경매에서 전자 경매로 농산물 경매방식이 전환되면서 감각과 시장 장치들이 시장 거래를 어떻게 변화시키는지를 논한다. 수지 경매와 전자 경매에서 사용되는 감각과 인공물은 서로 다르다. 수지 경매란 수신호를 활용하여 거래가 이루어지는 경매이며, 전자 경매는 컴퓨터 시스템, 거래화면, 무선 응찰기 등의 시장 장치를 통해 거래가 일어나는 방식을 말한다. 농산물 경매는 1990년대 말 수지 경매에서 전자 경매로 전환되었다. 경제사회학에서 이러한 경매 방식의 변화에 관한 연구는 주로 금융시장의 맥락에서 이루어졌다(Zaloom, 2006 ; Preda, 2006, 2009a ; Saavedra et al., 2011 ; Borch et al., 2015).[1] 그러나 꽃과 면화 무역을 제외하고(Çalışkan, 2007 ; Çalışkan, 2010 ; Oz & Çalışkan, 2010), 농산물 경매에 관한 연구는 거의 찾아보기 어렵다. 경매는 일본과 한국에서 지배적이지만 유럽과 미국의 농산물 시장에서는 고정가격이나 사적 거래private treaty transactions가 더 흔하다(권승구, 2009).[2]

---

1. 물론 수지 경매가 사라진 것은 아니다. 2017년 8월 시카고의 박스 옵션거래 (Box Options Exchange)는 수지 거래(open-outcry exchange)를 운영하고 있다(Louis, 2017).

이 글은 전자 경매로 새로운 시장 장치가 등장하면서 시장 거래의 감각적 상호작용이 어떻게 달라지고, 이에 따라 거래가 어떻게 변화하였는지를 분석한다.[3] 우선 경매가 시작되기 전 농산물 품질을 평가할 때 감각이 어떻게 활용되는지를 살펴본다. 다음으로 감각과 인공물이 경매사와 중도매인들 간의 권력관계에 어떤 영향을 주는지를 이야기한다. 대강의 줄거리는 다음과 같다. 농산물 경매에서 권력투쟁이 감각을 통해 일어난다. 전자 경매에서 새롭게 등장한 시장 장치는 시장 거래에서 감각을 제거하지는 않으나 감각적 상호작용의 양식을 변화시켜 경매사와 중도매인 사이에 더 느슨하고, 평등한 관계를 형성시킨다. 시장 장치에도 불구하고 중도매인들은 원자화된 개인이 아니라 다른 중도매인과 교류하는 사회적 존재다. 전자 경매의 시장 장치로 인해 경매 가격은 내려간다. 하지만 경매 가격이 감각

---

2. 단, 예외로서 네덜란드에는 알스미어 화훼경매(Aalsmeer flower auction)가 있다.

3. 감각사회학자들은 감각 마케팅과 같은 연구를 통해 감각과 경제 간의 관계를 탐구해왔다(Bijsterveld et al., 2013 ; Dronbick, 2006 ; Howes & Classen, 2014). 그리고 경제 인류학자들은 시장 거래에서 사회적 상호작용과 대화 또는 몸짓, 촉각 및 물질적 행동과 같은 퍼포먼스를 연구했다(Smith, 1990 ; Heath & Luff, 2007, 2013 ; Heath, 2013). 최근 20여 년 동안 행위자-연결망 이론과 과학지식 사회학 등 과학기술학의 주요 이론들은 과학기술의 영역을 넘어서 경제 영역에서 지식, 인공물 및 물질적 환경을 분석했다(Callon, 1998 ; Mackenzie & Millo, 2003 ; Preda, 2006, 2009a, 2009b ; Zaloom, 2006 ; Callon et al., 2007 ; Mackenzie & Muniesa, 2007 ; Mackenzie, 2009 ; Muniesa, 2014).

으로부터 분리되지는 않았다.

감각, 인공물, 시장 거래

감각은 경제사회학의 핵심 주제들인 경제 행동, 경제 행위자, 그리고 시장 개념과 연결된다. 우선 경제 행동의 감각적 차원을 이야기해 보자. 감각의 관점에서 경제 행동은 감각적 퍼포먼스이자 상호작용이다. 감각적 퍼포먼스는 몸을 통해 경제 행동이 일어나는 체현된 행동embodied action이며(Heath & Luff, 2013:295), 인간 행위자들뿐만 아니라 시장 장치와의 상호작용을 포함한다. 이 글은 경제 행동을 분석하기 위해 시각 및 청각 상호작용(즉, 눈 맞춤과 경매 구호), 신체 경쟁(즉, 중도매인 간의 공간 경쟁), 기타 체현된 행동(즉, 무선 응찰기 버튼 누르기)을 다룬다. 특히 눈 맞춤과 경매 구호(호창)의 리듬 등 비담론적 신체 퍼포먼스에 초점을 둔다.

경제학은 경제 행위자의 감각적 차원을 다루지 않았다. 신고전파 경제학, 신제도주의 경제학(Williamson, 1981), 행동 경제학(Kahneman & Tversky, 1979)에서 경제 행위자는 각각 합리적이거나, 기회주의적이며, 이타주의적인 존재다.[4] 경제사회학자들

---

4. 신고전파 경제학에서 경제 행위자는 합리적이며 원자화된 존재다. 신제도주의 경제학에서 경제 행위자는 다른 행위자를 속일 수 있는 기회주의적 존재다. 반면 행동 경제학에서 경제 행위자는 반드시 이기적인 존재는 아니며, 때

은 사회제도에 구속되거나, 대인관계 네트워크 속에 있는 경제 행위자를 개념화했다(Bourdieu, 2005 ; Granovetter, 1985 ; Dimaggio & Powell, 1983).[5] 흥미롭게도, 행위자-연결망 이론은 사회-기술적 배열socio-technical agencement [6]로 구성되는 관계적 행위자를 제안했다(Callon, 1998 ; Callon et al., 2007). 행위력은 행위자-연결망에서 행위자들의 배치에 따라 달라진다. 나아가 이 이론에서 행위자는 인간 행위자뿐만 아니라 시장 장치 같은 비인간 행위자도 포함한다. 예를 들어 행위자-연결망 이론의 설명에 따르면, 신고전파 경제학의 경제 행위자 모델인 원자화된 합리적인 개인, 이른바 호모 에코노미쿠스[7]가 시장 장치를 통해 구성될 수 있다(Callon, 1998). 호모 에코니미쿠스는 사회적 관계가 없고 감각과 감정에 의존하지 않는 이성적, 합리적 경제 행위자를 지칭한다. 다만, 이 글의 농산물 경매사례에서는 시장 장치에 의

로는 이타적인 행위를 하는 존재다.

5. 마크 그래노베터의 신경제 사회학에서 경제 행위자들은 대인 간의 관계 속에서 존재한다. 그는 이 관계를 신뢰로 해석했으며, 신뢰 속에서 부정이 발생할 수 있다고 주장한다. 이는 신제도 경제학의 구조기능주의와 구별된다.

6. 프랑스어 agencement의 뜻은 배열(arrangement)이다. 이것은 어셈블리지 (assemblages)와 같은 개념이다.

7. 호모 에코노미쿠스(homo economicus)는 신고전파 경제학에서 개념화된 경제 행위자를 지칭하는 것으로 원자화된 개인으로서 자기 이익의 극대화를 추구하는 합리적 행위자를 말한다. 일반적으로 경제사회학은 행위자가 사회의 제도와 대인관계의 영향을 받기 때문에 호모 에코노미쿠스를 부정한다. 다만, 행위자-연결망 이론은 시장 장치가 경제 행위자를 호모 에코노미쿠스로 만들 수 있다고 주장한다. 예컨대 사람이 계산기를 가지고 있으면 그렇지 않을 때보다 더 계산적인 인간이 된다.

해 호모 에코노미쿠스가 형성된다는 주장을 부정하고, 감각적이면서도 사회적인 존재로서 경제 행위자를 묘사할 것이다.

경제사회학의 역사에는 시장과 경제에 관한 다양한 개념들이 있다. 프랑크 도빈(Dobbin, 2005)에 따르면, 경제사회학은 크게 세 가지 관점에서 경제를 분석한다: 권력(카를 마르크스, 피에르 부르디외), 제도(막스 베버, 칼 폴라니), 네트워크(에밀 뒤르케임, 마크 그래노베터, 미셸 칼롱). 다만, 이러한 관점들이 항상 독립적이지는 않다. 부르디외(Bourdieu, 2005)는 경제를 장field으로 이론화하면서 권력과 제도 개념을 결합한다. '장'이란 특정 집단에 유리한 제도적 구조 속에서 이해 집단 간의 권력 투쟁이 벌어지는 공간을 의미한다. 코레이 칼리스칸과 미셸 칼롱(Çalışkan & Callon, 2010)은 사회-기술적 배열 또는 사회 기술적 어셈블리지로 경제를 개념화하면서 권력, 제도 및 네트워크 개념을 통합한다. 그들은 시장이 제도적, 신체적, 정서적, 언어적, 기술적 요소를 망라하는 "이질적 구성요소들의 배열"이라고 주장한다. 그리고 "시장은 대립과 권력투쟁의 공간의 범위를 제한하고 구성한다"고 주장한다. 이러한 경제사회학의 역사 위에서 이 글은 권력투쟁이나 사회-기술적 배열로서의 시장 개념에 감각적 요소를 추가한다. 특히 권력투쟁 공간으로서의 시장에 주목하며, 시장 환경에서 권력이 감각을 통해 어떻게 작동하고 시장 장치가 '감각적 권력투쟁'에 어떻게 영향을 미치는지를 살펴본다.

경매사와 중도매인 등 사람들 사이의 감각적 상호작용 또는 그들과 시장 장치 사이의 감각적 상호작용을 통해 권력은 작동한다. 수지 경매와 전자 경매 간 감각적 상호작용의 차이로부터 권력의 실천은 영향을 받는다. 이 경우에 권력은 가격 정보가 전달되는 감각적 상호작용을 누가 통제하느냐와 관련이 있다. 그 권력은 경매사와 거래 중도매인들 사이의 정보 비대칭을 초래한다. 그러나 감각은 가격 정보를 전달할 뿐만 아니라 경제 행동도 구성한다. 그러므로 권력이 작동하는 방식은 정보 차원을 넘어 경매사와 중도매인의 감정과 그들의 신체적, 공간적 퍼포먼스를 변화시킨다. 그런 점에서 권력은 수행적이며 신체적이며 비담론 퍼포먼스들을 통해 작동한다. 권력은 인간 행위자와 비인간 시장장치 사이에 흐르는 정동affect으로 나타난다.

감각적 퍼포먼스는 경매사와 중도매인 사이의 대인관계에 영향을 미친다. 여기서 이 책의 분석은 마크 그래노베터(Granovetter, 1985)의 관점과 다르다. 그래노배터는 그 유명한 배태8 개념을 설명하면서 경제가 대인관계의 네트워크에 배태되

---

8. '배태'(embeddedness) 개념은 경제와 사회 사이의 관계를 설명하기 위한 것이다. 배태에 대해 처음으로 이야기한 학자는 칼 폴라니다. 그는 자기조정 시장 개념을 비판하기 위해서 경제는 친족, 정부 등 사회적 제도에 항상 배태된다고 주장한다. 칼 폴라니의 배태 개념이 거시사회학적 개념이라면, 그래노베터의 배태는 미시사회학적이며, 사람들 사이의 관계와 관련된다. 행위자-연결망 이론도 경제학에 경제가 배태된다고 주장한다. 여기서 배태는 파생금융상품시장처럼 경제학 이론에 의해서 인위적으로 만들어진 경제를 설명하기 위한 개념이다(Callon, 1998).

어 있다고 주장했다. 하지만 그는 이 개념에서 감각적 관계와 사회적 상호작용을 언급하지 않는다(Heath & Luff, 2007 ; Heath, 2013). 그리고 대인관계에서도 권력관계보다 신뢰관계에 더 초점을 맞춘다. 대조적으로, 나는 감각적 상호작용과 관계에 초점을 두면서, 감각과 인공물이 시장에서 대인관계를 형성하는 데 어떤 역할을 하는지를 살펴본다. 특히 경매사의 감각 권력에 시장 장치가 미치는 영향에 주목한다. 시장 장치는 시장 행위자 사이의 감각적 상호작용을 변화시켜 흥정에 영향을 준다. 무선 응찰기, 거래화면, 컴퓨터 모니터 등은 경매사나 중도매인의 눈을 가로채 경매사의 시각 권력에 영향을 미친다. 시장 행위자와 시장 장치 사이의 시각적 만남이 증가함에 따라 경매사와 중도매인의 눈 맞춤이 감소한다. 결국 경매사들의 시각 권력이 감소하게 된다.

경제사회학자들은 화폐 및 가격의 유형과 형태에 관해 연구했다. 유발 하라리의 『사피엔스』에서 보듯이, 인류의 역사에서 곡식, 조개, 금화·은화 등 다양한 화폐가 등장했으며, 최근에는 비트코인 같은 암호화폐가 크게 주목받고 있다. 가치화valuation 에 관한 문화기술지 연구들은 시장 거래를 위해 만들어진 다양한 유형의 가격을 다루었다(Çalışkan, 2007). 비슷한 맥락에서 이 글은 가격과 감각 간의 관계를 살펴본다. 농산물 경매에는 다음 세 가지 유형의 경매 가격이 존재한다. 경매 예상 가격, 입찰 가격, 그리고 경락 가격(즉, 시장 가격)이다. 경매 예상 가격은 경매가 일어나기 전 경매사와 중도매인에 의해 예측된 가격이고, 입찰가와 경락가격은 실제 경매에서 경매사와 중도매인 사이의 흥정을 통해 만들어진다. 아울러 이 글은 감각을 가치화의 기본 요소로 보고 감각으로 경매 가격이 어떻게 형성되는지 분석한다. 경매 예상 가격에 대해서는 시장 행위자와 농산물 사이의 감각적 상호작용을 고려한다. 나아가 감각과 시장 장치가 입찰가격 및 경락가격에 미치는 영향을 이야기한다.

전자 경매에서 경매 가격은 디지털 신호 형태로 무선 응찰기에서 컴퓨터 모니터로, 그리고 거래 전광판의 화면으로 전송된다. 디지털 신호 형태의 경매 가격은 수신호보다 탈육화된 것처럼 보이지만, 디지털 신호도 여전히 감각적인 요소를 지니고 있다. 왜냐하면 거래화면에 업로드된 디지털 가격을 경매사들과 중도매인들은 맨눈으로 보기 때문이다. 경매 가격의 형식과 상관없이 감각과 가격은 서로 분리되지 않는다. 물론 제품의 수요와 공급이 가격을 형성하는 데 가장 중요한 역할을 한다. 하지만 제품, 시장 장치, 그리고 시장 참여자 간의 감각적 상호작용도 가격에 영향을 미친다. 이를 설명하기 위해 감각으로 형성되는 상품의 경제적 가치를 '감각 자본'sensory capital으로 부르고자 한다.

감각과 자본의 관계는 두 가지 차원에서 설명될 수 있다. 첫째, 물품이 판매되는 과정에서 그 물품의 특정한 감각성이 교환가치에서 배제될 수 있다. 왜냐하면 데이비드 호위스(Howes,

2003)가 주장한 바와 같이 재화가 시장에서 교환될 때 물품의 특정한 감각적 성질은 "통약 불가능"incommensurable하기 때문이다. 둘째, 감각이 제품의 가격에 영향을 미치는데도 불구하고 그 영향이 고려되지 않을 수 있다. 이때 감각은 물품뿐만 아니라 경제 행위자, 시장 장치, 그리고 물질적 환경에 의해 초래되는 모든 감각성을 포함한다. 이처럼 감각은 재화 가치에서 배제될 수도 있으며, 재화 가치에 중요한 역할을 하고 있음에도 '유령'처럼 보이지 않을 수 있다. 이 두 과정을 통하여 감각은 자본 개념으로부터 분리된다. 이것을 비판하는 개념이 바로 '감각 자본'이다. 이 장에서 사용하는 '감각 자본' 개념은 후자와 관련된다. '감각 자본'이란 상품의 전체 가격 중에서 인간 및 비인간 경제 행위자들의 감각적 상호작용으로부터 만들어진 가치 부분을 나타낸다.

행위자-연결망 이론 학자인 미셸 칼롱(Callon et al., 2007 : 3)에 따르면, 시장 장치는 물품을 "경제적으로 통약가능하고 교환 가능하게" 만들 수 있다. 다만 시장 장치들이 물품을 상품으로 전환할 때 물품의 감각적 특성이 어떤 역할을 하는지를 살펴볼 필요가 있다.

한편, 칼롱은 '완전 경쟁 시장'과 '호모 에코노미쿠스' 같은 신고전파 경제학의 이상은 저절로 이루어지지는 않으나, 시장 장치를 통해 구현될 수 있다고 주장했다. 하지만 이러한 주장은 전통 경제사회학자들로부터 신고전파 경제학을 옹호한다는 비판을 받을 수 있다. 이 글은 행위자-연결망 이론처럼 시장 거래에 대한 시장 장치의 영향에 주목하면서도, 신고전파 경제학과는 다른 시장의 모습을 그리고 있다. 시장은 거래방식과 상품의 종류에 따라 달라진다. 즉, 시장은 하나의 고정된 형태로 존재하지 않으며, 거래를 구성하는 다양한 참여자와 시장 장치의 상호작용에 따라 매우 다양한 모습을 띨 수 있다.[9]

가락시장

가락시장은 국내 최대 농산물 시장이자 서울 농산물의 50%를 배급하는 핵심 도매유통 거점이다. 1985년 농산물 유통의 현대화를 위해 최초의 공공 도매시장으로 설립되었다. 경매는 12개 건물에서 이루어진다. 과일 도매업체는 서울청과, 농협, 중앙청과, 동화청과, 한국청과, 대아청과 등 6개 정도다. 일반적으로 이 회사들은 경매에서 경락가격의 4%의 수수료를 받는다. 가락시장 전체 중도매인 수는 2013년 기준 1,373명에 달했다(최현식, 2015).

첫 농산물 경매는 1985년 6월 19일 새벽 4시에 실시됐다. 당

---

9. 행위자-연결망 이론 관점에서 볼 때 시장을 자본주의 시장과 사회주의 시장의 두 모델로 구분하는 것은 지나치게 이분법적이며 단순화된 것이다. 왜냐하면 어셈블리지의 다양한 구성에 따라 수많은 형태의 시장이 존재할 수 있기 때문이다. 어셈블리지의 개념은 전통적인 경제학과 정치경제학으로 관찰되지 않은 다양한 시장의 모습을 상상하게 한다.

시의 경매는 〈그림 8-1〉에서 보는 바와 같이 수지 경매의 형태로 경매사, 녹음하는 사람, 상품 사양을 알려주는 호창수, 그리고 물건을 중도매인들에게 배달하는 화물배달직원 등 4명이 참여하고 있다. 경매가 시작되면 호창수는 경매에 들어갈 제품의 사양을 부른다. 그다음, 경매사는 중도매인들과 가격을 흥정한다. 경매 마감 후 경락가격이 기록되고 경매사는 전화와 팩스로 공급자에게 가격을 알려준다(최한경, 2009). 수지 경매는 투명성이 떨어진다. 매수자와 경매사의 담합, 낙찰자 허위 선정, 입찰 가격 고의 수정, 입찰 지시 조작, 뇌물수수, 경매 후 입찰가격 조작 등 부정행위가 지적되어 왔다(같은 책).

가락시장은 이러한 문제점들을 해결하기 위해 1997년 전자 경매를 도입하고 그해 5월 서울청과에서 과일에 대해 전자 경매 시범을 보였다. 1998년 중앙청과가 처음으로 무선 응찰기를 활용한 전자 경매를 시행했다. 2000년대 이후 15개 농산물 도매시장이 전자 경매를 도입하면서 전자 경매가 일반화되었다.

전자 경매에서 컴퓨터 시스템이 자동으로 경매 결과를 실시간으로 기록하기 때문에 녹음하는 인력이 사라졌다. 도매 회사들은 전자 경매를 위한 컴퓨터 시스템을 도입하는 데 상당한 투자를 했다. 그로써 결과적으로 녹음사를 고용하지 않아도 되었기에 인건비를 절약할 수 있었다. 경매 결과는 인터넷을 통해 관리사무소나 공급업체에 직접 전달된다. 따라서 전자 경매는 투명성뿐만 아니라 거래 효율도 향상시켰다. 생산자는 시장에

그림 8-1. 수지 경매(ⓒ 서울농수산식품유통공사)와 전자 경매

서 직접 거래 화면으로 입찰가격을 보거나, 집이나 사무실에서
그 정보를 받을 수 있다.

전자 경매는 무선 응찰기, 모바일 경매 부스, 컴퓨터 모니
터, 거래 전광판, CCTV로 구성된 기술 환경에서 이루어진다. 중
도매인들이 무선 응찰기 버튼을 눌러 입찰을 하면, 관련 정보
가 모바일 경매 부스에 있는 경매사의 컴퓨터 모니터로 전송된

다. 모니터에는 공급업체의 이름, 제품 사양, 입찰자의 일련번호와 입찰가격이 내림차순으로 표시된다(〈그림 8-2〉 참조). 부스 상단에 있는 거래 전광판이 제품사양, 공급업체, 입찰자 일련번호, 낙찰자 및 경락가격 등을 화면에서 실시간으로 보여준다(〈그림 8-1〉과 〈그림 8-2〉 참조). 그러나 중간 입찰가격은 여기에 공개되지 않고 컴퓨터 모니터에 표시된다. 여러 차례 경매를 진행하면서 모바일 경매 부스는 다른 농산물로 계속 이동한다. 부스에서는 CCTV가 경매 진행 상황을 녹화한다. 2010년부터 작동하는 이 시스템은 한국농수산식품유통공사에 기록된 파일을 보낸다. 경매가 끝난 후, 경매사는 휴대전화기와 인터넷을 통해 공급자들에게 경락가격을 알려준다.

경매는 오후 6시나 7시에 시작해서 다음 날 아침 끝난다. 경매의 순서는 농산물의 종류에 따라 다르다. 채소는 부패하기 쉬우므로 채소 경매는 과일 경매보다 일찍 시작한다. 과일 경매는 오전 2시나 2시 30분에 시작한다. 사과와 배 경매는 다음 날이른 아침에 끝난다. 우선, 경매가 시작되기 전 거래될 농산물의 품질검사는 오후 5시쯤에 시작한다. 경매사는 모바일 부스에서 접속되는 시스템에 제품의 일련번호와 공급업체의 이름을 올린다. 경매사는 경매를 시작하기 전에 그날 거래될 농산물의 잠재적인 경매 가격과 가격대를 추정한다. 경매사는 또한 경매될 제품의 순서를 결정한다. 이 과정은 매우 중요하다. 왜냐하면 초기 라운드의 가격이 후속 라운드의 가격에 영향을 주기

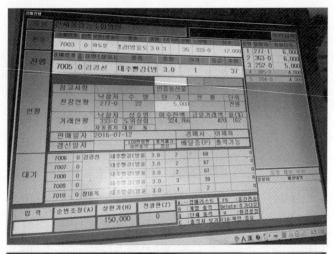

그림 8-2. 경매사의 모니터와 거래 전광판 화면. 모니터의 우측 상단은 중도매인과 입찰가격을 높은 가격부터 내림차순으로 보여준다. 전광판에 있는 붉은색 숫자 317과 346은 중도매인의 일련번호다. 11,300은 경락가격이다.

때문이다.

또한 중도매인도 제품의 품질과 사양을 검토하고 경매 가격을 직접 추정한다. 경매가 시작되기 전에, 중도매인들은 그들의 일련번호를 컴퓨터 시스템에 입력하기 위해 모바일 경매 부스에 그들의 무선 응찰기를 등록한다. 경매사는 빠른 경매 구호를 외치면서 경매를 진행한다. 거래화면에는 거래되는 농산물의 종류, 수량, 공급자가 뜬다. 그러면, 중도매인들은 무선 응찰기를 이용하여 입찰하기 시작한다. 실시간 입찰가가 예상 가격에 도달하면 경매사는 경매 종료 버튼을 누른다. 이후 화물배달직원들은 낙찰받은 중도매인의 가게로 제품을 배달한다.

경매 전 단계의 감각적 상호작용

경매가 시작되기 전 경매사들과 중도매인들은 농산물의 경매 예상 가격을 추정한다. 전날 시세와 재고, 거래된 물동량, 다른 시장의 경매 가격 정보, 할인 판매와 같은 유통업체들의 신규 수요, 협력업체의 평판 등 경제 요인의 영향을 받는다. 날씨도 경매 예상 가격의 판단에 매우 중요하다. 예를 들어 수박의 가격은 날씨의 영향을 많이 받는다.

이외에도 농산물과 경매사(또는 중도매인) 간의 감각적 상호작용이 경매 예상 가격에 상당한 영향을 미친다. 경매사와 중도매인들은 농산물의 품질을 감각으로 판단하는 감각적 전문성을 가지고 있다. 이 품질을 평가하고 생산 현황과 유통 흐름을 이해하는 데 필요한 기술과 경험을 습득하려면 수년이 걸린다. 경매사는 그러한 전문지식을 얻기 위해 경매사가 되기 전에 3년, 4년, 때로는 더 오랫동안 호창수 또는 녹음하는 인력으로 일한다. 중도매인들은 경매에 참여하기 전에 거의 2년 동안 거래 기술을 배워야 한다.

경매가 시작되기 전 경매사들과 중도매인들은 농산물의 품질을 조사한다. 경매사는 과일의 품질을 검사해 매출전표를 작성하고, 중도매인은 등급과 납품업체 이름을 기록한다. 이 검사는 경매 예상 가격을 예측하는 데 필요하다. 경매에서 입찰가격이 경매 예상 가격에 도달하면 중도매인들은 입찰하고, 경매사가 경매를 낙찰한다.

농산물의 품질평가에서 그들의 전문성은 감각적이다. 경매사와 중도매인들은 그들만의 비결을 가지고 감각으로 제품의 품질을 평가한다. 감각적 전문성을 갖춘 전문가만이 경매에 참여할 수 있으며, 그렇지 않으면 손해를 보게 된다. 신선도, 색깔, 광택, 모양, 크기, 경도 등 농산물의 품질을 평가하기 위해 제품을 보고 만지고 냄새를 맡고 맛본다. 이때 시각이 가장 유용하다. 한 중도매인은 "눈으로 보고, 눈으로 먹고, 눈으로 저울을 단다"라고 했다. 과일의 색깔은 중도매인과 경매사가 당도를 추정할 수 있게 한다. 촉각도 사과, 배 등 과일의 크기, 경도, 무게, 그리고 버섯 같은 채소의 습도 등을 검사하는 데 쓰인다. 과일의 크기에 비해 무게가 작으면 경도가 낮다는 것을 의미한다. 후각은 딸기, 참외 등 과일의 저장 품질을 검사하는 데 쓰인다.

과일이 향긋한 냄새가 나면 얼마 되지 않아 썩을 수 있고 이는 저장 품질이 떨어지는 것을 의미한다.

감각적 전문성은 그들의 경험에 내재한 암묵지tacit knowledge의 한 형태이다. 백화점과 같은 유통회사들은 겉으로 보기에 품질이 좋지 않은 제품이나 새로운 공급자들의 제품을 평가하기 위해 기계 당도계를 사용한다. 그러나 대체로 경매사들과 중도매인들은 기계 당도계를 거의 사용하지 않는다. 사실, 그들은 기계적인 방법이 감각보다 덜 정확하다고 생각한다. 과일에 당분이 많이 들어있더라도, 맛은 식감과 산도 같은 다른 요소들에 의해 영향을 받는다. 과일을 맛보면서 당도를 검사하는 이른바 "입 당도계"를 사용한다. 한 경매사는 다음과 같이 말했다.

나 : 포도가 얼마나 좋은 상품인지 평가하기 위해서 여러 가지 감각을 어떻게 사용하시나요?

경매사 : 거의 대다수 품목이, 일단은 눈으로 먹고요. 눈으로 먹고, 이제 경도를 보고, 만져보고, 그리고 맛을 보죠.

나 : 눈으로 먹는다는 게?

경매사 : 눈으로 봐서, 거의 60~70%는 눈으로 다 보죠. 보면 이게 또 맛이 있겠다 없겠다. 뭐, 상품성이 어느 정도에 속하겠다.

나 : 혹시 과학적 기계를 사용하거나 그러지는 않습니까?

경매사 : 예. 그러진 않습니다.

나 : 대충 눈으로만 봐도 뭐 상품이.

경매사: 그렇죠. 그리고 뭐 특수한 경우에는 맛을 보니까. 당도 계 당도보다도 이 입 당도가 더 정확합니다. 예, 당도계로 15도 가 나온다고 하더라도 이 당도하고 산도하고 맛을 내는 게 좀 틀리거든요. 그래서 산도의 비율이 약간의 뭐 좀 높음과 낮음 에 따라서도 확연히 틀리니까, 입 당도를 많이 봐요.

농산물과의 이러한 감각적 상호작용은 경매 예상 가격에 영향을 미친다. 이 가격은 기계보다 감각적 전문성에 의해 만들 어진다. 물론 재고와 수요 같은 경제 요인이 경매 예상 가격에 영향을 미치는 가장 중요한 요인임을 부인할 수 없다. 하지만 감 각 또한 이 가격에 영향을 미친다. 내가 면담한 경매사들은 품 질평가에서 감각적 요인이 경매 가격의 10~20% 변동을 초래할 수 있다고 추정했다. 이 수치는 '감각 자본'의 양이다. 감각이 제 품의 상품 가치에 일정 정도 기여한다.

경매의 감각, 권력 그리고 시장 장치

일반적으로 농산물 거래는 여러 라운드의 경매를 걸쳐 이 루어진다. 수지 경매와 전자 경매의 차이는 중도매인과 경매사 간 대면 접촉의 여부다(《그림 8-3》 참조). 전자 경매에서는 서로 눈을 잘 마주치지 않는다. 경매사는 컴퓨터 모니터를 보고 중도 매인들은 거래화면이나 제품을 본다. 이처럼 시장 장치는 경매

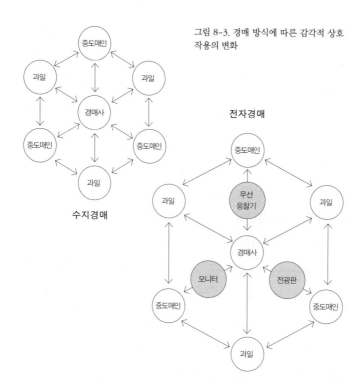

그림 8-3. 경매 방식에 따른 감각적 상호 작용의 변화

전자경매

수지경매

사와 중도매인 사이의 시각적 상호작용에 영향을 준다. 이 때문에 경매사와 중도매인들 간의 권력관계가 달라진다.

눈 맞춤과 경매사의 시각 권력

수지 경매에서 경매사의 권력은 중도매인이 경매사의 눈을 따라 수신호를 해야 하기 때문에 작동한다. 경매사가 중도매인의 수신호를 봐야만 낙찰을 받을 수 있다. 경매사는 모든 중도매인의 수신호를 한꺼번에 보고 식별할 수 있는 빠른 눈을 가져야 한다. 그들은 S자형이나 Z자형 등 다양한 형태로 눈을 움직여 중도매인의 수신호를 포착한다. 그러나 50~80여 명의 중도매인이 있을 때 경매사는 모든 수신호를 한꺼번에 보지 못한다. 따라서 특정 중도매인에 대한 선별적 시선이 일어난다. 이 선별적 시선으로 시각 권력이 작동한다. 경매사는 오랜 경험을 통해 중도매인들의 구매 패턴을 알고 있기에 제품을 살 가능성이 큰 사람들을 먼저 보고 다른 중도매인들의 수신호는 무시한다. 중도매인들은 경매사와 시선을 마주치기 위해 손을 높이 치켜들고 고함을 크게 지른다.

경매사는 모든 중도매인의 수신호를 볼 수 있지만, 중도매인은 옷이나 서류를 이용해 그들의 수신호를 숨기기 때문에 다른 중도매인들의 수신호를 볼 수 없다(〈그림 8-1〉 참조). 그러므로 경매사와 중도매인들 사이에는 불평등한 권력관계가 발생한다. 심지어 경매사는 일부 중도매인들의 수신호를 못 본 척할 수도 있다. 선택적 시선을 활용하여 경매사는 수지 경매의 권력자가 된다. 한 경매사는 대통령도 경매 부스 위에 있는 경매사를 건들 수 없다고 말했다. 다른 중도매인도 수지 경매의 경매사에 대해 다음과 같이 말했다.

경매사가 절대 왕이었죠, 그때는. 절대 권력자였죠. 경매사에게 잘못 보이면 물건을 하나도 못 받을 수 있어요. 저놈에게 안 주고 싶으면 계속 다른 사람 보고, 계속 이 사람 줄 수 있는데, 전자 경매에는 그런 것은 없어요. …(당시는) 갑과 을의 관계인데, 요즘은 대등한 관계죠. 그때는 경매사가 제왕이었죠. 중도매인들에게는 경매사는 절대 권력자였죠. 한번 눈길에 잘못 보이면, 찍혔다고 하면 진짜 장사하기 힘들었죠.

이처럼 수지 경매에서 경매사는 시각 권력을 가지며 '선별적 시선'을 작동시킨다. 경매사의 시각 권력은 경매 부스 앞에서 경매사의 시선을 사로잡기 위한 중도매인들의 공간 경쟁을 유발한다. 중도매인들도 경매사가 수신호를 볼 때 어떤 방향으로 눈길을 주는지를 잘 알고 있다. 따라서 중도매인들은 경매사의 눈과 그들의 수신호가 만날 수 있는 최고의 위치를 차지하기 위해 경쟁한다. 일부 뒤에 떨어져 있는 몇몇 사람들을 제외하고 중도매인들 대부분은 경매 부스 앞에 모인다. 더 나은 자리를 놓고 다투다 보면 종종 몸싸움이 벌어지는데, 좁은 복도에 중도매인들이 서로 몰리면서 힘 있는 사람들이 서로 밀친다. 한 경매사가 지적하듯, 수지 경매는 법보다는 주먹질에 더 가깝다. 수지 경매는 중도매인들의 외침으로 가득 차 있다. 한 중도매인은 "우는 애에게 젖 더 준다고" 하면서 수지 경매에서는 아무래도 고함을 지르는 중도매인들이 조용한 중도매인들보다 유리하다고 이야기했다. 그런 의미에서, 남성들이 여성보다 유리하다. 수지 경매는 전자 경매보다 더 남성적이다. 여성 중도매인들은 몸싸움에 약하기에 전자 경매에 더 편안함을 느낀다. 이처럼 시장의 젠더성은 경매의 실천을 통해 구성된다. 그리고 이 실천은 감각적이며, 신체적이며, 물질적이다. 이 실천이 변화하게 되면 젠더성에 영향을 준다. 물론 그래도 오늘날 전자 경매에서 여전히 남성 중도매인이 더 많다. 여성 중도매인의 수는 전체의 약 10% 정도에 불과하다.

전자 경매의 새로운 시장 장치는 중도매인과 경매사 사이의 권력관계를 변화시킨다. 전자 경매에서는 몸싸움과 공간적인 경쟁이 일어나지 않는다. 무선 응찰기로 입찰하기 때문에 중도매인들은 경매사 앞에 몰려갈 필요가 없다. 많은 사람이 멀리 떨어져 있다. 일부는 자신들이 사고 싶은 농산물 근처에 자리 잡고 있다. 고정된 벤치도 없다. 대신 그들은 농산물 주변을 돌아다니면서 거래 전광판의 화면을 본다. 무선 응찰기가 경매사의 컴퓨터 모니터로 입찰 정보를 무선으로 바로 전송하기 때문에 경매사와의 눈 맞춤은 거의 일어나지 않는다. 그래서 경매사 앞에 중도매인들이 몰리는 수지 경매의 풍경과 극명한 대조를 이룬다.

컴퓨터 모니터와 거래화면도 경매사들의 시각 권력을 약화시킨다. 경매사는 입찰가격을 보기 위해 모니터를 계속 주시해야 한다. 중도매인들은 경매사를 볼 필요가 없으며 거래화면과 농산물을 본다. 거래화면은 실시간 최고 입찰자의 일련번호와 정보를 제공하며, 이 정보는 경매가 마감될 때까지 순위가 계속 바뀐다. 이는 수지 경매와 대비된다. 수지 경매에서는 경매사만

최고 입찰가를 볼 수 있다. 또한, 수지 경매 시절에는 필체를 쉽게 수정할 수 있었기 때문에 경매 후 경락가격을 조작하는 사례도 있었다. 예를 들어 숫자 9를 8로 쉽게 변경할 수 있다. 다만 전자 경매에서는 거래화면에서 경락가격이 공개되기 때문에 이런 조작은 불가능하다. 경매사와 중도매인 간의 정보 비대칭성이 전자 경매보다 수지 경매에서 더 높다는 얘기다. 전자 경매로 정보 비대칭성은 줄어들고 경매사의 시각 권력은 줄어든다. 경매의 규칙은 최고 입찰가를 입력한 첫 번째 중도매인에게 낙찰되는 것이다. 전산 시스템에 의해 낙찰되기에 경매사의 시각 권력은 개입할 수 없다. CCTV 또한 경매사의 행동과 컴퓨터를 감시하기 때문에 경매사가 시각 권력을 발휘할 수 없다. CCTV는 2010년부터 입찰가의 순서를 뒤바꾸는 것과 같은 경매사의 부정을 막기 위해 사용됐다.

경매 구호와 경매사의 소리 권력

경매가 시작되면 경매사가 경매 구호auction chant 이른바 호창 소리를 낸다. 호창이란 제품의 등급, 수량, 공급업체 등 상품의 사양 정보를 큰소리로 외치는 것을 말한다. 이것은 경매의 시작을 알리는 신호이고, 이때 경매사는 호가asking price를 부른다.[10] 호가는 흥정을 통해 계속 바뀌게 된다. 경매사는 입찰가

---

10. 호가는 경매사가 부르는 가격으로 중도매인이 제시한 현재의 입찰가격과 다

격을 그들이 예측한 경매 예상 가격에 가능한 가깝게 만들려고 노력한다. 경매사는 호창 소리를 내기 위해 그들만의 박자와 리듬을 창조하는데, 이것은 때때로 제품정보 그 자체보다 더 중요하다. 호창은 매우 빠른 랩처럼 들려 나와 같은 일반 사람들은 무슨 내용인지 이해하기 어렵다. 하지만 중도매인들을 호창의 내용을 잘 알아듣는다. 한 경매사는 중도매인들이 입찰할 때 오랫동안 생각할 시간을 주지 않기 위해 호창이 매우 빨라야 한다고 말한다. 중도매인이 생각할 시간이 많을수록 입찰가격은 더 내려갈 수 있다. 호창 소리는 흥을 돋우며 경매 가격이 급격히 내려가는 것을 막는다. 호창의 빠른 소리는 경매의 흐름을 유지하고, 중도매인들을 자극한다. 이런 의미에서 호창 소리의 권력은 단순히 이 소리가 전달하는 가격 정보를 넘어 소리 에너지와 관련되며 물질적이다. 신유물론에서 말하는 소위 '정동'이 나타난다. 감각 권력은 이 정동을 통해 작동한다.

중도매인들이 그들의 귀를 호창의 내용과 리듬에 맞춰야 하기에 소리 권력이 작동한다. 얼마나 오랫동안 호창을 할 것이냐는 경매사에게 달려 있다. 필요한 경우, 경매사는 본인이 선호하는 중도매인이 가장 높은 가격을 제시할 때까지 호창을 계속할 수 있다.

경매사는 호창을 위한 자신만의 내용과 습관을 지니고 있

르다. 경매사는 입찰자의 가격을 공개할 수 없다.

다. 호창 소리가 끝나면 경매사는 낙찰 버튼을 누르고 한 라운드의 경매를 마무리한다. 따라서 중도매인들은 경매사의 호창이 얼마나 오래 지속될지 잘 예측해야 한다. 그들은 이 호창 시간을 고려하면서 입찰에 응모한다. 경매사가 빠른 경매를 하는 성향이 있다면, 중도매인들은 입찰을 서둘러 해야 한다. 반대라면 입찰을 서두를 필요가 없으며 더 낮은 가격에 입찰을 시작하거나 적절한 입찰 시기를 찾는다.

전자 경매로 경매사들의 시선은 그 권력을 잃었지만, 호창은 여전히 남아있고 여전히 중요하다. 다만 중도매인은 수지 경매 때 보다 전자 경매에서 호창 소리에 덜 몰입하는 경향이 있다. 그 이유는 거래화면에 입찰 정보가 표시되기 때문이다(〈그림 8-2〉 참조). 일부 중도매인들은 단지 거래화면을 쳐다보고 미리 정한 입찰을 할 뿐이다. 전자 경매에서 중도매인들은 호창보다 거래화면에 더 의존한다.

감각적 행위자와 사회적 관계

경제 행위자의 정체성은 경제적 퍼포먼스로부터 구성된다. 경제 행위자로서의 중도매인이 형성되는 데 감각과 새로운 인공물은 어떤 역할을 하는가? 내가 특히 관심을 두는 것은 행위력의 감각적 차원이다. 이 글은 행위자-연결망 이론(Callon et al., 2007)에서 다루는 관계적 행위력뿐만 아니라 시장 장치가 시장 참여자들의 감각적 상호작용과 사회적 관계에 미치는 영향을 다룬다.

우선 금융시장과 농산물 시장의 전자 경매에 참여하는 경제 행위자를 서로 비교해 보자. 전자 경매의 경제 행위자는 관계적 행위자 즉 시장 장치에 체현된 행위자로, 수지 경매의 행위자보다 더 계산적이다. 이는 금융시장 및 농산물 시장 모두 공통적이다. 그러나 이 두 시장의 차이는 경매사와 중도매인들의 감각적, 사회적 상호작용에 있다. 과연 미셸 칼롱(Callon, 1998)이 예측하듯이 시장 장치에 의해 행위자들이 원자화되었는가? 신고전파 경제학의 방법적 개인주의(Smelser & Swedberg, 2005), 즉, 원자화된 개인으로서의 경제 행위자는 저절로 나타나지 않으며, 시장 장치에 의해 구현될 수 있다고 미셸 칼롱은 주장했다. 말하자면 신고전파 경제학의 경제 행위자의 모델인 '원자화된 개인'은 행위자-연결망 이론 관점에서는 경제적 행위자와 시장 장치 사이의 '관계적 행위력'의 결과이다. 피에르 부르디외, 칼 폴라니, 마크 그래노배터 등 전통적인 경제사회학자들이 '원자화된 개인'의 존재 가능성을 부인했다는 점에서 칼롱의 주장은 매우 혁신적이다. 하지만 이 주장은 보편적으로 타당하지는 않으며 특정한 시장의 맥락에서만 적합하다.

경제인류학자 케이트린 자룸(Zaloom, 2006)은 금융시장에 관한 연구에서 전자 경매가 보다 합리적이고 원자화된 개인들을 만든다고 말했다. 이는 미셸 칼롱의 주장과 같은 맥락이다.

전자거래 방은 보다 기술적인 행동 방식을 장려한다. 거래화면은 계산적 합리성, 냉정한 행동, 그리고 자기 통제의 외부 포획 external trapping을 장려한다. … 이러한 퍼포먼스에서 거래자들은 자기 이익을 추구하는 경쟁적이고 원자화된 이상에 따라 스스로 비사회적 행위자를 상연한다 (Zaloom, 2006 : 112~113).

농산물 경매에서 경제 행위자는 어떨까? 수지 경매에서 전자 경매로 바뀌면서 경제 행위자는 어떻게 변했을까? 결론을 먼저 이야기하면, 자룸의 분석은 농산물 경매에서 부분적으로만 타당하다. 분명 전자 경매의 새로운 시장 장치들은 자룸이 이야기한 바와 같이 중도매인들이 더 합리적이고 냉정한 행동을 하게 하지만 그렇다고 해서 그들이 비사회적이 되거나 원자화되지는 않는다. 경제 행위자가 더 계산적으로 된다는 말과 비사회적이라는 주장은 같지 않다. 이러한 차이는 금융시장과 농산물 시장의 물리적 환경으로부터 비롯된다. 금융시장에서 딜러들은 독립적 공간에 고립되어 있지만, 농산물 시장의 중도매인들은 전자 경매임에도 불구하고 같은 공간에 모여 서로 감각적으로 교류한다.

수지 경매는 감각적 상호작용을 통한 힘겨루기로 가득 차 있다. 수지 경매는 오감을 이용한 거래다. 중도매인은 경매사, 다른 중도매인, 그리고 농산물과 감각적인 상호작용을 한다. 보고 듣는 것은 경매에서 중요한 감각이다. 다른 중도매인들의 수신호를 보고 입찰을 새치기하기도 한다. 한 경매사에 따르면 숙련된 중도매인은 다른 중도매인이 수신호를 올릴 때 보이는 손목 근육의 움직임만으로도 입찰가를 추정할 수 있다고 한다. 이 이야기는 다소 과장되게 들리지만, 중도매인들의 직접적인 상호작용이 일어나고 있음을 시사한다.

물론 수지 경매의 감각적 상호작용은 전자 경매의 출현과 함께 변화해 왔다. 그러나 경매사와 중도매인 또는 중도매인들 간의 상호작용은 사라지지 않았다. 단지 직접적인 상호작용에서 기술을 매개로 한 간접적인 상호작용으로 바뀌었을 뿐이다. 전자 경매에서 중도매인(또는 경매사)과 거래화면, 컴퓨터 모니터, 무선 응찰기와 같은 인공물 간의 감각적 상호작용은 증가하는 반면 중도매인과 경매사 또는 중도매인 간의 직접적인 시각적 상호작용은 감소한다.

전자 경매의 중도매인은 차분하지만, 수지 경매의 중도매인은 더 감성적이다. 전자 경매에서 중도매인은 경매의 분위기에 덜 영향을 받는다. 일부 중도매인은 다른 제품에 신경 쓰지 않고 자신들이 살 상품에만 집중한다. 그런데도 중도매인은 신고전파 경제학의 원자화된 개인이 결코 아니다. 전자 경매에서 중도매인과 경매사 사이의 청각적 상호작용은 여전히 중요하다. 중도매인들은 경매사들의 호창 소리에 귀를 기울인다. 중도매인들은 시장 장치의 매개를 통해 경매사 및 다른 중도매인과 상호작용하는 감각적 행위자다. 중도매인은 거래화면에서 일련번호를 보고 다른 중도매인들의 입찰가를 확인할 수 있다.[11] 특히, 그들은 고가의 입찰자를 주시한다. 경매에 앞서 중도매인들은 고가로 입찰하는 중도매인과의 경쟁을 피하려고 과일의 재고가 얼마나 되는지, 판촉 행사 등 다른 중도매인들의 수요가 더 큰지를 알아내려고 노력한다. 중도매인들은 또한 얼마나 많은 다른 중도매인이 경매에 참여하는지 추정한다. 이 과정에서 중도매인들 간의 상호작용은 여전히 일어난다. 한 중도매인은 다음과 같이 말했다.

다른 중도매인들이 몇 짝을 살 것인지 상상을 합니다. 경매를 하다 보면 본인들이 느낍니다. 이거는 감이라는 게 있어요. 저 사람이 물건을 사야 하는데 설치지 않고 사는 것은 물량이 얼마 없다는 겁니다, 자기 발주가. 우리는 발주가 많더라도 서로가 견제하죠, 경매라는 것은. 내가 치고 들어가도 되는데, 치고 안 들어가고 천천히 사는 거죠.… 여기서만(한 청과 회사에서) 다 사지 않습니다. 중매인들과 교류를 많이 하잖아요.… 여기에서 다 살라고 해서 사면 가격이 폭등합니다. 그렇기 때문에 중매인들끼리 해서 분산을 시킵니다.… 다른 청과 상인들과 교류해야죠.

---

11. 모든 유형의 거래화면이 경매하는 동안 입찰자의 일련번호를 공개하는 것은 아니다.

이런 의미에서 그들의 구매는 고립되어 있지 않으며 여전히 사회적이고 감각적이다. 그들은 신고전파 경제학이 가정하는 것처럼 원자화된, 모든 것을 아는 슈퍼맨 같은 존재들이 아니다. 전자 경매에서 중도매인들 간의 관계는 대부분 경쟁적이며, 담합의 빈도는 과거 수지 경매에 비해 낮다. 하지만 완전히 사라지지도 않았다. 낙찰에 성공한 중도매인이 다른 중도매인과 낙찰된 과일을 공유하거나 판매하는 불법 사례도 있었다.

감각과 인공물이 경매사와 중도매인 사이의 관계에 어떤 영향을 미치는가? 수지 경매에서 경매사의 '선별적 시선'은 경매사와 중도매인 사이의 친밀한 관계를 형성하게 한다. 이 친밀한 관계가 경매 입찰에 매우 중요하다. 이 선별적 시선은 경매사와 중도매인 사이에 계층적 관계를 형성한다. 수지 경매에서 경매사는 권위적이며, 중도매인들에 대해 권력을 행사한다.

수지 경매에서 경매사의 선별적 시선을 결정하는 몇 가지 기준들이 있다. 첫째, 경매사는 더 많은 양의 농산물을 살 것으로 예상되는 중도매인을 선호한다. 그 이유는 재고가 적으면 다음 날 경매 가격이 올라가기 때문이다. 선별적 시선은 고가와 저가 중도매인을 분류한다. 경매사는 고품질의 제품을 판매할 때 저가 중도매인들의 수신호를 무시하고 고가 중도매인들에게 더 눈길을 준다. 중도매인들의 과거 협력 기록도 선별적 시선에 영향을 미친다. 예를 들어, 상품 판매가 잘 안 되면, 아는 중도매인에게 구매를 강요하고 다음에 보상이나 인센티브를 제공한다.

한 경매사는 말한다.

농산물이란 게 시세가 아주 고단가로 형성할 수도 있지마는 생산원가 이하로 떨어질 때도 비일비재합니다. 그러면 중도매 인들이 워낙 싸고 재고 처리, 장사가 안된다는 거거든요? 서로 안 사려고 합니다. 그럴 때 자기 손해를 일부는 감수하면서까 지 이 경매에 참여해주는 중도매인들이 계시거든요? 동가(같 은 가격)일 때는, ⋯ 그런 사람들, 어려울 때 물건 팔아준 사람 들, 그런 사람들에게 전 줬습니다.

이런 방식으로, 수지 경매는 경매사와 중도매인 사이의 친 밀한 관계를 형성한다. 이 관계는 입찰에 성공하는 데 매우 중 요했다. 중도매인들은 경매사들에게 잘 보이려고 노력했다. 이 와는 대조적으로, 전자 경매는 경매사와 중도매인들 사이에 더 평등한 관계를 형성한다. 경매사는 덜 권위적이고 중도매인과 의 관계는 더 느슨해진다. 하지만 경매사와 중도매인 간 밀접한 관계가 완전히 사라지는 것은 아니다. 일부 중도매인들은 여전 히 경매사들과 중도매인들 사이의 유착을 의심하고 있다. 사실, 경매사는 컴퓨터 모니터에 올라오는 입찰가를 보면서 선호하는 중도매인들이 입찰가격을 제시할 때까지 낙찰하지 않고 미룰 수 있다.

나이는 경매사와 중도매인 사이의 관계를 가늠하는 중요

한 척도다. 고령의 중도매인들은 경매사들과 오랜 관계를 맺어왔기 때문에 수지 경매에 능숙했다. 이와는 대조적으로 젊은 초보 중도매인들은 이러한 상호 관계가 부족하므로 수지 경매에서 불리했다. 수지 경매에서 경매사는 오랫동안 관계를 형성한 고령의 중도매인들에게 유리하게 시각 권력을 사용할 수 있었다.

그러나 전자 경매에서 상황은 역전되었다. 전자 경매의 여파로 경매사의 시각 권력이 약해졌다. 경매사와 중도매인 간의 시선 접촉은 감소하고 대신 경매사와 컴퓨터 모니터, 그리고 중도매인과 거래화면 간의 시각적 상호작용이 증가했다. 게다가 입찰 시 무선 응찰기 버튼을 누르는 속도가 매우 중요해졌다. 당연히 젊은 중도매인들이 고령층 중도매인들보다 속도가 훨씬 빠르다. 한 중년의 중도매인은 다음과 같이 말했다.

이제 나도 나이가 50대고, 그런데 지금 30대들이 와 갖고 단말기를 눌러대는 속도를 우리가 못 따라간단 말이야. 솔직히 말해서, 그러기 때문에 진짜 좋은 물건 같은 경우는 내가 그 사람들보다 1,000원 더 넣고 사는 때가 거의 한 50%는 되요. 옛날에는 수지(경매)로 할 때는 그렇게라도 넣으면 경매사들이 인정상 한두 명씩은(낙찰을) 주고 그랬었는데, 지금은 순발력, 누가 빨리 들어가느냐에 순발력이 들어가 있으니깐, (하나도) 못 살때가 있어요. 그러기 때문에 그 신경 안 쓰면 아주 큰일 납니다.

수지 경매에서는 많은 나이가 미덕이었지만 전자 경매에서는 단점이 됐다. 공교롭게도 중도매인의 연령이 젊어졌다. 2000년대 초 이전에는 중도매인의 평균 연령이 50세 또는 60세였다. 오늘날 중도매인 대부분은 30대와 40대이며, 60대 또는 70대 중도매인은 10% 미만이다. 물론 이 세대교체에는 다른 이유도 있다. 중도매인들의 2세대들이 새롭게 가락시장에 진입했다. 부모들이 심야 거래로 인해 신체적으로 힘들어지면서 자녀들이 일자리를 물려받았다. 게다가, 젊은 중도매인들은 고용의 안전성이나 수입의 면에서 일반 회사에서 일하는 것보다 더 낫다고 생각한다. 또한 젊은 중도매인들은 유통업체의 젊은 파트너들과의 소통에도 더 능숙하다. 동시에 경매 프로그램이나 무선 응찰기 등 기계장치의 운용에 대해서도 젊은 중도매인들이 더 익숙하다.

감각, 시장 장치, 그리고 경매 가격

경매에는 경매 예상 가격, 입찰가격, 경락가격 등 세 가지 유형의 가격이 있다. 경매 예상 가격의 결정은 여전히 감각적이며 전자 경매의 도래에도 불구하고 어떠한 변화도 겪지 않았다. 이와는 대조적으로 입찰가격의 정보는 무선 응찰기에서 컴퓨터 모니터로 무선으로 전송되기 때문에 수신호에서 디지털 신호로 바뀌었다. 하지만 디지털 입찰가격과 경락가격조차도 감각과 몸으로부터 분리되지 않았다. 경매사들과 중도매인들 사이의 협상에서 감각이 여전히 작동하고 있기 때문이다. 감각 자본은 시장 장치의 차이에 따라 다르게 형성된다.

감각과 시장 장치가 경매 가격에 미치는 영향은 두 경매방식에서 차이가 있다. 수지 경매의 경우 대면 접촉이 중도매인들의 집중을 가져오고 경매 분위기를 뜨겁게 달군다. 경매사와 중도매인 간의 흥정과 협상은 대부분 눈을 마주치거나 구두로 이뤄져 경매 가격을 높인다. 한 경매사에 따르면 경매사는 경매가 시작되면 눈 맞춤을 통해 특정 중도매인에게 신호를 보내거나, 상품을 살 만한 가치가 있음을 암시하는 발언을 할 수 있다. 때때로 경매사는 중도매인들에게 높은 가격으로 물건을 사라고 요구하는데, 중도매인들은 필요한 물량보다 더 많이 살 수도 있다. 반대로 전자 경매에서는 중도매인들이 흩어져 있어 분위기가 차분해진다. 수지 경매에서 경매 가격을 올리는 방법은 전자 경매에서 사실상 불가능하다. 경매사들과 중도매인들은 서로 눈을 마주치지 않는다.

경매는 여러 라운드로 구성이 되는 데 각 라운드의 경락가격 간에 상관관계가 있다. 이전 라운드의 경락가격이 준거점 reference point이 되어 다음에 오는 라운드의 경락가격에 영향을 미친다. 이는 소득보다 손실에 사람들의 심리가 더 큰 영향을 받는다는 행동 경제학의 전망 이론prospect theory과 관련 있다 (Kahneman & Tversky, 1979). 사람들은 이전 경락가격을 준거점으로 두고 유사한 품질일 경우 그보다 비싼 가격으로 사지 않으려고 하는 경향이 있다. 손실 회피 경향은 이 준거점을 기준으로 이루어진다. 그래서 수지 경매이든 전자 경매이든 경매사는 경매의 초기 라운드에 대해 매우 신경을 쓴다. 경매사는 처음에 좋은 제품을 비싸게 경매하려는 경향이 있다. 왜냐하면 다음 라운드의 농산품의 가격이 더 싸게 되면 중도매인은 구매에 더 적극적일 것이기 때문이다.

수지 경매보다 전자 경매에서 라운드 간 경락가격의 상관관계가 더 높다. 그 이유는 전자 경매에서는 거래화면을 통해 각 라운드의 경락가격을 쉽게 볼 수 있기 때문이다. 이와는 대조적으로, 수지 경매에서는 낙찰자가 아닌 다른 중도매인들은 신경을 매우 많이 쓰지 않으면 이전 라운드의 경락가격을 잘 모를 수 있는데, 경매사가 구두로 매우 빨리 말하고 지나가기 때문이다. 그래서 경매 라운드 간 가격의 상관관계가 수지 경매가 전자 경매보다 상대적으로 더 낮다. 이것은 경매 가격에서 감각과 인공물의 역할을 반영한다. 거래화면을 통한 경락가격의 가시성visibility 여부가 경매 가격에 영향을 미친다. 물론 이것을 지나치게 과장할 수는 없다. 숙련된 중도매인들은 수지 경매라도 라운드별 경락가격을 모두 인지하고 있을 것이다.

수지 경매에서 경매사가 경락가격을 낙찰할 때, 실제 경락가격보다 더 높은 가격을 일부러 부르기도 한다. 후속 라운드의 경매 가격을 올리기 위함이다. 이를 '헛끗발'이라고 하는데 사실상 불법이다. 경매사들이 중도매인들의 모든 수신호를 볼 수 있지만, 중도매인들은 그것을 볼 수 없었기 때문에 이것이 가능했다. 물론 경매하는 중에도 헛끗발을 할 수도 있는데 이것은 호가를 높게 부르는 것을 의미한다. 여기서 헛끗발은 호가와 입찰가격 간의 높은 차이를 의미하며 불법은 아니다. 수지 경매에서 이것은 더욱 자주 일어난다. 전자 경매에서는 입찰가격이 거래 화면에 공개되면서 헛끗발의 발생률이 낮아졌다. 가격을 높이려고 헛끗발을 남발하는 경매사는 중도매인들의 신뢰를 잃게 된다.

전자 경매에서 중도매인들은 더 차분해지고 경매사의 권력이 줄어들기 때문에 경매가 일어나는 동안 입찰가격의 변동 폭은 적다. 하지만 같은 이유로 다른 등급의 과일들 간의 가격 차이는 오히려 증가한다. 모든 과일은 등급에 따라 별도의 경매 대상이 되며, 가장 낮은 등급의 과일 가격은 따라서 급격히 떨어진다. 경매사들도 수지 경매처럼 이 가격을 쉽게 올릴 수 없다. 한 경매사는 말한다.

전자 경매는 전광판에 단가와 낙찰자가 오픈(공개)되어버리니깐 그게 시세가 되어버리는 거예요. 떨어질 때는 한없이 떨어집니다. 전자 경매는 (그런데) 수지 경매는 경매사가 어느 정도 아웃라인(가격 변동 폭)을 잡아 줄 수 있거든요. 그 차이입니다.

수지 경매의 가격 정보가 중도매인의 수신호를 통해 경매사의 눈으로 전해진다. 경매사는 그들이 선호하는 중도매인을 선택할 수 있으며, 선호하지 않는 중도매인들을 무시할 수 있다. 그러나 전자 경매에서 무선 응찰기는 수신호를 디지털 신호로 대체한다. 가격 정보는 디지털 방식으로 무선 응찰기에서 컴퓨터 모니터로 전송되기 때문에 경매사는 경매 낙찰을 늦추거나 최고 입찰가를 선택할 수밖에 없다. 그들은 컴퓨터 모니터의 입찰가격 순서를 바꿀 수 없다. 경매 종료 버튼은 가장 비싸고 빠른 입찰가를 낙찰할 뿐이다. 그만큼 경매사의 권력은 전산화된 시스템에 의해 제약되기 때문에 납품업체의 경매 가격을 올리기 어렵다. 궁극적으로, 전자 경매는 공급자들에게 불리하다.

마무리

감각과 인공물은 시장 거래에서 매우 중요한 역할을 해왔다. 첫째, 감각은 상품 가치에 필수적이다. 수지 경매든 전자 경매든 경매사와 중도매인은 경매 준비 과정에서 경매 예상 가격을 추정할 때 감각을 활용한다. 여기서 수요와 공급의 물동량과 같은 기본적인 시장정보뿐만 아니라 농산물에 대한 감각적 평가가 경매 예상 가격에 영향을 미친다. 경매사와 중도매인은 농산물의 품질을 검사할 때 기계적인 도구보다 감각을 더 효과적으로 사용한다.

둘째, 시장에서의 권력은 감각적이며 물질적이다. 농산물 경매에서 시장참여자들의 권력투쟁이 감각적인 상호작용을 통해 일어난다. 다만 수지 경매가 전자 경매로 이동하면서 권력의 작동방식은 달라졌다. 전자 경매는 감각을 제거하지 않으나 권력이 감각을 통해 작용하는 방식을 변화시켰다. 경매사와 컴퓨터 모니터, 중도매인과 거래화면 간 시각적 상호작용이 증가했다. 이처럼 기술을 매개로 한 상호작용이 증가하면서, 경매사의 시각 권력은 약해졌다. 비록 중도매인들이 낙찰 시기를 예측하기 위해 경매사들의 호창 소리를 여전히 듣고 있지만, 시각은 다른 감각보다 전자 경매에서 지배적이다.

셋째, 경매 참여자들의 행위력은 물질적이며 감각적이다. 감각과 시장 장치는 경제 행위자로서 중도매인을 형성하는 데 이바지한다.[12] 다만, 거래의 형태가 어떻든 간에 중도매인들은 원자화된 존재가 아니라 사회적 개인이다. 거래 전광판 화면이나 무선 응찰기로 인해 전자 경매의 중도매인들은 과거보다 좀 더 차분해진다. 수지 경매 때보다 그들은 좀 더 합리적이고 계산적이다. 하지만 여전히 다른 시장 참여자들과 감각적으로 교류하고 있는 사회적 인간들이다.

---

12. 행위자-연결망 이론 관점에서 표현하면, 경매 참여자의 행위력은 무선 응찰기, 거래 전광판 등 시장 장치와의 아장스망(agencement)의 결과물이다. 이 행위력이 변화되면서 경매 참여자들도 변화된다. 젊은 중도매인과 여성 중도매인이 수지 경매 때와 비교해 증가한다.

넷째, 전자 경매의 시장 장치들은 경매사와 중도매인 사이의 사회적 관계를 변화시킨다. 수지 경매에서는 경매사와 중도매인 간에 계층적이고 밀접한 관계가 있었으며, 이는 종종 부정이나 권력남용을 초래했다. 경매사들과 오랜 기간 관계를 쌓아온 나이 든 중도매인들은 수지 경매에 유리했다. 하지만 전자 경매로 경매사의 시각 권력이 쇠퇴하면서 경매사와 중도매인 간의 관계는 점점 더 평등해지고 느슨해졌다. 결과적으로, 젊은 중도매인들은 경매사와의 친밀도가 적더라도, 시장 장치를 사용하는 데 신체적으로 더 능숙하므로 나이 든 중도매인보다 입찰에 있어 유리한 위치를 차지하게 되었다.

다섯째, 시장 가격도 감각적이며 물질적이다. 감각과 시장 장치는 경매 가격에 상당한 영향을 미친다. 수지 경매에서 경매사는 경매 가격을 올리기 위해 그들의 시각과 소리 권력을 이용한다. 하지만 전자 경매의 새로운 시장 장치들은 경매사의 시각 권력을 약하게 만들었다. 한편, 전자 경매로 전환되면서 중도매인에게 필요한 감각은 경매사가 부르는 가격을 듣는 청각에서 거래화면에 올라온 가격을 읽는 시각으로 전환되었다. 이에 따라 전반적인 경매 가격은 과거보다 하락하고, 서로 다른 품질 등급의 과일 간의 가격 변동 폭은 더 커졌다. 궁극적으로 전자 경매는 공급자보다 중도매인에게 더 유리하다.

전통적인 경제 요인들을 과소평가하면서 경제생활에서 감각의 역할을 과장하고 싶은 마음은 없다. 거시경제의 변화와 미시적인 경제 수급은 여전히 시장에서 매우 중요하다. 그러나 경제생활에서 감각의 역할 그리고 시장 장치가 감각에 미치는 영향은 경제사회학에서 아직 충분히 연구되지 않았다. 이 글은 경제 행위자, 그들의 행위력 및 권력, 그리고 시장 가격 등의 개념들이 감각 및 사물과 무관하지 않다는 점을 보여주었다. 이제 경제사회학은 좀 더 감각적, 물질적 전환을 추구할 필요가 있다.

:: 나가며

하나의 사물을 관찰하기 위해 더 많은 눈, 보다 다른 눈을 사용할 수 있
다면, 이 사물에 대한 우리의 개념, 즉 객관성은 더욱더 완벽해질 것이다.
— 프리드리히 니체

　이 책은 사회과학의 감각적, 물질적 전환이라는 거창한 구
호로 시작했으나, 사실 나의 소망은 소박하다. 나는 사회과학
이 감각학과 물질문화연구로 모두 대체되어야 한다고 생각하
지 않는다. 그것은 불가능하며 바람직하지도 않다. 나는 이른바
이론적 다원주의자다. 누군가 이론적 제국주의를 꿈꾼다면 그
것은 지적 사기다. 그리고 어떤 사회이론이든 간에 나름 지금껏
생존했다면 사회에 대한 진실의 한 가닥을 드러낼 수 있다. 그
래서 다양한 사회과학 이론들이 공존하면서 다양한 시각으로
세상을 읽을 수 있길 바란다. 학문의 궁극적 목적은 세계를 정
확하게 이해하는 것이 아니라, 세계를 정확하게 이해한다고 믿
는 모든 종류의 도그마dogma에 대한 성찰이다. 나는 감각학과
물질문화연구가 전통적인 사회과학과 함께 서로 성찰을 제공
하는 또 하나의 관점이 되기를 바란다. 니체가 말한 것처럼, 우
리가 더 다양한 관점으로 이 사회를 관찰할 수 있다면 사회에

대한 우리의 이해는 더 객관적일 수 있다. 나의 소망은 감각학과 물질문화연구가 한국 사회과학에 하나의 전통으로 자리매김하는 것이다.

이 책은 감각 및 물질문화연구를 보건사회학, 환경사회학, 정치사회학, 경제사회학, 위험 사회학, 사회운동 연구 등 전통적인 사회과학과 연결하고자 했다. 감각학과 물질문화연구는 그동안 사회과학에서 크게 주목받지 못했던 감각과 사물이 가진 풍부한 인문 사회과학적 가치를 드러냈다. 나는 도덕, 시민권, 권력, 정치, 경제 등의 개념을 새로운 시각으로 해석하고자 노력했다. 다양한 사례를 관통하면서 도덕과 인격의 물질성, 감각적 시민권, 감각 권력과 물질정치, 그리고 감각 자본을 다루었다. 이 책의 요지는 다음과 같다.

첫째, 우리의 인식 속에서 도덕에 관한 인간중심주의는 매우 강하다. 도덕은 인간의 정신세계에서 순수하게 존재하는 형이상학이나, 사회적 산물로서 역사를 통해 전승되어 내려온 관습과 문화였다. 우리는 인간의 도덕적 세계에 비인간들이 참여하고 있다는 점을 깊이 생각해 보지 않았다. 동물윤리 혹은 생태적 세계관과 같은 비인간들에 대한 인간의 도덕적 감정만을 이야기하는 것은 아니다. 우리가 간혹 놓치고 있는 사실은 인간에 대한 도덕적 판단에 비인간도 개입한다는 사실이다. 코로나19 위기에서는 마스크와 바이러스, 기후변화 위기에서는 원자력 발전소와 풍력발전기와 같은 인공물들이 우리 인간들의 도덕을 만드는 데 개입하고 있다. 도덕은 인간과 사물이 상호 작용하는 사회-물질적 실천의 결과물이다.

둘째, 사회 속에서 우리의 감각은 자연적이지 않으며 자유롭지 않다. 우리는 마음대로 보고, 마음대로 듣고, 마음대로 만질 수 없다. 우리의 감각은 사회 질서 속에서 훈련되고 규율된다. 감각이 사회에서 규율될 때 시민의 권리와 의무 즉 시민권이 형성된다. 감각에 따라 시민의 자격이 부여된다. 감각이 시민권을 구성한다. 근대국가와 함께 탄생한 시민권은 시민의 권리와 의무에 대한 매우 이성적이며 인간중심주의적인 개념이다. 하지만 사회-물질적 실천 속에서 형성되는 시민권은 감각적이며 물질적이다. 사회에 의한 감각의 규율은 측정 기기를 통해 이루어진다. 아파트 층간소음과 집회 소음의 기준을 만드는 데 소음 측정기가 사용되고 이 기기에 의해 우리의 소리와 청각이 규율된다. 이 기기들은 정상적 시민과 비정상적 시민 간의 경계를 만든다. 시민권의 형성에 감각과 사물이 개입한다.

셋째, 감각과 사물은 권력과 정치를 행사한다. 권력은 사회 제도에 의해 하향식으로 억압적으로만 작동하는 것이 아니다. 인간들의 감각적 상호작용을 통해 권력이 작동된다. 이때 권력은 생산적이다. 감각은 몸뿐만 아니라 사물을 매개로 실천된다. 새로운 인공물의 출현은 감각 권력을 변화시킨다. 농산물 경매에서 새롭게 등장한 전자 장치는 경매사의 권력을 약화시켰다. 집회 현장에서 돌, 화염병, 최루탄, 쇠파이프, 촛불, 차벽 등 시위 인공물은 서로 다른 물질정치를 행사한다. 쇠파이프의 권력은 촛불에 비해 위계적이며 남성적이다. 집회 감시 채증 카메라와 소음 측정기의 사례에서 보았듯이 시각과 청각의 차이에 따라 감각 권력의 작동방식은 달라진다.

넷째, 감각과 사물은 공간과 장소를 만든다. 공간은 추상적이지 않으며, 물체를 담는 용기처럼 물체 외부에 존재하는 것이 아니라 인간과 비인간들의 감각적, 물질적 상호작용으로 형성된다. 공간은 신체적이며, 물질적이다. 코로나19 위기에서 장소성은 인간과 바이러스, 그리고 마스크와 같은 인공물들의 상호작용으로 구성된다. 풍력발전단지의 장소성은 장소에 대한 기억과 소음 및 불빛과의 감각적 상호작용을 통해 만들어진다. 집회 현장에서의 공간은 기습시위처럼 순간적으로 나타났다 사라지기도 하며, 화염병과 최루탄의 공방 속에서 빠르게 움직이다 전선을 형성하기도 하고, 차벽에 의해 구획되기도 한다. 소리의 크기는 음파의 이동 거리와 관계되기에 집회 확성기의 소리는 집회 공간의 크기를 결정한다.

다섯째, 사물과 장소 및 공간에 의해 인간의 주체 및 정체성 또는 인격이 생산된다. 인격은 정신에 묶여 있지 않으며, 몸에 체현되고 나아가 비인간 인공물 및 공간과 연결되어 있다. 코로나19로 인해 만들어진 장소성이 확진자의 도덕적 인격을 만들었다. 풍력발전단지의 건설은 풍수신앙과 생태적 세계관을 가진 장소 정체성을 만들었다. 시위 공간의 변화는 시위 참여자의 구성을 변화시키고, 새로운 인공물이 등장함에 따라 시위 참여자의 정체성이 변화한다. 시위 인공물은 시위 참여자에게 특정한 행위만을 하도록 강제한다. 촛불을 든 시위 참여자는 뛸 수도 없고 폭력적인 행위를 할 수도 없으므로 정적이고, 평화적인 시위에서만 등장한다.

여섯째, 우리의 경제적 삶에 감각과 사물은 깊이 관여한다. 시장 장치는 경제적 삶으로부터 인간의 감각을 완전히 제거하지는 않는다. 또한, 감각과 시장 장치는 경제 행위자를 재구성하고, 제품의 가격에 영향을 준다. 전자 경매에서 가격은 여전히 감각적이며, 신체적이며, 물질적이다. 감각 자본은 사라지지 않았다. 오히려 최근 온라인 쇼핑의 성장과 함께 전자기술에 의해 새로운 형태의 감각 자본의 시대가 열리고 있다. 최근 감각적 컴퓨터도 개발되고 있으며, 가상현실과 증강현실 기술은 감각과 기계를 결합함으로써 새로운 감각적 마케팅과 거래를 가능하게 한다.

이처럼, 감각과 사물을 통해 한국 사회를 읽는 작업은 나에게 엄청난 지적 즐거움을 주었다. 기존에 없었던 새로운 관점으로 세상을 읽는 시간이었다. 적어도 내 마음속에서 오랫동안 공고히 존재했던 사회과학의 전통적 문법을 해체하고 다시 재구성하는 흥미로운 작업이었다. 하지만 지적 즐거움 이면에는 또다른 불편함이 남아있다. 이 연구가 학문적으로 새로운 것은 맞는데 과연 사회적으로 얼마나 중요한가? 학문적 창의성과 사회적 중요성은 서로 다르다. 비판적 사회과학자들은 행위자-연결망 이론과 같은 신유물론이 사회적 불평등과 같은 중요한 사회적 의제에 대해 충분히 주목하지 않는다고 비판해 왔다. 물론 이러한 비판은 약간 과장되었다. 신유물론에도 다양한 이론적 스펙트럼이 있고, 페미니스트 신유물론자들은 사물뿐만 아니라 소수자 집단에도 관심을 보여준다. 그런데도, 사회적 불평등보다는 인간과 사물 간의 관계가 신유물론에서 가장 주목받는 것도 사실이다. 사회적 불평등이 중요하다면 굳이 사물을 반드시 이야기해야 하는가? 굳이 하나의 이론이 둘 다 모두 다루어야 하는가? 연구자가 필요에 따라 보고자 하는 현상을 설명하는 데 적합한 이론을 선택할 수도 있는 것 아닌가? 이론은 도구이지 정치적 신념이 아니지 않는가?

마음속 찌꺼기처럼 남아있는 이 불편함은 나의 학문적 궤적과 관련한다. 나에게 감각학과 물질문화연구는 사실상 족보가 없다. 내가 졸업한 학교는 학문의 규범적, 사회적 실천을 강조하는 대표적인 과학기술학과 중의 하나다. 카를 마르크스의 그림이 학생회실에 걸려 있고, 나에게 과학학을 가르친 교수들은 행위자-연결망 이론을 비판했다. 이 이론은 아카데미즘에 천착되어 있고 사회적 불평등과 배제의 정치를 다루는 데 적합하지 않다고 말이다. 물론 당시 나는 푸코, 데리다, 들뢰즈와 같은 후기구조주의자들을 좋아했지만, 행위자-연결망 이론에 대해서는 비판적이었다. 감각 연구를 처음 시작할 때도 행위자-

연결망 이론과 거리를 두려고 했었다. 하지만 지금 신유물론을 바라보는 나의 입장은 조금 달라졌다. 우선 신유물론도 전통적 사회과학의 비판에 대응하면서 지난 20여 년 동안 정치를 새롭게 해석하려고 노력해 왔다는 점을 들 수 있다. 그보다 한국 지식인 사회에서 경험적 충실성의 부족과 규범 및 당위의 과잉을 보면서 실천 지향적 학문 전통에 대해서도 좀 더 성찰하게 된 탓이 크다.

다만, 감각과 사물에 관한 연구가 저절로 사회적 불평등을 다루게 되는 것은 아니다. 그것을 보고자 하는 연구자의 의지가 매우 중요하다. 그런 점에서 나는 여전히 휴머니스트인지도 모르겠다. 이 책은 정치적으로 매우 민감한, 사회적으로 논쟁적인 주제들을 주로 다루었다. 이 책의 작업은 전통적 사회과학자들에게 감각과 사물에 관한 관심을 촉구하는 동시에, 반대로 감각 및 물질문화연구를 보다 정치화시키는 것이었다. 물질문화연구가 보다 정치적으로 민감한 주제들을 다루고 소외된 사람들을 보다 주목할 때 학문적 창의성과 함께 사회적 중요성을 동시에 추구할 수 있을 것이다. 신유물론은 세계의 형성에 대한 설명에 있어서 사물과 인간 간의 '대칭성'을 추구하면서 인간과 존재론적으로 동등한 행위자로서의 사물의 역할을 드러냈다. 이제 신유물론은 이러한 대칭성을 넘어 사물과 사회적 소수자 간의 대칭성도 추구해야 한다. 사물뿐만 아니라 사회적 소수자에게도 주목해야 한다. 이것은 나의 향후 과제이기도 하다.

가브리엘, 마르쿠스. 2019.『왜 세계는 존재하지 않았는가』. 김희상 옮김. 열린책들.

강민수. 2014.2.25.「박근혜 시대의 데모는 혼자서 조용히?」.『오마이뉴스』. 2020.9.1.
　접속. http://www.ohmynews.com/NWS_Web/View/at_pg.aspx?CNTN_
　CD=A0001961578.

경찰청. 2012.「채증 활동 규칙」. 경찰청 예규, 제472호.

국가경쟁력강화위원회. 2008.『법질서 확립과 국가브랜드 가치 향상을 위한 집회 시위 선
　진화 방안』.

국무조정실. 2006.『평화적 집회 시위 대책(안)』.

권승구. 2009.「주요 선진국과 우리나라의 농산물 유통시스템 비교 연구 — 도매시장을 중
　심으로」.『식품유통연구』26(3), 95~118쪽.

김경호. 연도미상.「유영」.〈PLACEMAK2.〉. 2022.1.8. 접속. http://www.placemak.com/
　board_uRod22/608.

김길수. 2007.「위험시설 입지선정과정에서 정책 갈등에 관한 연구 : 부안 위도·군산 방폐
　장 입지선정사례를 중심으로」.『정치·정보연구』10(1), 279~303쪽.

김동광. 2021.『라디오 키즈의 탄생』. 궁리.

김동주. 2012.「제주도 바람의 사회적 변형과 그 함의 : 자원화와 공유화」.『ECO』16(1),
　163~204쪽.

_____. 2017.『바람은 우리 모두의 것이다. : 제주도 풍력발전의 개발과 풍력자원 공유화
　운동사』. 제주대학교 탐라 문화연구원.

김용삼. 1995.「김영삼 정부는 풍수 정권인가?」.『월간조선』10월호.

김우창. 2015.7.1.「'이러다 또 죽을 수도'… 시골마을 강타한 풍력발전단지」.『오마이뉴스』.
　2020.9.1. 접속. http://www.ohmynews.com/NWS_Web/View/at_pg.aspx?CNTN_
　CD=A0002122582.

김은성. 2015.「메르스 관련 정부 위험소통의 한계에 대한 사회적 원인분석」.『한국위기관
　리논집』11(10), 91~109쪽.

_____. 2018.「우리나라 풍력발전단지의 주민 수용성에 대한 감각적, 문화적, 제도적 요
　인」.『환경 사회학 연구 ECO』22(1), 209~241쪽. doi : 10.22734/ECO.22.1.201806.007.

김은성·정지범·서용석. 2017.『미래 에너지원에 대한 국민 인식조사 : 국제 비교』. 미래사
　회에너지정책연구원.

김재중·노순택. 2005.「발굴/일제가 박은 쇠말뚝은 없다_반일 민족주의를 넘어서 저자 박
　유하 교수 인터뷰 : "야스쿠니 참배는 우리의 국립묘지 참배"」.『월간 말』, 82~87쪽.

김종대. 2004.『도깨비를 둘러싼 민간 신앙과 설화』. 인디 북.

_____. 2012.「서해안과 남해안 지방 도깨비 신앙의 전승 양상과 그 변화」.『한국 민속학』

56, 41~65쪽.

김종효. 2016.12.28.「부안 어민들 "우리 바다 그냥 둬라" 해상풍력 설명회 무산」.『뉴시스』. 2020.9.1. 접속. https://newsis.com/view/?id=NISX20150625_0013751701&cid=.

김철민. 2012.『농촌인구 고령화의 파급영향과 시사점』. NHERI 경제연구소.

김태우. 2021.『한의원의 인류학』. 돌베개.

김환표. 2011.「반상회의 역사: 국민동원과 통제의 수단에서 이익집단화까지」.『월간 인물과 사상』 158(6), 161~186쪽.

김효인. 2018.3.16.「"산사태 났던 곳에 산 깎고 발전기 세우나" 친환경 풍력발전, 되레 환경 훼손 딜레마」.『조선일보』. 2020.9.1. 접속. https://www.chosun.com/site/data/html_dir/2018/03/16/2018031600135.html.

노진철. 2004.「[특집 ─ 부안 핵폐기물처리장 문제의 환경 사회학] 위험시설 입지 정책 결정과 위험 갈등 ─ 부안 방사성폐기물 처분장 입지선정을 중심으로」.『환경 사회학 연구 ECO』 6, 188~223쪽.

데란다, 마누엘. 2019.『새로운 사회철학: 배치 이론과 사회적 복합성』. 김영범 옮김. 그린비.

마르크스, 카를. 2019.『자본론 제 I권 자본의 생산과정(상)』. 김수행 옮김. 비봉출판사.

바위치, A.S. 2020.『냄새: 코가 뇌에게 전하는 말』. 김홍표 옮김. 세로.

박다솔·윤지연·정은희. 2017.「태양광 발전소를 혐오하는 마을, 이것은 님비입니까?」.『월간 워커스』 33호. http://workers-zine.net/27180.

박영민·강광규·김경민. 2015.『풍력발전 시설에 대한 소음 환경영향평가 및 관리방안 연구』. 한국환경정책평가연구원.

박임근. 2015.5.25.「충돌한 경찰 몸에 카메라가」.『한겨레신문』. 2020.9.1. 접속. http://www.hani.co.kr/arti/society/area/692700.html.

박정엽. 2014.10.27.「경찰, 2001년부터 3만 4천 33명 얼굴 입력」.『Views&News』. 2020.9.1. 접속. https://www.viewsnnews.com/article?q=115256.

박해천. 2011.『콘크리트 유토피아』. 자음과 모음.

브라이언트, 레비 R. 2020.『존재의 지도: 기계와 매체의 존재론』. 김효진 옮김. 갈무리.

_____. 2021.『객체들의 민주주의』. 김효진 옮김. 갈무리.

산업통상자원부. 2014.10.6.「육상풍력 환경규제 완화로 본격 추진 기대」. 2020.9.1. 접속. http://www.motie.go.kr/motie/ne/presse/press2/bbs/bbsView.do?bbs_seq_n=79374&bbs_cd_n=81.

선이랑 환이. 2016.10.9.「한우산 설화원 도깨비 이야기길 탐방…」. 2022.1.8. 접속. https://m.blog.daum.net/sunclg/652.

성현석. 2009.7.30.「경찰, 시위진압용 '트랜스포머' 도입」.『프레시안』. 2020.9.1. 접속. http://www.pressian.com/news/article.html?no=96189.

소래섭. 2009.「1920~30년대 문학에 나타난 후각의 의미 ─ 소월, 백석, 이상을 중심으로」. 『사회와 역사』 81, 69~93쪽.

손낙구. 2008.『부동산의 계급사회』. 후마니타스.

송윤경. 2017.4.25.「영양 풍력발전단지 건설로 '산사태 우려'… "사업 재평가 해야"」.『경향신문』. 2020.9.1. 접속. http://news.khan.co.kr/kh_news/khan_art_view.html?art_id=201704252017001.

신영대. 2009.『제주의 오름과 풍수』. 백산.

아담스-플라슬, 제레미아스. 2020.『플랫폼 노동은 상품이 아니다』. 이영주 옮김. 숨쉬는 책공장.

양관섭·김경우·연준오·하윤주·소재윤. 2013.『실생활 소음에 대한 바닥충격음 평가지표의 상관성 분석 연구』. 한국건설기술연구원 & 국토교통부.

양삼열. 2016.11.7.「풍수연재 : 음풍(陰風)과 양풍(陽風)」.『경북동부신문』. 2020.9.1. 접속. http://www.dongboo.kr/default/index_view_page.php?board_data=aWR4JTNEMjc4OTTE=%7C%7C&search_items=cGFydF9pZHglM0Q3%7C%7C/.

SBS 뉴미디어부. 2015.2.4.「편두통에 불면증까지 … 풍력발전기에 신음하는 주민들」.『SBS』. 2020.9.1. 접속. https://news.sbs.co.kr/news/endPage.do?news_id=N1002819122&plink=COPYPASTE&cooper=SBSNEWSEND.

와타나베 요시오. 2010.『동아시아 풍수 사상』. 이화 옮김. 이학사.

유대근. 2014.3.3.「"민노총 총파업 때 소음 기준 초과" 47명 소환」.『서울신문』. 2020.9.1. 접속. https://www.seoul.co.kr/news/newsView.php?id=20140303009007.

유서연. 2021.『시각의 폭력』. 동녘.

유선일·최호. 2014.10.1.「생태자연도 1급지에도 풍력발전」.『그린데일리』. 2020.9.1. 접속. http://www.greendaily.co.kr/news/article.html?id=20141001130013.

윤승모·허문명. 2001.4.2.「정부, 화염병 시위와 전면전 … 고무 충격총 사용방침」.『동아일보』. 2020.9.1. 접속. https://www.donga.com/news//article/all/20010402/7670963/1.

이경란. 2017.『로지 브라이도티, 포스트휴먼』. 커뮤니케이션북스.

이동호. 2012.『소음 진동학』. 교우사.

이선엽. 2008.「집시법의 변천 과정에 관한 연구 : 제도의 경로」.『한국행정사학지』22, 143~172쪽. doi : 10.15856/jakpah.2008..22.143.

이세연. 2009.「소리의 속력을 잡아라」.『동아사이언스』 12월호.

이수안. 2018.『테크노 문화풍경과 호모 센서스』. 북코리아.

이영훈·김낙년·김용삼·주익종·정안기·이우연. 2019.『반일 종족주의 : 대한민국 위기의 근원』. 미래사.

이종원. 2010.「한국 부동산정책 변천사」.『한국행정사학지』27, 135~161쪽. doi : 10.15856/jakpah.2010..27.135.

이종탁. 2016.8.12.「백두대간 풍력발전단지 건설사업 즉각 철회하라 : 함양군풍력발전 반대대책위, 장수 풍력발전단지 조성 반대」.『함양인터넷뉴스』. 2022.1.8. 접속. http://www.hyinews.com/articleView.asp?intNum=14122&ASection=001001.

이지형. 2014.『공간 해석의 지혜, 풍수』. 살림.

이한신. 2015.7.10.「자연이 빚은 보물 반드시 지킨다! 김진태 부안수협조합장 … "이론과 공식은 절대 경험을 앞설 수 없다"」.『브레이크 뉴스』. 2020.9.1. 접속. http://www.break-news.com/sub_read.html?uid=380594.

이현수. 2016.6.16.「아파트, 벽식은 가고 라멘조가 뜬다」.『주거환경신문』. http://www.

rcnews.co.kr/news/articleView.html?idxno=12442.

장덕진·김현식·김두환·김근태·임채윤·권현지·최혜지·배영·김석호 지음. 서울대학교 사회발전연구소 기획. 2015. 『압축성장의 고고학: 사회조사로 본 한국 사회의 변화, 1965~2015』. 한울.

전상인. 2007. 「아파트 선호의 문화사회학」. 『환경논총』 45, 11~32쪽.

전용훈. 1999. 「묘지의 도깨비불」. 『동아사이언스』.

정명철·오준호. 2016. 「대중음악연구의 새로운 경향: 행위자 네트워크 이론(ANT)을 적용한 연구를 중심으로」. 『음악논단』 36, 165~197쪽.

제주도. 2017.2.1. 「2016년 주민등록인구통계 결과」. 2020.9.1. 접속. https://www.jeju.go.kr/news/bodo/list.htm?act=view&seq=1020236.

조인철. 2008. 『우리 시대의 풍수』. 민속원.

조현열. 2015.5.11. 「의령 풍력발전단지 공사 강행 막아달라」. 『경남도민일보』. 2022.1.8. 접속. http://www.idomin.com/news/articleView.html?idxno=479910.

줄레조, 발레리. 2012. 『아파트 공화국』. 길혜연 옮김. 후마니타스.

지민구. 2015.12.15. 「류지윤 유니슨 대표」. 『서울경제』. 2021.1.8. 접속. https://www.sedaily.com/News/NewsView/NewsPrint?Nid=1L4B80CSMC.

최덕환. 2015.6.29. 「갈 길 먼 서남해 해상풍력사업」. 『이투뉴스』. 2020.9.1. 접속. http://www.e2news.com/news/articleView.html?idxno=82243.

최한경. 2009. 『농·축·수산물 경매사』. 시대고시기획.

최현식. 2015.12.11. 「가락시장 혼란의 근본 원인은 도·소매 혼재」. 『농업인 신문』. 2020.9.1. 접속. http://www.nongupin.co.kr/news/articleView.html?idxno=40977.

통계청. 2017. 『2016년 농림어업조사』. 통계청.

하먼, 그레이엄. 2019. 『네트워크의 군주: 브뤼노 라투르와 객체지향 철학』. 김효진 옮김. 갈무리.

한국에너지공단. 2016.1.29. 『주간에너지이슈브리핑(제118호)』. 2020.9.1. 접속. http://www.energy.or.kr/web/kem_home_new/energy_issue/mail_vol35/pdf/issue_118_02.pdf.

한기덕. 2012. 「한국 사회 집회·시위 문화의 변동과 특징: 역사적 맥락에 따른 그 유형과 실태를 중심으로」. 『2012 전기 한국사회학회대회 자료집』.

한우산풍력발전반대대책위원회 및 마창진환경운동연합. 2015.3.9. 「한우산의령 풍력발전단지 생태파괴 극심하다」. 2020.9.1. 접속. http://mcjkfem.tistory.com/670/.

한유진·이서하. 1992. 『오월대』. 힘.

함한희. 2002. 「사회적 고통을 보는 문화적 시각 ― 새만금지역의 경우」. 『환경 사회학 연구 ECO』 2, 261~283쪽.

Anderson, B. 2006. *Imagined Communities: Reflections on the Origin and Spread of Nationalism*. Rev. ed. London: Verso. [베네딕트 앤더슨, 『상상된 공동체』, 서지원 옮김, 길(도서출판), 2018.]

Anderson, W. 2020. "Unmasked: Face-Work in a Pandemic." *Arena Quarterly* no. 2.

Ansell, C. and A. Gash. 2007. "Collaborative Governance in Theory and Practice." *Journal of Public Administration Research and Theory,* 18(4):543~571. doi:10.1093/jopart/mum032.

Apostol, D., J. Palmer, M. Pasqualetti, R. Smardon, and R. Sullivan, eds. 2017. *The Renewable Energy Landscape: Preserving Scenic Values in our Sustainable Future.* London:Routledge.

Attali, J. 2011. *Noise: The Political Economy of Music.* Minneapolis:University of Minnesota Press.

Austin, J. L. 1962. *How to do Things with Words.* London:Oxford University Press.

Bailey, E., P. Devine-Wright, and S. Batel. 2016. "Using a Narrative Approach to Understand Place Attachments and Responses to Power Line Proposals: The Importance of Life-Place Trajectories." *Journal of Environmental Psychology,* 48:200~211. doi:10.1016/j.jenvp.2016.10.006.

Barad, K. 2007. *Meeting the Universe Halfway: Quantum Physics and the Entanglement of Matter and Meaning.* Durham, NC.:Duke University Press.

Batel, S., P. Devine-Wright, L. Wold, H. Egeland, G. Jacobsen, and O. Aas. 2015. "The Role of (De-)Essentialisation within Siting Conflicts: An Interdisciplinary Approach." *Journal of Environmental Psychology,* 44:149~159. doi:10.1016/j.jenvp.2015.10.004.

Bayer, R. 2008. "Stigma and the Ethics of Public Health: Not can we but should We." *Social Science & Medicine,* 67(3):463~472. doi:10.1016/j.socscimed.2008.03.017.

Beauchamp, T. L. 2013. *Principles of Biomedical Ethics,* edited by James F. Childress. 7th ed. New York:Oxford University Press.

Bell, D. R. 2005. "Liberal Environmental Citizenship." *Environmental Politics,* 14(2):179~194. doi:10.1080/09644010500054863.

Bender, B. 2013. "Place and Landscape." In *Handbook of Material Culture,* edited by Tilley, C., Keane, W., Kuechler, S., Rowlands, M., Spyer, P.(eds.), 281~304. London:SAGE Publications.

Benford, R. D. and D. A. Snow. 2000. "Framing Processes and Social Movements: An Overview and Assessment." *Annual Review of Sociology,* 26(1):611~639. doi:10.1146/annurev.soc.26.1.611.

Bennett, C., C. Raab, and P. Regan. 2003. "People and Place: Patterns of Individual Identification within Intelligent Transportation Systems." In *Surveillance as Social Sorting: Privacy, Risk and Automated Discrimination,* edited by David Lyon, 153~175. London:Routledge.

Bezabeh, S. A. 2017. "Africa's Unholy Migrants: Mobility and Migrant Morality in the Age of Borders." *African Affairs,* 116(462):1~17. doi:10.1093/afraf/adw046.

Bidwell, D. 2013. "The Role of Values in Public Beliefs and Attitudes Towards Commercial Wind Energy." *Energy Policy,* 58:189~199. doi:10.1016/j.enpol.2013.03.010.

Bijsterveld, K. 2008. *Mechanical Sound: Technology, Culture, and Public Problems of Noise in the Twentieth Century.* Cambridge, MA : The MIT Press.

Bijsterveld, K., E. Cleophas, S. Krebs, and G. Mom. 2013. *Sound and Safe : A History of Listening Behind the Wheel.* Oxford : Oxford University Press.

Bonaiuto, M., G. M. Breakwell, and I. Cano. 1996. "Identity Processes and Environmental Threat : The Effects of Nationalism and Local Identity upon Perception of Beach Pollution." *Journal of Community & Applied Social Psychology,* 6(3) : 157~175. doi : 10.1002/(SICI)1099-1298(199608)6 : 3⟨157::AID-CASP367⟩3.3.CO ; 2-N.

Borch, C., K. B. Hansen, and Ann-Christina Lange. 2015. "Markets, Bodies, and Rhythms : A Rhythmanalysis of Financial Markets from Open-Outcry Trading to High-Frequency Trading." *Environment and Planning.D, Society & Space,* 33(6) : 1080~1097. doi : 10.1177/0263775815600444.

Bourdieu, P. 2005. *The Social Structures of the Economy.* Cambridge : Polity Press.

Braidotti, R. 2013. *The Posthuman.* Cambridge, UK : Polity Press. [로지 브라이도티, 『포스트휴먼』, 이경란 옮김, 아카넷, 2015.]

Bridge, G. 2018. "The Map is Not the Territory : A Sympathetic Critique of Energy Research's Spatial Turn." *Energy Research & Social Science,* 36 : 11~20. doi : 10.1016/j.erss.2017.09.033.

Bridge, G., S. Bouzarovski, M. Bradshaw, and N. Eyre. 2013. "Geographies of Energy Transition : Space, Place and the Low-Carbon Economy." *Energy Policy,* 53 : 331~340. doi : 10.1016/j.enpol.2012.10.066.

Brinkman, J. T. and R. F. Hirsh. 2017. "Welcoming Wind Turbines and the PIMBY("Please in My Backyard") Phenomenon : The Culture of the Machine in the Rural American Midwest." *Technology and Culture,* 58(2) : 335~367. doi : 10.1353/tech.2017.0039.

Broto, C.V. and L. Baker. 2018. "Spatial Adventures in Energy Studies : An Introduction to the Special Issue." *Energy Research & Social Science,* 36 : 1~10. doi : 10.1016/j.erss.2017.11.002.

Brown, B. B. and D. D. Perkins. 1992. "Disruptions in Place Attachment." In *Place Attachment,* edited by Irwin Altman and Setha M. Low. New York : Springer.

Bunkse, E. V. 2012. "Sensescapes : Or a Paradigm Shift from Words and Images to all Human Senses in Creating Feelings of Home in Landscapes." *Proceedings of the Latvia University of Agriculture,* 1(10~15).

Burri, R. V. and J. Dumit. 2008. "Social Studies of Scientific Imaging and Visualization." In *The Handbook of Science and Technology Studies,* edited by Hackett, Edward J., Amsterdamska, Olga., Lynch, Michael., E Wajcman, Judy.(eds), 297~318. Cambridge : MIT Press.

Butler, J. P. 1990. *Gender Trouble : Feminism and the Subversion of Identity.* New York : New York : Routledge. [주디스 버틀러, 『젠더 트러블』, 조현준 옮김, 문학동네, 2008.]

Butler, J. P. 1997. *Excitable Speech : A Politics of the Performative*. New York : Routledge.

Çalışkan, K. 2007. "Price as a Market Device : Cotton Trading in Izmir Mercantile Exchange." In *Market Devices*, edited by Michel Callon, Yuval Millo and Fabian Muniesa, 241~260. Oxford : Blackwell.

_____. 2010. *Market Threads : How Cotton Farmers and Traders Create a Global Commodity*. Princeton : Princeton : Princeton University Press.

Çalışkan, K. and M. Callon. 2010. "Economization, Part 2 : A Research Programme for the Study of Markets." *Economy and Society*, 39(1) : 1~32. doi : 10.1080/0308514090342 4519.

Callon, M. 1998. *The Laws of the Markets*. Oxford : Blackwell.

Callon, M., Y. Millo, and F. Muniesa. 2007. *Market Devices*. Oxford : Blackwell.

Canetti, E. 1962. *Crowds and Power*. New York : Continuum.

Carothers, J. C. 1959. "Culture, Psychiatry, and the Written Word." *Psychiatry*, 22(4) : 307~320. doi : 10.1080/00332747.1959.11023186.

Carty, V. 2015. *Social Movements and New Technology*, edited by Jeff Williams Boulder, Colorado : Westview Press.

Certeau, M. D. 1984. *The Practice of Everyday Life*. Berkeley : University of California Press.

Chung, Ji-Bum and Eun-Sung Kim. 2018. "Public Perception of Energy Transition in Korea : Nuclear Power, Climate Change, and Party Preference." *Energy Policy*, 116 : 137~144. doi : 10.1016/j.enpol.2018.02.007.

Classen, C. 2005. "The Witch's Senses : Sensory Ideologies and Transgressive Femininities from the Renaissance to Modernity." In *Empire of the Senses*, edited by David Howes, 70~84. New York : Berg.

Crossland, Z. 2010. "Materiality and Embodiment." In *Oxford Handbook of Material Culture Studies*, edited by Dan Hicks and Mary C. Beaudry, 386~405. Oxford, UK : Oxford University Press.

Dean, H. 2001. "Green Citizenship." *Social Policy & Administration*, 35(5) : 490~505. doi : 10.1111/1467-9515.t01-1-00249.

Deleuze, G. and F. Guattari. 1987. *A Thousand Plateaus : Capitalism and Schizophrenia*. Minneapolis : University of Minnesota Press. [질 들뢰즈・펠릭스 가타리, 『천 개의 고원』, 김재인 옮김, 새물결, 2001.]

Denisoff, R. S. 1972. *The Sounds of Social Change ; Studies in Popular Culture*, edited by Richard A. Peterson. Chicago : Rand McNally.

Devine-Wright, P. 2009. "Rethinking NIMBYism : The Role of Place Attachment and Place Identity in Explaining Place-protective Action." *Journal of Community & Applied Social Psychology*, 19(6) : 426~441. doi : 10.1002/casp.1004.

Devine-Wright, P. and S. Clayton. 2010. "Introduction to the Special Issue : Place, Identity and Environmental Behaviour." *Journal of Environmental Psychology*,

30(3) : 267~270. doi : 10.1016/S0272-4944(10)00078-2.

Devine-Wright, H. and P. Devine-Wright. 2009. "Social Representations of Electricity Network Technologies : Exploring Processes of Anchoring and Objectification through the use of Visual Research Methods." *British Journal of Social Psychology*, 48(2) : 357~373. doi : 10.1348/014466608X349504.

Devine-Wright, P. and Y. Howes. 2010. "Disruption to Place Attachment and the Protection of Restorative Environments : A Wind Energy Case Study." *Journal of Environmental Psychology*, 30(3) : 271~280. doi : 10.1016/j.jenvp.2010.01.008.

Devine-Wright, P. and E. Lyons. 1997. "Remembering Pasts and Representing Places : The Construction of National Identities in Ireland." *Journal of Environmental Psychology*, 17(1) : 33~45. doi : 10.1006/jevp.1996.0037.

DeVries, R., K. Orfali, L. Turner, and C. Bosk, eds. 2007. *The View from here : Social Science and Bioethics*. London : Blackwell.

DiMaggio, P. J. and W. W. Powell. 1983. "The Iron Cage Revisited : Institutional Isomorphism and Collective Rationality in Organizational Fields." *American Sociological Review*, 48(2) : 147~160. doi : 10.2307/2095101.

Dobbin, F. 2005. "Comparative and Historical Approaches to Economic Sociology." In *The Handbook of Economic Sociology*, edited by Neil J. Smelser and Richard Swedberg, 26~48. New York : Russell Sage Foundation.

Dobson, A. 2007. "Environmental Citizenship : Towards Sustainable Development." *Sustainable Development*, 15(5) : 276~285. doi : 10.1002/sd.344.

Doyle, A. 2011. "Revisiting the Synopticon : Reconsidering Mathiesen's 'The Viewer Society' in the Age of Web 2.0." *Theoretical Criminology*, 15(3) : 283~299. doi : 10.1177/1362480610396645.

Drobnick, J., ed. 2006. *The Smell Culture Reader*. London : Berg.

Durkheim, E. 2008. *The Elementary Forms of Religious Life*, edited by Carol Cosman, Mark Sydney Cladis. Oxford : Oxford University Press.

Elmer, G. 2012. "Panopticon-Discipline-Control." In *Routledge Handbook of Surveillance Studies*, edited by K. Ball, K. Haggerty, and D. Lyon, 21~29. London : Routledge.

Enjolras, B., K. Steen-Johnsen, and D. Wollebæk. 2013. "Social Media and Mobilization to Offline Demonstrations : Transcending Participatory Divides?" *New Media & Society*, 15(6) : 890~908. doi : 10.1177/1461444812462844.

Eyerman, R. and A. Jamison. 1998. *Music and Social Movements : Mobilizing Traditions in the Twentieth Century*. Cambridge : Cambridge University Press.

Fairchild, A. L. and R. Bayer. 2004. "Public Health, Ethics and the Conduct of Public Health Surveillance." *Science*, 303(5658) : 631~632. doi : 10.1126/science.1094038.

Fairchild, A. L., A. A. Haghdoost, R. Bayer, M. J. Selgelid, A. Dawson, A. Saxena, and A. Reis. 2017. "Ethics of Public Health Surveillance : New Guidelines." *The Lancet.Public Health*, 2(8) : e348-e349. doi : 10.1016/S2468-2667(17)30136-6.

Feld, S. 2005. "Places Sensed, Senses Placed." In *The Auditory Culture Reader*, edited by M. Bull and L. Back, 223~239. New York : Berg.

Fernandez, L. 2008. *Policing Dissent : Social Control and the Anti-Globalization Movement*. New Brunswick, NJ : Rutgers University Press.

Fernandez, L. A. and L. Huey. 2009. "Editorial : Is Resistance Futile? Thoughts on Resisting Surveillance." *Surveillance & Society*, 6(3) : 198~202.

Fiorino, D. J. 1990. "Citizen Participation and Environmental Risk : A Survey of Institutional Mechanisms." *Science, Technology, & Human Values*, 15(2) : 226~243. doi : 10.117 7/016224399001500204.

Firestone, J., D. Bidwell, M. Gardner, and L. Knapp. 2018. "Wind in the Sails Or Choppy Seas? : People-Place Relations, Aesthetics and Public Support for the United States' First Offshore Wind Project." *Energy Research & Social Science*, 40 : 232~243. doi : 10.1016/j.erss.2018.02.017.

Flemsæter, F., G. Setten, and K. M. Brown. 2015. "Morality, Mobility and Citizenship : Legitimising Mobile Subjectivities in a Contested Outdoors." *Geoforum*, 64 : 342~350. doi : 10.1016/j.geoforum.2014.06.017.

Flynn, A. and J. Tinius. 2015. *Anthropology, Theatre, and Development : The Transformative Potential of Performance*. London : Palgrave Macmillan.

Foucault, M. 1990. *History of Sexuality. Volume 1 : An Introduction*. New York, NY : Vintage Books.

_____. 1994. *Power*, edited by P. Rabinow. New York : the New York Press.

_____. 1995. *Discipline and Punish : The Birth of the Prison*. 2nd ed. New York, NY : Vintage Books. [미셸 푸코, 『감시와 처벌』, 오생근 옮김, 나남출판, 2016.]

_____. 2001. *Power* (the Essential Works of Foucault, 1954~1984, Vol. 3). Translated by R. Hurley, edited by J. D. Faubion. New York : The New Press.

_____. 2011. *The Government of Self and Others : Lectures at the College De France, 1982-1983*. Basingstoke : Palgrave Macmillan.

Foucault, M., A. I. Davidson, and G. Burchell. 2010. *The Government of Self and Others : Lectures at the Collège De France 1982-1983*. Basingstoke : Palgrave Macmillan.

Fowler, C. 2010. "From Identity and Material Culture to Personhood and Materiality." In *Oxford Handbook of Material Culture Studies*, edited by Dan Hick and Mary C. Beaudry, 352~385. Oxford, UK : Oxford University Press.

Fox, Nick J. 2016. "Health Sociology from Post-Structuralism to the New Materialisms." *Health*, 20(1) : 62~74. doi : 10.1177/1363459315615393.

Fox, Nick J. and P. Alldred. 2017. *Sociology and the New Materialism : Theory, Research, Action*. London : SAGE.

Fox, R. C. 1989. *The Sociology of Medicine : A Participant Observer's View*. New Jersey : Prentice Hall.

French, M. and T. Monahan. 2020. "Disease Surveillance : How might Surveillance

Studies Address Covid-19?" *Surveillance & Society*, 18(1) : 1~11. doi : 10.24908/ss.v18i1.13985.

Frohmann, B. 1994. "Communication Technologies and the Politics of Postmodern Information Science." *Canadian Journal of Information and Library Science*, 19(2) : 1~22.

Geertz, C. 1973. *The Interpretation of Cultures : Selected Essays*. New York : Basic Books.

Gell, A. 1998. *Art and Agency : An Anthropological Theory*. Oxford : Clarendon.

Giddens, A. 1984. *The Constitution of Society : Outline of the Theory of Structuration*. Berkeley : University of California Press. [앤서니 기든스, 『사회구성론』, 황명주·정희태·권진현 옮김, 간디서원, 2012.]

Gilliom, J. and T. Monahan. 2013. *Supervision : An Introduction to the Surveillance Society*. Chicago and London : The University of Chicago Press.

Giuliani, M. V. 2002. "Theory of Attachment and Place Attachment." In *Psychological Theories for Environmental Issues*, edited by M. Bonnes, T. Lee, and M. Bonaiuto, 137~170. Aldershot, Hants, England : Ashgate.

Goodwin, C. 1994. "Professional Vision." *American Anthropologist*, 96(3) : 606~633.

_____. 1995. "Seeing in Depth." *Social Studies of Science*, 25(2) : 237~274. doi : 10.1177/030631295025002002.

Goodwin, J. and J. M. Jasper. 2015. *The Social Movements Reader : Cases and Concepts*. Hoboken, NJ : Wiley Blackwell.

Graham, S. 1998. "Spaces of Surveillant-Simulation : New Technologies, Digital Representations, and Material Geographies." *Environment and Planning D : Society and Space*, 16(4) : 483~504.

Granovetter, M. 1985. "Economic Action and Social Structure : The Problem of Embeddedness." *American Journal of Sociology*, 91(3) : 481~510. doi : 10.1086/228311.

Grasseni, C. 2007. *Skilled Visions : Between Apprenticeship and Standards*. New York, NY : Berghahn Books.

Gregory, D. 1994. *Geographical Imaginations*. Cambridge, MA : Blackwell.

Hajer, M. 1995. *The Politics of Environmental Discourse : Ecological Modernization and the Policy Process*. London : Oxford University Press.

Halker, C. D. 1991. *For Democracy, Workers, and God : Labor Song-Poems and Labor Protest, 1865-95*. Chicago : University of Illinois Press.

Handler, J. F. 2004. *Social Citizenship and Workfare in the United States and Western Europe*. Cambridge, MA : Cambridge University Press.

Haraway, D. J. 1997. *Modest_Witness@Second_Millennium.FemaleMan_Meets_Onco-Mouse : Feminism and Technoscience*. New York : Routledge. [다나 J. 해러웨이, 『겸손한_목격자』, 민경숙 옮김, 갈무리, 2007.]

Hartley, John. 2000. "Radiocracy : Sound and Citizenship." *International Journal of Cultural Studies*, 3(2) : 153~159. doi : 10.1177/136787790000300202.

He, W., D. Goodkind, and P. Kowal. 2016. An Aging World : 2015 : International Population Reports. Washington D.C : United States Census Bureau.

Heath, C. 2013. *The Dynamics of Auction : Social Interaction and the Sale of Fine Art and Antiques*. New York : Cambridge University Press.

Heath, C. and P. Luff. 2007. "Ordering Competition : The Interactional Accomplishment of the Sale of Art and Antiques at Auction." *British Journal of Sociology*, 58(1) : 63~85. doi : 10.1111/j.1468-4446.2007.00139.x.

_____. 2013. "Embodied Action and Organisational Interaction : Establishing Contract on the Strike of a Hammer." *Journal of Pragmatics*, 46(1) : 24~38. doi : 10.1016/j.pragma.2012.01.002.

Hepple, B. 2007. *Public Health : Ethical Issues*. London : Nuffield Council on Bioethics.

Hess, D. 1997. "If You're Thinking of Living in STS : A Guide for the Perplexed." In *Cyborgs and Citadels : Anthropological Interventions in Emerging Sciences and Technologies*, edited by Gary L. Downey and Joseph Dumit, 143~164. Santafe : School of American Research Press.

Hicks, D. 2010. "The Material-Cultural Turn : Event and Effect." In *Oxford Handbook of Material Culture Studies*, edited by D. Hicks and M. C. Beaudry, 26~98. Oxford : Oxford University Press.

Hicks, D. and M. C. Beaudry. 2010. *The Oxford Handbook of Material Culture Studies*. Oxford : Oxford University Press.

Hodder, I. 2002. "The Interpretation of Documents and Material Culture." In *Qualitative Research Methods*, edited by Darin Weinberg, 266~280. Malden, MA : Blackwell.
_____. 1985. "Post-Processual Archeology." *Archaeological Methods and Theory*, 8 : 1~26.

Hoffmaster, B. 2001. *Bioethics in Social Context*. Philadelphia : Temple University Press.

Howes, D. 2003. *Sensual Relations : Engaging the Senses in Culture & Social Theory*. Ann Arbor : University of Michigan Press.

Howes, D., ed. 2005. *Empire of the Senses*. New York : Berg.

Howes, D. and C. Classen. 2014. *Ways of Sensing*. New York : Routledge.

Hui, A. and G. Walker. 2018. "Concepts and Methodologies for a New Relational Geography of Energy Demand : Social Practices, Doing-Places and Settings." *Energy Research & Social Science*, 36 : 21~29. doi : 10.1016/j.erss.2017.09.032.

Ingold, T. 2000. *The Perception of the Environment : Essays on Livelihood, Dwelling and Skill*. London : Routledge.

_____. 2007. "Materials Against Materiality." *Archaeological Dialogues*, 14(1) : 1~16. doi : 10.1017/S1380203807002127.

Irwin, A. 2001. "Constructing the Scientific Citizen : Science and Democracy in the Biosciences." *Public Understanding of Science*, 10(1) : 1~18. doi : 10.1088/0963-6625/10/1/301.

Jansen, S. 2001. "The Streets of Beograd. Urban Space and Protest Identities in Serbia." *Political Geography*, 20(1) : 35~55. doi : 10.1016/S0962-6298(00)00052-4.

Jasanoff, S., ed. 2004. *States of Knowledge : The Coproduction of Science and the Social Order*. London : Routledge.

Jasanoff, S. 2005. *Designs on Nature : Science and Democracy in Europe and the United States*. Princeton, NJ : Princeton University Press. [실라 재서노프, 『누가 자연을 설계하는가』, 박상준·장희진·김희원·오요한 옮김, 동아시아, 2019.]

Jenkins-Smith, H. D. Nothrstedt, C.M. Weible, and P. A. Sabatier. 2014. "The Advocacy Coalition Framework : Foundations, Evolution, and Ongoing Research," In *Theories of Policy Process*, edited by P.A. Sabatier and C. M. Weible, 183~223. Boulder, CO : Westview Press.

Jin, H.-P. 2008. "Demolishing Colony : The Demolition of the Old Government-General Building of Chosŏn," In *Sitings : Critical Approaches to Korean Geography*, edited by Timothy R. Tangherlini and Sallie Yea, 39~58 : University of Hawaii Press.

Johnston, H. 2009. *Culture, Social Movements, and Protest*. Burlington, VT : Ashgate.

Jones, Andrew M. and Nicole Boivin. 2010. "The Malice of Inanimate Objects : Material Agency." In *The Oxford Handbook of Material Culture Studies*, edited by Dan Hicks and Mary C. Beaudry, 333~351. Oxford, UK : Oxford University Press.

Juris, J. S. 2008. *Networking Futures : The Movements Against Corporate Globalization*, edited by Joseph Dumit, and Michael M. J. Fischer. Durham, N.C. : Duke University Press.

_____. 2015. "Embodying Protest : Culture and Performance within Social Movements." In *Anthropology, Theatre, and Development : The Transformative Potential of Performance*, edited by Alex Flynn and J. Tinius, 82~106. London : Palgrave Macmillan.

Kahneman, D. and A. Tversky. 1979. "Prospect Theory : An Analysis of Decision Under Risk," *Econommertrica*, 47(2) : 263~291.

Kim, Eun-sung. 2016a. "Sound and the Korean Public : Sonic Citizenship in the Governance of Apartment Floor Noise Conflicts," *Science as Culture*, 26(4) : 538~559. https://www.tandfonline.com/doi/abs/10.1080/09505431.2016.1193132.

_____. 2016b. "The Politics of Climate Change Policy Design in Korea," *Environmental Politics*, 25(3) : 454~474. doi : 10.1080/09644016.2015.1104804.

_____. 2016c. "The Sensory Power of Cameras and Noise Meters for Protest Surveillance in South Korea," *Social Studies of Science*, 46(3) : 396~416. doi : 10.1177/0306312716648403.

_____. 2017a. "The Material Culture of Korean Social Movements," *Journal of Material Culture*, 22(2) : 194~215. files/36/1359183517703796.html.

_____. 2017b. "Senses and Artifacts in Market Transactions : The Korean Case of Agricultural Produce Auctions," *Journal of Cultural Economy*, 10(6) : 524~540. doi : 10.1080/17530350.2017.1384931.

_____. 2018. "Sociotechnical Imaginaries and the Globalization of Converging Technology Policy : Technological Developmentalism in South Korea," *Science as Culture*,

27(2) : 175~197. doi : 10.1080/09505431.2017.1354844.

Kim, Eun-Sung and Ji-Bum Chung. 2019. "The Memory of Place Disruption, Senses, and Local Opposition to Korean Wind Farms." *Energy Policy*, 131 : 43~52. doi : 10.1016/j.enpol.2019.04.011.

Kim, Eun-Sung, Ji-Bum Chung, and Yongseok Seo. 2018. "Korean Traditional Beliefs and Renewable Energy Transitions : Pungsu, Shamanism, and the Local Perception of Wind Turbines." *Energy Research & Social Science*, 46 : 262~273. doi : 10.1016/j.erss.2018.07.024.

Kim, M. S. 2020. "Seoul's radical experiment in digital contact tracing." *New Yorker*. April 17. https://www.newyorker.com/news/news-desk/seouls-radical-experiment-in-digital-contact-tracing.

Klauser, F. R. 2013. "Political Geographies of Surveillance." *Geoforum*, 49 : 275~278. doi : 10.1016/j.geoforum.2013.08.010.

Klingler, C., D. S. Silva, C. Schuermann, Andreas Alois Reis, Abha Saxena, and Daniel Strech. 2017. "Ethical Issues in Public Health Surveillance : A Systematic Qualitative Review." *BMC Public Health*, 17(1) : 295. doi : 10.1186/s12889-017-4200-4.

Knez, I., A. Butler, Å Ode Sang, E. Ångman, I. Sarlöv-Herlin, and A. Åkerskog. 2018. "Before and After a Natural Disaster : Disruption in Emotion Component of Place-Identity and Wellbeing." *Journal of Environmental Psychology*, 55 : 11~17. doi : 10.1016/j.jenvp.2017.11.002.

Kondo, D. 2005. "The Tea Ceremony : A Symbolic Analysis." In *Empire of the Senses*, edited by D. Howes, 192~211. New York : Berg.

Kroes, P. and Peter-Paul Verbeek. 2014. *The Moral Status of Technical Artefacts*. Vol. 17. New York : Springer.

Kwon In-Sook. 2005. "How Identities and Movement Cultures Became Deeply Saturated with Militarism : Lessons from the Pro-Democracy Movement of South Korea." *Asian Journal of Women's Studies*, 11(2) : 7~40.

Kymlicka, Will. 1995. *Multicultural Citizenship : A Liberal Theory of Minority Rights*. Oxford : Oxford University Press.

Lacey, K. 2013. *Listening Publics : The Politics and Experience of Listening in the Media Age*. Cambridge, U.K. : Polity Press.

Latour, B. 1993. *The Pasteurization of France*. Harvard University Press.

_____. 1999. *Pandora's Hope : Essays in the Reality of Science Studies*. Cambridge, MA : Harvard University Press. [브뤼노 라투르, 『판도라의 희망』, 장하원·홍성욱 옮김, 휴머니스트, 2018.]

_____. 2004. "How to Talk about the Body? the Normative Dimension of Science Studies." *Body & Society*, 10(2~3) : 205~229. doi : 10.1177/1357034X04042943.

_____. 2005. *Reassembling the Social : An Introduction to Actor-Network Theory*. Oxford : Oxford University Press.

Latour, B. and P. Weibel. 2005. *Making Things Public: Atmospheres of Democracy*. Cambridge, MA: MIT Press.

Law, J. 2010. "The Materials of STS." In *Oxford Handbook of Material Culture Studies*, edited by D. Hicks and M. C. Beaudry, 173~190. Oxford, UK: Oxford University Press.

Leach, D. K. and S. Haunss. 2009. "Scenes and Social Movements." In *Culture, Social Movements, and Protest*, edited by Hank Johnston, 255~276. Burlington, VT: Ashgate.

Lee, E. 1997. "Histoire Du Paysage Urbain — Seoul Et Sa Banlieue Industrielle Puchon, 1960~1995." Lumière University-Lyon II.

Levinas, E. 1985. *Ethics and Infinity*. Pittsburgh: Dequesne University Press. [에마뉘엘 레비나스, 『윤리와 무한』, 김동규 옮김, 도서출판100, 2020.]

Lewicka, M. 2005. "Ways to make People Active: The Role of Place Attachment, Cultural Capital, and Neighborhood Ties." *Journal of Environmental Psychology*, 25(4): 381~395. doi: 10.1016/j.jenvp.2005.10.004.

Louis, B. 2017. "Chicago is Getting a New Open Outcry Trading Floor, Bloomberg Markets." *Bloomberg*, Aug 3,. https://www.bloomberg.com/news/articles/2017-08-02/new-trading-floor-to-open-in-chicago-bucking-automation-trend.

Lyon, D., ed. 2003. *Surveillance as Social Sorting: Privacy, Risk, and Digital Discrimination*, London: Routledge.

MacGregor, S. and B. Szerszynski. 2003. "Environmental Citizenship and the Administration of Life." Paper Presented at Citizenship and the Environmental Workshop, Newcastle University: 4~6.

MacKenzie, D. 2009. *Material Markets: How Economic Agents are Constructed*. London: Oxford University Press.

MacKenzie, D. and Y. Millo. 2003. "Constructing a Market, Performing Theory: The Historical Sociology of a Financial Derivatives Exchange." *American Journal of Sociology*, 109(1): 107~145. doi: 10.1086/374404.

MacKenzie, D. A., F. Muniesa, and L. Siu. 2007. *Do Economists make Markets?: On the Performativity of Economics*, edited by Donald MacKenzie, Fabian Muniesa, and Lucia Siu. Princeton: Princeton University Press.

Mann, S., J. Nolan, and B. Wellman. 2003. "Sousveillance: Inventing and using Wearable Computing Devices for Data Collection in Surveillance Environments." *Surveillance & Society*, 1(3): 331~355.

Marshall, T. H. and Tom Bottomore. 1987. *Citizenship and Social Class*. London: Pluto Press.

Marx, G. T. 1988. *Undercover: Police Surveillance in America*. Berkeley: University of California Press.

Marx, K. and F. Engels. 1987. *Collected Works*. New York: International Publishers.

Mathiesen, T. 1997. "The Viewer Society: Michel Foucault's 'Panopticon' Revisited."

Theoretical Criminology, 15(2) : 215~234.

McLachlan, C. 2009. "'You Don't do a Chemistry Experiment in Your Best China': Symbolic Interpretations of Place and Technology in a Wave Energy Case." *Energy Policy*, 37(12) : 5342~5350. doi : 10.1016/j.enpol.2009.07.057.

McLuhan, M. 2005. "Inside the Fix Sense Sensorium." In *Empire of the Senses*, edited by D. Howes, 43~54. New York : Berg.

Mitchell, J. P. 2013. "Performances." In *Handbook of Material Culture*, edited by C. Tilley, W. Keane, S. Kuechler, M. Rowlands, and P. Spyer, 384~401. London : SAGE Publications.

Mol, A. 1999. "Ontological Politics : A Word and some Questions." In *Actor Network Theory and After*, edited by John Law and John Hassard, 74~89. Oxford : Blackwell.

_____. 2002. *The Body Multiple : Ontology in Medical Practice*, edited by B. Herrnstein Smith, and E. Roy Weintraub. Durham : Durham : Duke University Press.

MOLIT & KCDC. 2020. Online Briefing on COVID-19 Smart Management System. 〈Youtube〉 https://www.youtube.com/watch?v=C9o_HGN6v8E&feature=youtu.be

Monahan, T. 2006. "Counter-Surveillance as Political Intervention?" *Social Semiotics*, 16(4) : 515~534. doi : 10.1080/10350330601019769.

_____. 2015. "The Right to Hide? Anti-Surveillance Camouflage and the Aestheticization of Resistance." *Communication and Critical/Cultural Studies*, 12(2) : 159~178. doi : 10.1080/14791420.2015.1006646.

Moore, H. 1986. *Space, Text and Gender : An Archaeological Study of the Marakwet of Kenya*. Cambridge : Cambridge University Press.

Muniesa, F. 2014. *The Provoked Economy : Economic Reality and the Performative Turn*. London : Routledge.

Murphy, J. 2013. "Place and Exile : Resource Conflicts and Sustainability in Gaelic Ireland and Scotland." *Local Environment*, 18(7) : 801~816. doi : 10.1080/13549839.2012.732049.

Nadaï, A. and D. van der Horst. 2010. "Introduction : Landscapes of Energies." *Landscape Research*, 35(2) : 143~155. doi : 10.1080/01426390903557543.

Navaro-Yashin, Y. 2009. "Affective Spaces, Melancholic Objects : Ruination and the Production of Anthropological Knowledge." *Journal of the Royal Anthropological Institute*, 15(1) : 1~18. doi : 10.1111/j.1467-9655.2008.01527.x.

Olsen, B. 2013. "Scenes from a Troubled Engagement : Post-Structuralism and Material Culture Studies." In *Handbook of Material Culture*, edited by Chris Tilley, Webb Keane, Susanne Kuechler, Mike Rowlands and Patricia Spyer, 85~103. London : SAGE.

Öz, Özlem and K. Çalışkan. 2010. "An Alternative Market Organization : The Case of Cut Flower Exchange in Turkey." *METU Studies in Development*, 37(2) : 153~170.

Panagia, D. 2009. *The Political Life of Sensation*. Durham NC : Duke University Press.

Pasqualetti, M. J. 2011. "Social Barriers to Renewable Energy Landscapes." *Geographi-

cal Review, 101(2) : 201~223. doi : 10.1111/j.1931-0846.2011.00087.x.

Petryna, A. 2002. *Life Exposed : Biological Citizens After Chernobyl*. Princeton, NJ : Princeton University Press.

Pickering, A. 2010. "Material Culture and the Dance of Agency." In *Oxford Handbook of Material Culture Studies*, edited by D. Hicks and M. C. Beaudry, 191~208. Oxford : Oxford University Press.

Pinch, T. and K. Bijsterveld. 2012. *The Oxford Handbook of Sound Studies*. New York, NY : Oxford University Press.

Pohl, J., G. Hübner, and A. Mohs. 2012. "Acceptance and Stress Effects of Aircraft Obstruction Markings of Wind Turbines." *Energy Policy*, 50 : 592~600. doi : 10.1016/j.enpol.2012.07.062.

Preda, A. 2006. "Socio-Technical Agency in Financial Markets : The Case of the Stock Ticker." *Social Studies of Science*, 36(5) : 753~782. doi : 10.1177/0306312706059543.

_____. 2009a. "Brief Encounters : Calculation and the Interaction Order of Anonymous Electronic Markets." *Accounting, Organizations and Society*, 34(5) : 675~693. doi : 10.1016/j.aos.2008.06.005.

_____. 2009b. *Information, Knowledge, and Economic Life : An Introduction to the Sociology of Markets*. Oxford : Oxford University Press.

Proctor, J. D. and D. M. Smith. 1999. *Geography and Ethics : Journeys in a Moral Terrain*. London : Routledge.

Proshansky, H. M., A. K. Fabian, R. Kaminoff. 1983. "Place-Identity : Physical World Socialization of the Self." *Journal of Environmental Psychology*, 3(1) : 299~313. doi : 10.1016/S0272-4944(83)80021-8.

Ram, N., D. Gray. 2020. "Mass Surveillance in the Age of COVID-19." *Journal of Law and the Biosciences*, 7(1) : lsaa023. doi : 10.1093/jlb/lsaa023.

Rancière, J. 2004. *The Politics of Aesthetics : The Distribution of the Sensible*. London : Continuum.

Reed, T. V. 2005. *The Art of Protest [Electronic Resource] : Culture and Activism from the Civil Rights Movement to the Streets of Seattle*. Minneapolis : University of Minnesota Press.

Reynolds, L., T. Cousins, M. Newell, and J. Imrie. 2013. "The Social Dynamics of Consent and Refusal in HIV Surveillance in Rural South Africa." *Social Science & Medicine*, 77(1) : 118~125. doi : 10.1016/j.socscimed.2012.11.015.

Roberts, L. 2005. "The Death of the Sensuous Chemist : The 'New' Chemistry and the Transformation of Sensuous Technology." In *Empire of the Senses*, edited by David Howes, 106~127. New York : Berg.

Rock, M. J. and C. Degeling. 2015. "Public Health Ethics and More-than-Human Solidarity." *Social Science & Medicine*, 129 : 61~67. doi : 10.1016/j.socscimed.2014.05.050.

Rodaway, P. 1994. *Sensuous Geographies : Body, Sense, and Place*. London : Routledge.

Roscigno, V. J. 2004. *The Voice of Southern Labor : Radio, Music, and Textile Strikes, 1929-1934*, edited by William F. Danaher. Minneapolis : University of Minnesota Press.

Rose, N. 2009. *The Politics of Life itself : Biomedicine, Power, and Subjectivity in the Twenty-First Century*. Princeton, NJ : Princeton University Press.

Rose, N. and C. Novas. 2004. "Biological Citizenship." In *Global Assemblages : Technology, Politics, and Ethics as Anthropological Problems*, edited by A. Ong and S. J. Collier, 439~463. Oxford : Blackwell.

Roy, W. G. 2010. *Reds, Whites, and Blues : Social Movements, Folk Music, and Race in the United States*. Princeton, NJ : Princeton University Press.

Rudolph, D., J. Kirkegaard, and I. Lyhne, Niels-Erik Clausen, and L. Kørnøv. 2017. "Spoiled Darkness? Sense of Place and Annoyance Over Obstruction Lights from the World's Largest Wind Turbine Test Centre in Denmark." *Energy Research & Social Science*, 25 : 80~90. doi : 10.1016/j.erss.2016.12.024.

Saavedra, S., K. Hagerty, and B. Uzzi. 2011. "Synchronicity, Instant Messaging, and Performance among Financial Traders." *Proceedings of the National Academy of Sciences*, 108(13) : 5296~5301.

Said, E. W. 1978. *Orientalism*. New York : New York : Pantheon Books. [에드워드 W. 사이드, 『오리엔탈리즘』, 박홍규 옮김, 교보문고(교재), 2015.]

_____. 2000. "Invention, Memory, and Place." *Critical Inquiry*, 26(2) : 175~192. doi : 10.1086/448963.

Sandel, M. 1998. *Liberalism and the Limits of Justice*. New York : Cambridge University Press.

Schafer, R. M. 1977. *Our Sonic Environment and the Soundscape : The Tuning of the World*. Rochester, Vermont : Destiny Books.

Schama, S. 1995. *Landscape and Memory*. London : Harper Perennial.

Seamon, D. and J. Sowers. 2008. "Place and Placelessness, Edward Relph." In *Key Texts in Human Geography*, edited by P. Hubbard, R. Kitchen, and G. Vallentine. 43~51. London : SAGE Publications.

Selgelid, M. J. 2005. "Ethics and Infectious Disease." *Bioethics*, 19(3) : 272~289.

Seremetakis, C. Nadia, ed. 1994. *The Senses Still : Perception and Memory as Material Culture in Modernity*. Boulder : Westview.

Simmel, G. 1997. "Sociology of the Senses." In *Simmel on Culture*, edited by D. Frisby and M. Featherstone. London : SAGE Publications.

Singer, P. A., S. R. Benatar, M. Bernstein, A. S. Daar, B.M. Dickens, S.K. MacRae, R. E. Upshur, L. Wright, and R. Z. Shaul. 2003. "Ethics and SARS : Lessons from Toronto." *British Medical Journal*, 327(7427) : 1342~1344. doi : 10.1136/bmj.327.7427.1342.

Smelser, N. J. and R. Swedberg. 2005. *The Handbook of Economic Sociology*. 2nd ed. Princeton, N.J. : Princeton University Press.

Smith, A. 1976. *The Theory of Moral Sentiments*, edited by A. L. Macfie and D. D. Raphael. Oxford : Clarendon Press. [애덤 스미스, 『도덕감정론』, 김광수 옮김, 한길사, 2016.]

Smith, C. B., M. P. Battin, J. A. Jacobson, L. P., Francis, J. R. Botkin, E. P. Asplund, G. J. Domek, and B. Hawkins. 2004. "Are there Characteristics of Infectious Diseases that Raise Special Ethical Issues?" *Developing World Bioethics*, 4(1) : 1~16. doi : 10.1111/j.1471-8731.2004.00064.x.

Smith, C. W. 1990. *Auctions : The Social Construction of Value*. California, USA : California University Press.

Smith, D. M. 2000. *Moral Geographies : Ethics in a World of Difference*. Edinburgh : Edinburgh University Press.

Smith, J. K. A. 2009. *Desiring Kingdom : Worship, Worldview, and Cultural Formation*. Grand Rapids : Baker Academic.

Soysal, Y. 1994. *Limits of Citizenship*. Chicago : University of Chicago Press.

Sterne, J. 2012. *The Sound Studies Reader*. New York : Routledge.

Stevens, H. and M. B. Haines. 2020. "TraceTogether : Pandemic Response, Democracy, and Technology." *East Asian Science, Technology and Society : An International Journal*, 14(3) : 523~532.

Stoller, P. 1984. "Sound in Songhay Cultural Experience." *American Ethnologist*, 11(3) : 559~570. doi : 10.1525/ae.1984.11.3.02a00090.

Thompson, E. 2004. *The Soundscape of Modernity : Architectural Acoustics and the Culture of Listening in America*. Cambridge, MA : The MIT Press.

Tilley, C., ed. 1990. *Reading Material Culture : Structuralism, Hermeneutics and Post-Structuralism*. Oxford : Blackwell.

Trnka, S., C. Dureau, and J. Park. 2013. *Senses and Citizenships : Embodying Political Life*. Vol. 10. London : Routledge.

Tuan, Y.-F. 1977. *Space and Place : The Perspective of Experience*. Minneapolis : University of Minnesota Press.

Urry, J. 2000. "Mobile Sociology." *British Journal of Sociology*, 51(1) : 185~203. doi : 10.1080/000713100358499.

Vannini, P., D. Waskul, and S. Gottschalk. 2012. *The Senses in Self, Society, and Culture : A Sociology of the Senses*. New York, NY : Routledge.

Vitak, J., and M. Zimmer. 2020. "More than just Privacy : Using Contextual Integrity to Evaluate the Long-Term Risks from COVID-19 Surveillance Technologies." *Social Media + Society*, 6(3) : 205630512094825. doi : 10.1177/2056305120948250.

Weiner, I. 2014. *Religion Out Loud : Religious Sound, Public Space, and American Pluralism*. New York : New York University Press.

Weisz, G.(ed). 1990. *Social Science Perspectives on Medical Ethics*. Philadelphia : University of Philadelphia Press.

Whatmore, S. and S. Hinchliffe. 2010. "Ecological Landscapes." In *Oxford Handbook of*

Material Culture Studies, edited by Dan Hick and Mary C. Beaudry, 440~458. Oxford, UK : Oxford University Press.

Williamson, O. E. 1981. "The Economics of Organization : The Transaction Cost Approach." *American Journal of Sociology*, 87(3) : 548~577. doi : 10.1086/227496.

Wolsink, M. 2007. "Planning of Renewables Schemes : Deliberative and Fair Decision-Making on Landscape Issues Instead of Reproachful Accusations of Non-Cooperation." *Energy Policy*, 35(5) : 2692~2704. doi : 10.1016/j.enpol.2006.12.002.

Woods, M. 2005. *Contesting Rurality : Politics in the British Countryside*. Aldershot England : Ashgate.

Wright, D., M. Friedewald, S. Gutwirth, M. Langheinrich, E. Mordini, R. Bellanova, P. De Hert, K. Wadhwa, and D. Bigo. 2010. "Sorting Out Smart Surveillance." *The Computer Law and Security Report*, 26(4) : 343~354. doi : 10.1016/j.clsr.2010.05.007.

Wüstenhagen, R., M. Wolsink, and M. J. Bürer. 2007. "Social Acceptance of Renewable Energy Innovation : An Introduction to the Concept." *Energy Policy*, 35(5) : 2683~2691. doi : 10.1016/j.enpol.2006.12.001.

Yoon, Chang-Kyum. 2010. "Drug Utilization Review(DUR) Policy of Government and Directivity." *Journal of the Korean Medical Association*, 53(7) : 544~547. doi : 10.5124/jkma.2010.53.7.544.

Yoon, Hong-Key. 2006. *The Culture of Pungsu in Korea : An Exploration of East Asian Geomancy*. New York : Lexington Books.

Young, Iris Marion. 1990. *Justice and the Politics of Difference*. Princeton, N.J. : Princeton University Press.

Zaloom, C. 2006. *Out of the Pits : Traders and Technology from Chicago to London*. Chicago : the University of Chicago Press.